세계를 품다
2017

세계를 품다

글로벌 리더 선정자 33인 지음

2017

GLOBAL LEADERS

매일경제신문사

매경미디어그룹 회장
장대환

 '2017 대한민국 글로벌 리더' 수상자로 선정되신 기업 및 기관 대표자 여러분께 먼저 진심으로 축하의 말씀을 올립니다.

 매경미디어그룹은 대한민국 경제 발전을 위해 기여하고 계신 우리나라 최고의 리더들을 세상에 알리고 그 살아 있는 경영 스토리를 전파함으로써 공적을 치하하고 귀감이 되도록 하기 위해 '2017 대한민국 글로벌 리더상'을 제정했습니다.

 지금 대한민국 경제는 전례 없는 위기 상황에 직면해 있습니다. 글로벌 금융 위기의 여파에서 완전히 회복하지 못한 채 저성장의 늪에 빠졌고 기업들은 생존을 위해 몸부림치느라 제대로 된 일자리를 창출하지도 못하고 있습니다. 특히 치열한 국가 간 무역 경쟁과 갈수록 심화되고 있는 북한의 핵문제 등으로 글로벌 시장에서 우리 기업들의 입지는 날로 좁아지고 있습니다.

지금과 같은 힘든 시기에 여러분은 혁신적이고 창조적인 방법으로 여러 악재들을 꿋꿋이 이겨냈을 뿐 아니라 조직을 계속 성장 및 발전시키셔서 글로벌 리더로 선정되셨습니다. 여러분은 남들보다 한발 앞서 미래를 내다보는 혜안과 냉철한 판단력으로 새로운 시장을 만들고 끊임없이 일자리를 창출하고 있습니다. 여러분 같은 리더가 늘어나야만 지금 대한민국 경제가 처한 위기를 극복할 수 있을 것입니다. 이렇게 자랑스러운 분들의 공적을 매경미디어그룹에서 치하할 수 있다는 것에 큰 자부심을 느낍니다.

글로벌 리더 여러분께서는 앞으로도 창조적인 마인드와 미래를 꿰뚫는 통찰력으로 기업을 세계 속에 우뚝 세워주시길 당부드립니다. 대한민국을 지금보다 더 나은 국가, 국민이 행복한 국가로 만드는 데 여러분이 앞장서주시길 기대합니다. 저희 매경미디어그룹이 글로벌 리더를 선정하는 궁극적 목표가 바로 여기에 있습니다.

선정자 심사 과정에서 오랜 기간 수고해주신, 홍석우 위원장님을 비롯해 바쁜 와중에도 심사에 열성껏 참여해주신 심사위원여러분께도 감사의 말씀을 드립니다.

선정자 여러분께 다시 한 번 경의를 표합니다.

•ㆍ● **심사평**

2017 대한민국 글로벌 리더 선정위원장
홍석우

대한민국을 글로벌 경제 대국으로 이끄는 리더들의 공적을 치하하자는 취지에서 2013년 처음 시작한 글로벌 리더상 제정이 올해로 5회째를 맞이했습니다. 2013년부터 2017년까지 총 143명의 글로벌 리더가 선정되었습니다.

지금 현실은 갈수록 높아지는 실업률에 청년들이 신음하면서 신성장 동력을 향한 열정도 줄어드는 건 아닌지 걱정됩니다. 청년들의 열정이 식고 있다는 것은 결국 경제 전반에 악영향을 미칩니다. 우수한 인재를 유치하고 또 길러내야 할 기업의 부담도 가중되고 있습니다.

이 같은 어려움 속에서도 위기는 곧 기회이기도 합니다. 다 같이 어려운 지금 창조적인 해법을 찾아낸다면 대한민국은 진정한 선진국 반열에 오를 수 있습니다. 이럴 때 필요한 것이 바로 여기 계신 리더입니다.

우리는 이미 여러 차례 리더의 힘을 경험했습니다. IMF 사태로 잘 알려진 1990년대 외환 위기나 2000년대 초반 카드 대란 등으로 경제가 휘청거릴 때마다 리더들은 솔선수범의 자세로 우리 경제를 정상으로 돌리는 데 일조했습니다. 지금 대한민국 경제는 다시 한 번 리더의 역할을 요구하고 있습니다.

매경미디어그룹은 이 같은 시대적 요구에 부응하고자 '2017 대한민국 글로벌 리더'를 선정했습니다. 서비스, 환경, 사회 공헌, 기술 혁신, 브랜드, 인재 양성, 경영 혁신, 품질 및 R&D 등 8개 분야로 나눠 각 분야에서 혁혁한 성과를 일궈낸 기업과 공공기관 33곳이 최종적으로 글로벌 리더에 이름을 올리셨습니다.

글로벌 리더 여러분은 급변하는 경영 환경과 무한 경쟁의 시장 속에서 뛰어난 리더십으로 조직과 국가의 발전을 이끌어오셨습니다.

저를 포함한 선정위원들은 글로벌 리더에 부합하는 분을 찾고자 노력에 노력을 거듭했습니다. 글로벌 경영 성과나 재무 구조는 물론, 기업의 사회적 공헌도, 고객 만족도, 고용 창출, 노사 관계에 이르기까지 평가할 수 있는 모든 지표를 고루 반영했습니다. 특히 지금보다 내일이 더 기대되는 우수한 기업을 발굴하기 위해 노력하였습니다.

　선정된 글로벌 리더 여러분이 많은 기업과 청년들에게 희망이 되어주시기를 부탁드립니다. 다시 한 번 수상 기업과 기관을 대표해 수상하는 대표자분들에게 축하와 감사의 말씀을 전합니다.

CONTENTS

이사장

—

고석화

뱅크오브호프

경력

1981	세계한인무역인협회 설립이사
1990	윌셔은행(Wilshire Bancorp) 이사장
2003	UCLA 치과대학 재단이사
	남가주한국학교 이사장
2004	미주한인재단 (남가주) 초대 회장
2005	UCLA 스티븐 코 장학금(Steven Koh Scholarship) 설립
현재	뱅크오브호프(Hope Bancorp) 이사장
	고선자선재단 이사장
	시더스-사이나이메디컬센터(Cedars-Sinai Medical Center) 재단이사
	세계해외한인무역협회 명예회장
	퍼시픽스틸코퍼레이션(Pacific Steel Corporation) 회장
	코스인터내셔널코퍼레이션(Koss International Corporation) 회장
	코스 인베스트먼트 그룹(Koss Investment Group) 회장

상훈

1979	상공부장관 표창
1981	캘리포니아 주정부 올해의 기업인상
1983	대통령 표창(수출공로)
2003	LA 시의회 경제활성화 공로패
2004	LA 카운티(County) 지역사회봉사상
2005	캘리포니아 주지사 공로상
2006	LA 시의회 공로상
2007	국민훈장 동백장
	소수민족연대협의회(NECO) 엘리스아일랜드상

Bank of Hope

미주 한인 금융계의 대부

뱅크오브호프Bank of Hope는 BBCN뱅크와 윌셔은행이 합병해 탄생한 최초의 미주 한인 슈퍼 리저널 은행으로 미국 LA에 본사를 두고 있다. 2016년 7월 29일 합병을 끝내고 출범한 뱅크오브호프는 미국 주요 9개 주에 퍼져 있는 한인을 포함한 다민족 커뮤니티를 대상으로 67개2017년 4월 4일 기준의 지점을 운영하고 있다.

뱅크오브호프는 소수계 이민자들을 위한 SBA 대출로 시작해 상업 대출, 국제 무역 금융, 장비 리스 대출 등의 상업 금융과 주택 융자, 신용 카드Credit Card 서비스 등의 소비자 금융까지 다양하고 포괄적인 서비스를 제공하고 있다.

자산 규모 134억 달러약 15조 2,000억 원, 총 대출액 105억 6만 달러약 11조 9,000억 원, 총 예금액 106억 달러약 12조 원로 2016년 말 기준 LA에 본점을 둔 은행 중 6위, 미국 내 약 5,500개 은행 중 82위로 큰 은행이다. 〈LA 비즈니스저널〉이 조사한 2016년 3분기 'LA카운티 은행 자산 순위'에서 6위를 차지했다.

미국에 있는 많은 커뮤니티 및 리저널 은행들은 각각 주력하는 니치 마켓과 상품이 있다. 뱅크오브호프의 전신인 BBCN뱅크와 윌셔은행은 각각 상업 금융 대출 분야 최고 은행으로서 특

뱅크오브호프 최종 합병 기자 회견(2016년 7월 29일)에서 클로징 증서(Closing Certificate)에 사인하고 악수하는 케빈 김 행장(왼쪽)과 고석화 이사장(오른쪽)

히 SBA와 CRE 대출에 있어서 독보적인 경쟁력을 인정받았다.

상업 금융 대출 이외에도 BBCN뱅크와 윌셔은행은 합병 이전부터 타 한인 은행에서 서비스를 제공하지 않아 어쩔 수 없이 주류 은행과 거래하고 있는 고객들에게 종합 금융 서비스를 제공하기 위해 다양한 서비스 확대에 주력해왔다.

그 결과 세계 주요 통화 환전 서비스는 물론, 미주 한인 은행 최초로 맞춤형 리워드와 경쟁력 있는 이자율을 제공할 수 있는 자체 크레디트 카드를 발급하는 데 성공했다. 또한 고객들의 다양한 재정 및 금융 서비스 요구에 맞춘 자산 관리 서비스, 다양한 주택 담보 대출 등을 시작할 수 있었다. 특히 주택 담보 대출은 한인 은행 중 윌셔은행이 가장 경쟁력 있는 서비스를 제공하여 왔기에 합병 이후에도 독보적인 서비스를 제공하고 있다.

성공한 사업가에서 미주 한인의 희망으로

인생 마지막 목표가 자선 사업가인 고석화 이사장의 최대 성과는 2004년 500만 달러약 56억 6,000만 원를 출연해 설립한 고선재단 Koh Charitable Foundation이다. 고선재단은 '최고의 선을 지향한다'는 취지 아래 남가주에 도움이 필요한 이들, 특히 저소득층 어린이를 위한 교육과 주변 저소득층에게 의료 서비스를 제공하는 비영리 봉사 단체들에게 자선기금을 전달하고 격려하는 일에 앞장서고 있다.

특히 한인 사회 및 타 소수 민족 커뮤니티에서 신체적인 문제로 소외되거나 어려움을 겪는 학생들과 메디컬 연구기관 등을 대상으로 후원 활동을 하고 있다. 2016년 말에는 샬롬장애인선교회, LA 최대 규모의 다운타운 노숙자 숙소인 더미드나잇미션 The Midnight Mission, 비전시각장애인센터, 아태여성보호센터, LA뇌전증재단Epilepsy Foundation of Greater Los Angeles 자폐장애인치료봉사센터, 저

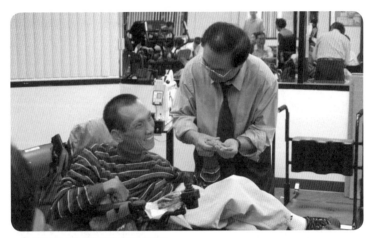
고선재단 봉사 활동 중인 고석화 이사장

소득층 학생들에게 무료 안경과 시력 검사를 제공하는 비전투런
Vision to Learn 등 18곳의 봉사 단체를 지원했다.

"남과 함께 더불어 살아가는 삶을 위해 기부 활동을 하지만
기부는 돈을 건네주는 것이 아니고 자신의 마음과 인생을 나눌
때 순수하다"고 기부의 의미를 해석하는 고 이사장은 손수 장애
인들을 찾아가 도움의 손길을 건네는 것을 즐긴다. 고선재단은
2016년 연간 11만 달러약 1억 2,000만 원, 현재까지 12년간 총 130만
달러약 14억 7,000만 원 이상을 기부하며 나눔의 정신을 실천하고 있다.

고 이사장은 1969년 대학 졸업 후 중견 기업인 연합철강에 입
사했다. 큰 조직에서 한 가지 업무만 배우는 것보다 중견 기업에

서 여러 업무를 두루두루 담당하며 회사 운영에 대해 더 상세히 배우는 것이 좋겠다고 생각했기 때문이다.

추후 공부를 더 해서 창업하겠다는 포부를 간직하고 있던 고 이사장은 1973년 연합철강 LA 무역 대리점을 오픈하고 미국에서 비즈니스를 시작하며 오랜 시간 꿈꿔왔던 세계적인 무역인의 꿈을 펼쳐나갔다. 대리점 형태로 철강 비즈니스를 시작한 후 현지 유통 회사 퍼시픽스틸을 통해 철강 수입 비즈니스를 확장했다. 그리고 미국의 경기 호황에 힘입어 철강 수입이 증대되자 코스 인터내셔널을 통해 철강 수입선을 전 세계로 확장했다.

미국 내 철강 가공 공장 설립을 계획하며 바쁘게 움직이던 중 그는 힘든 제안을 받았다. 1986년 당시 재정 위기에 몰린 윌셔은행이 고 이사장에게 긴급 지원을 요청한 것이다. 당시 교포들은 금융기관 지분의 10% 이상을 보유하면 각종 제약이 따른다는 이유로 투자를 꺼렸다. 고 이사장이 사업을 히면서 보인 리더십과 경영 능력을 눈여겨본 교포들이 앞장서 고 이사장에게 윌셔은행의 이사장으로 취임할 것을 부탁했지만 금융업은 전문 분야가 아니었기에 그는 고심할 수밖에 없었다. 그러나 고 이사장은 한인 교포들의 자본으로 세워진 최초 미주 한인 은행인 윌셔은행이 무너지면 교포들의 사업도 무너진다는 생각이 앞섰다.

고민 끝에 윌셔은행 지분 26%를 확보해 최대 주주이자 이사장에 올랐다.

응원단장 경영으로 기적 같은 정상화

윌셔은행은 고 이사장이 취임한 지 6년 만에 기적 같은 경영 정상화에 성공했고 1998년 나스닥에 입성했으며 2003년 478개 커뮤니티 은행 가운데 1위에 올라서는 쾌거를 달성했다. 고 이사장은 크고 작은 합병을 성사시키며 지속적인 내외형적 성장을 이끌어냈다.

커뮤니티와 함께하는 성장이 삶의 목표인 고 이사장은 2004년 '미주 한인의 날' 대회장을 시작으로 미주한인재단 남가주 초대 회장 및 이사장을 역임하며 미주 한인들의 위상을 높이는 데 힘썼다. 고 이사장은 이런 노고와 무역 증진 공로를 인정받아 한국 정부로부터 2007년 국민훈장 동백장을 수상했고 같은 해 뉴욕 엘리스 아일랜드에서 미국 이민자 단체인 소수민족연대협의회NEC가 주는 엘리스아일랜드상을 수상했다. 엘리스아일랜드상은 제럴드 포드, 빌 클린턴 대통령 등 역대 미국 대통령 6명을 포함한 저명인사들이 다수 수상한 의미 깊은 상이다.

나스닥 오프닝 벨(Opening Bell) 행사(2016년 8월 24일)에 초대된 뱅크오브호프 지주사인 호프뱅콥

1996년부터 윌셔은행의 SBA 대출은 LA 지역 은행 중 1위를 기록하며 미국 주류 은행들을 제치고 SBA 대출의 선두 주자로 떠올랐다. 윌셔은행은 타 은행과 차별화된 전략으로 고객층을 확보하며 튼튼한 내실을 다지는 동시에 M&A를 통해 고객과 지점 확장 전략을 펼치며 뉴욕의 리버티뱅크, 뉴저지의 뱅크아시아나, 캘리포니아의 미래은행, 새한은행 등을 인수했다.

고 이사장은 2016년 7월 BBCN뱅크와 윌셔은행의 합병을 성공시키며 미주 한인 은행의 지각 변동을 일으켰다. 미주 한인 은행 1, 2등을 다투며 경쟁하던 BBCN뱅크와 윌셔은행이 합병해

2007 해외동포상을 수상하는 고석화 이사장

'뱅크오브호프'로 다시 태어난 것이다. 미주 한인들의 자본을 바탕으로 자산 규모 134억 달러에 이르는 대형 은행이 탄생한 것은 한인 커뮤니티에 기념비적인 의미가 담겨 있다.

언제나 큰 목표를 앞세워 공동체의 이익과 안정을 지향하는 고석화 이사장의 생각에 사업가적 전략이 더해져 미주 한인 금융 사회를 이끄는 힘이 된 것이다. 뱅크오브호프는 출범 후 순조로운 실적을 이어가며 슈퍼 리저널 은행으로 거듭나 미국 주류 은행들과 견주어 뒤지지 않는 은행으로 자리매김하고 있다.

고석화 이사장은 평소 조직의 리더는 항상 미래 방향을 제시하고 조직의 구심점이 되어야 한다고 강조한다. 지속 성장의 토대가 될 수 있는 조직적 기반을 다지고 직원들의 긍정 마인드를 이끌어내 배우고 실천하는 자세를 만드는 경영이 되어야 한다는 것이다. "기업은 절대 스스로 망하지 않는다. 사람이 기업을 망하게 한다"며 인재의 중요성을 항상 역설하는 그는 기업 역시 사람이 운영해나가는 것이기에 뚜렷한 목표를 세우고 시종일관 노력해야만 살아남을 수 있다고 설명한다.

솔선수범을 통해 조직의 팀워크가 발휘될 수 있도록 하는 것이 리더의 역할이며 그 목표를 위해 길을 만들고 직원들을 응원해야 한다는 것이 고 이사장의 믿음이다. 뱅크오브호프는 슈퍼리저널 미주 한인 은행으로서 훌륭한 경영 능력과 리더십을 갖춘 케빈 김 행장 및 각 분야에서 뛰어난 전문성을 발휘하는 경영진으로 구성되었다. 고 이사장은 이런 최고의 경영진을 신뢰하며 그들이 최대한의 능력을 발휘하고 소신 있게 경영할 수 있도록 동기 부여를 해주는 가운데 스스로는 '응원단장'으로서 임직원들을 뒤에서 받쳐주고 용기를 북돋는 것이 이사장으로서의 임무라고 생각한다. 그는 "지난 수십 년간 그래왔듯 앞으로도 나의 역할은 직원들 뒤에서 확실한 동기 부여를 해주며 그들의 용기를 북돋는 응원단장"이라고 말한다.

미국 주류 사회의 리딩 뱅크로

뱅크오브호프의 지향점은 'Bankers. Experts. Neighbors'라는 태그라인이 잘 보여주고 있다. "우리는 뱅커다. 고객은 우리의 전문 지식을 믿고 우리 은행에 온다. 1세대 이민 자영업 고객들이 우리의 주 고객임은 자명하며, 따라서 우리는 주류 은행에서는 제공할 수 없는 전문 지식을 제공하며, 해야 한다. 또한 가장 중요한 것은 뱅크오브호프는 커뮤니티의 지원과 후원 없이는 존속이 불가능하다는 점이다. 따라서 뱅크오브호프와 그 임직원들은 우리가 일하며 살고 있는 지역 사회의 필수 구성원이 되기 위해 계속해서 최선을 다해야 한다."

한마디로 정리하면 뱅크오브호프의 기업 문화에 대한 지향점은 뱅커로서 서비스의 질을 향상시키고 고객에게 타의 추종을 불허하는 전문 지식을 제공하며 지역 사회 성장에 중요한 역할을 하는 좋은 이웃이 되자는 것이다.

이 같은 목표를 지키기 위해 뱅크오브호프는 몇 가지 독특한 기업 문화를 지니고 있다. 첫째, 어느 한 사람의 노력으로 중요한 차이를 만들 수는 있지만 모두가 힘을 합쳐 단결할 때 역사를 바꿀 수 있다는 정신이다. 그동안 많은 M&A를 통해 만들어진

LPGA '뱅크오브호프 파운더스컵' 공식 파트너십 체결 조인식

뱅크오브호프이기 때문에 조직의 단결은 무엇보다 중요하다.

둘째, 끊임없는 성공을 이루기 위해 조직의 내부와 전 조직 구성원의 팀워크를 강조한다. 이제까지 그래왔듯 경영진들은 새로운 방향을 제시하기 위해 협력하고 일선 직원부터 경영진까지 모든 여정을 함께할 때 노력이 빛을 발할 수 있으며 시속석인 성장 신화를 만들어갈 수 있다는 것이다. 1+1의 답은 2가 아닌 '3+알파'다. 이걸 현실화하는 것이 바로 팀워크인 것이다. 모두가 한 목표를 향해 단결하여 시너지를 일으키면 성공할 수 있다는 것은 고 이사장의 신념과도 통한다.

세 번째는 성공을 위한 열정과 노력, 헌신이다. 뱅크오브호프

'뱅크오브호프 파운더스컵'에서 우승한 아나 노르드크비스트 선수(가운데)에게 상금을 전달하고 있는 고석화 이사장(오른쪽)

의 성공 속에는 미주 한인과 타 소수 민족의 노력이 녹아들어 있다. 미국 내에서 소수 민족을 대표하는 금융기관으로서 고객들이 낯선 터전에서 필요한 니즈가 무엇인지 파악하고 제공해 그들만의 '아메리칸 드림'을 함께 이루어나가는 은행이 되어야 한다는 것이다.

고석화 이사장을 비롯한 뱅크오브호프의 설립자들은 미국 이민 1세대 교포들로 머나먼 타국에서 눈물겨운 성공 신화를 이뤘다. 따라서 뱅크오브호프의 출범은 그간의 성공을 바탕으로 한인 커뮤니티 발전의 한 축이 되겠다는 설립자들의 꿈이 담겨져 있다.

　뱅크오브호프는 미국 금융 당국의 허가를 받은 미국 금융기관
이지만 뿌리는 한국에 있다. 110년 전 이탈리아 이민자들이 세
웠던 뱅크오브아메리카가 현재 세계 최대 규모의 은행이 된 것
처럼 뱅크오브호프도 미국 내에서 한국 기업과 한인 커뮤니티가
함께 발전할 수 있는 첫 단추가 될 것이다.

　금융 분야에서 한인 커뮤니티와 한인의 입지를 향상시키며 궁
극적으로는 미국 주류 사회에까지 영향을 주는 기업, 한국 사람
이 한국 밖에서 만든 가장 성공한 기업이 되겠다는 것이 뱅크오
브호프의 미래 비전이다.

회장

—

이선용

THE WEINA

상해웨이나화장품유한공사

학력
1985 고려대학교 경영대학원 졸업
1987 숭실대학교 중소기업대학원 AMP 수료
1988 고려대학교 컴퓨터과학기술대학원 수료
1992 서강대학교 최고경영자과정 수료
2002 북경청화대학교 최고경영자과정 수료

경력
1977 ㈜항진실업 대표이사
1985 ㈜극동 대표이사 회장
1986 태창금속공업㈜ 대표이사 회장
1998 ㈜태창메텍 대표이사 회장
2001 ㈜우창기업 대표이사 회장
2007 상해웨이나화장품유한공사 회장
2011 ㈜웨이나코리아 회장
2012 홍콩 웨이나홀딩스 회장
2013 H.K. IOB LABS 회장
2016 ㈜V.G 인베스트먼트 회장

상훈
1992 중소기업청장 표창
1994 환경대상
1996 산업자원부장관상
1997 상공대상
1998 자랑스러운 중소기업인상
1999 대통령 표창
2013 상하이 우수기업 은상
2015 상하이 화장품제조 은상
     한중경영 대상
2016 상하이 화장품제조 금상
     상하이 우수경영자상
2017 CES 바이오혁신상

THE WEINA

중국 시장 한류 화장품, 조용한 강자

최근 중국의 화장품 시장은 춘추 전국 시대에 비유되곤 한다. 지난 10여 년 사이 7~10%대 경제 성장에 따라 가처분 소득이 늘어나면서 거대한 인구가 화장품을 사용하기 시작했다. 수요가 급증하면서 공급 시장의 경쟁도 치열해졌다. 세계의 유력 화장품 기업들이 중국에 진출했고 한국계 기업들의 성과도 큰 뉴스거리로 회자되고 있다.

기회의 땅으로 알려진 중국. 그러나 중국 화장품 시장은 결코 녹록하지 않다. 성공보다는 실패하는 사례들이 훨씬 더 많다. 현지인들의 소비 습관과 각종 정부 시책들도 무척 까다로운 장애물이다. 이런 어려운 여건에서 남다른 뚝심으로 성공 신화를 쓴 사람이 있다.

상해웨이나화장품유한공사Shanghai Weina Cosmetics Co., Ltd., 이하 웨이나화장품의 이선용 회장. 경쟁이 치열한 중국 땅에서 '신뢰와 제일주의'를 좌우명으로 삼아 10년간 매진한 끝에 한류 화장품 시장의 최강자로 입지를 다졌다.

웨이나화장품은 2004년 'Made in Shanghai' 제품 생산을 위한 공장 위생 및 생산 허가를 취득하여 자체 제조 생산 시설을

중국 상하이의 웨이나화장품 생산 공장

구축한 기업이다. 중국 현지에서 자체 생산 기반을 구축하여 제품을 생산한다는 것은 중요한 의미를 지녔다. 우선, 그 당시 현지 공장 운영으로 제조 및 유통을 함께 추구하는 기업은 외국계 화장품 기업, 특히 한국계한상 기업 기업으로는 대기업인 태평양이나 LG를 제외하고는 전무한 상태였다. 따라서 현지 공장은 화장품 기업으로서 중국 소비자에게 실력을 입증하는 중요한 자산이었다.

또한 당시 중국 화장품 소비 시장 상황은 그 규모가 전체 시장 규모의 10% 내외로 성장 가능성은 높지만 가짜 제품일명 짝퉁들과 저품질 제품들이 유통되던 시기로 소비자들의 피로감이 증폭

되던 시기였다. 따라서 소비자에게 신뢰감을 심어주는 일이 무엇보다 중요했고, 이러한 문제에 적절히 대응하는 차원에서 자체 공장을 수립, 한국의 기술력과 품질을 과시하는 계기로 삼았다.

이 회장이 만든 웨이나화장품의 브랜드들은 어느덧 중국인들에게 친숙한 이름이 되었다. 웨이나화장품은 다른 외국계 기업들처럼 진출 초기에 시행착오와 진통을 겪었지만 남다른 인내와 고집스런 현지화 전략으로 성공을 일궈냈다. 지난 몇 년 사이 매년 50~80% 성장을 기록하고 2016년에는 1억 7,000만 달러약 1,923억원의 매출을 올렸다.

상하이에 공장과 본사를 두고, 서울과 제주에 연구개발팀을 운영 중인 웨이나화장품에는 현재 250여 명의 임직원이 재직 중이고, 중국 전역에 1만여 개가 넘는 가맹 미용원점포을 거느리고 있다.

무신불립과 제일주의

웨이나화장품은 2003년 한국야쿠르트그룹 계열의 나드리화장품이 중국 상하이에 제조 공장을 설립하고 생산·판매 활동을 시작한 것이 모태다. 중국 화장품 시장의 성장 잠재력과 중국 여성의 화장품, 미용_{건강 및 뷰티 산업 포함}에 대한 관심이 증가하는 것에 착안한 발 빠른 행보였다. 당시만 해도 중국 내 화장품 산업이 취약하고 글로벌 브랜드들이 대도시를 중심으로 시장을 장악하고 있는 상황이었다. 비록 한국의 화장품 제조 기술이 우수하다고는 하지만, 낯선 소비문화와 글로벌 강자들을 대적하기란 쉽지 않은 분위기였다.

웨이나화장품은 시행착오를 겪을 수밖에 없었다. 이선용 회장은 지지부진하던 웨이나화장품을 인수해 새로운 바람을 일으켰다. 2008년 인수 작업을 마무리하고 새로운 도전에 나섰다. 한국에서 청년 시절부터 30년 가까이 사업을 하고 스스로 키운 회사를 상장까지 시킨 경험이 있는 이 회장이었다. 승부사 기질과 뚝심은 이 회장의 트레이드 마크로 이미 한국에서도 잘 알려져 있던 터였다.

이 회장은 웨이나화장품을 인수한 후 직원들을 모아놓고 '무신불립_{無信不立}'을 일성으로 내놓았다. 약속을 지킨다는 것이었다. 그 약속은 평소 좌우명인 제일주의를 근간으로 한 '정직한 제품'에 대한 약속, 현지 대리상들과의 '상생'에 관한 약속이었다.

이 회장이 이끄는 웨이나화장품은 글로벌 메이저 브랜드들

웨이나화장품 임직원

의 침투가 어려운 2~4선급 도시를 전략적으로 공략했다. 또 화장품과 미용에 관심이 있는 중국 여성, 특히 새로운 직업과 성공 기회를 모색하는 열혈 여성들을 모아 화장품과 미용을 가르치고 활동하게 했다. 점포를 개설하는 사업자들에게는 점포 운영 기법도 무상으로 가르쳤다. 현시인들에게 아낌없는 신뢰를 먼저 제공했다.

이러한 전략은 회사의 중장기 성장을 담보할 인적 자산을 키운다는 점, 그리고 중국 내 일자리 창출과 실용 지식 전파에 기여한다는 점에서 현지화와 상생의 원리를 중시한 것이었다.

선택과 집중, 그리고 철저한 실용주의

2003년 일찌감치 중국에 진출한 웨이나화장품은 어느덧 14년 차를 맞았다. 치밀한 현지화 전략으로 꾸준한 성장을 일궈온 웨이나화장품은 현재 중국 내 화장품 및 미용 분야에서 한류 화장품 바람을 일으키며 막강한 현지 한상 기업으로 자리를 잡았다.

웨이나화장품의 현재 중국 내 입지는 어느 기업보다 탄탄하다. 자체 연구개발과 생산 공장 때문만이 아니다. 중국 내 2~4선급 도시를 중심으로 10년 넘게 일궈놓은 양질의 인적 네트워크와 브랜드 충성도가 어느 기업보다 강하고 탄탄하기 때문이다.

이러한 성장의 배경으로 이선용 회장의 실용주의 철학을 빼놓을 수 없다. 이 회장은 타고난 고집과 뚝심만 강조하지 않는다. 전문가들을 중용하고, 최선의 선택을 위해 남다른 노력을 기울인다. 이것이 낭비 요소를 원천 배제하는 장점이 있음을 잘 알기 때문이다. 그리고 일단 선택한 전략에 대해서는 확실한 투자를 실천하고 있다.

중국의 화장품 시장이 성숙해가는 모습을 직접 관찰하면서 남보다 한 발 앞선 계획과 투자를 실행하는 것이 이 회장의 순발력

中国 중서부지역 방문

이자 사업 패턴이다. 2010년에는 아직 이르다는 주변의 만류를 뿌리치고 ERP 시스템을 구축해 전사적인 자원 관리 체계도 확립하였다. 2012년에는 미용 교육의 선진화를 위해 중국 주요 지역에 전문 교육센터를 설립했다.

2014년에는 업계 최초로 전문 교육장을 본사에 두고 영국 ITEC 자격증 과정을 운영하여, 각 가맹점주 및 미용 전문가들에게 자격증 취득에 도움을 주는 교육 활동을 진행했다. 이는 관련 업계에 신선한 충격을 수었고 또한 부러움을 받는 좋은 사례로 평가받고 있다.

오늘날 화장품 산업은 건강·미용 산업과 맞닿아 있다. 이 회장은 이른바 산업의 전후방 연관 효과를 강조하고 그 안에서 시너지를 일으키는 쪽으로 사업을 확장하고 있다.

2014년부터는 2~4선급 도시의 미용원점포 수준을 향상시키고 이들의 자생력과 경쟁력을 제고시키기 위한 일환으로 한국식 스파Spa 프로그램을 개발해 보급하기 시작했다. 웨이나화장품 가맹점들의 경쟁력은 곧 웨이나화장품 본사의 생존과 직결된 문제이다. 소비자와 중간 상인 조직이 튼튼해야 기업의 지속 성장이 가능하다는 관점이다. 2017년 초 현재 웨이나화장품의 브랜드 스파는 300호 점을 넘어섰다.

현재 웨이나화장품은 중국 내 한국 화장품 기업을 대표하고 있으며, 중국 화장품 소비자들에게 한류 이상의 영향력을 행사하는 기업으로 인정받고 있다. 전문화된 제품의 우수한 품질과 선진적인 기업 문화를 갖춘 모범 기업으로 중국 정부와 소비자들에게 마음으로 인정받는 기업이 되었다.

현지화와 혁신 노력

웨이나화장품은 종종 국적에 관한 질문을 받는다. 특히 한중관계가 불편해지거나 안 좋은 여론이 형성되는 경우에는 다른 한국계 기업처럼 어려움을 겪을 수밖에 없다. 한국의 자본과 선진 기술을 앞세워 사업을 진행하는 일이 현지인들에게 일정한 부분에서 매력적일 수 있지만, 자국의 산업이 성장하고 맹목적인 국수주의가 여론을 지배할 때는 갈등 요소가 나타나는 것이 상례이기 때문이다.

웨이나화장품의 현지화 전략은 이러한 사정을 충분히 감안한 것이었다. 중국 법에 따라 세금을 내고 많은 중국인 직원을 거느린 중국 기업이지만, 엄밀하게는 한국계 기업일 수밖에 없었다.

그래서 이 회장은 많은 부분에서 변화와 혁신을 강조했다. 외국 기업이라는 불리한 경영 환경의 체질을 변화시키고자 정도 경영과 합법 경영 체계를 구축하는 데 적지 않은 노력을 기울였다. 회사 내 각종 제도 정비는 물론 중국인과 중국 정부와의 관계 개선에 노력하고 무엇보다 중국 소비자들에게 인정받기 위해 다양한 마케팅 전략을 단계별로 실천했다.

2012년에 소비자와 대리상을 위해 설립한 교육센터는 한국의 미를 본격적으로 확장 전개하는 교두보 역할을 했다. 또 원거리 교육을 원활하게 하기 위해 화상 회의 시스템을 구축하고 니지털 환경을 최대한 활용하는 스마트 교육 시스템을 도입했다. 이는 현재까지도 다양한 미용 기술과 풍부한 제품 지식을 습득하는 데 매우 유용한 역할을 하고 있다.

이선용 회장은 이러한 노력에서 멈추지 않고 2013년에는 ISO 9001·22761 인증을 취득하여 품질 경영 안정화 기반을 마련한

산동 웨이팡 소학교 장학금 및 학용품 지원 활동

다. 또 2014년에는 중국 강소성 서주시徐州市에 EMS 물류 창고를 업계 최초로 독점적으로 운영하게 되면서 중국 전 지역에 제품 배송에 따른 시간 단축은 물론 안정적인 주문 발주 및 전달 시스템을 구축하게 된다.

아울러 2013년에는 서울 구로구 가산동에 웨이나연구소를 설립, 과학적 원료 실험 및 개발을 통한 제품 품질 향상과 소비자 요구 및 시장에 부합하는 신제품 개발에 빠르게 대응할 수 있게 되었다. 이처럼 이선용 회장은 웨이나화장품이 전문 기업으로서의 역할을 확대해 나아가기 위한 노력을 끊임없이 수행하고 있다.

이선용 회장은 중국에서 벌어들인 이익을 중국 사회에 환원하는 일에도 앞장선다. 국적을 떠나 따뜻한 인본주의를 바탕으로 지역 공동체에 기여하는 활동을 진행하고 있다. 낙후 지역의 아이들에게 장학금을 주고, 독거노인을 위한 봉사, 소년 소녀 가장 돕기 같은 활동을 다각적으로 전개하고 있다.

고객이 외부에만 있는 것이 아님을 잘 아는 이 회장은 평소 '최고의 고객은 내부 직원'임을 직시하고 직원에 대한 존중과 격려를 아끼지 않는 경영 스타일을 유지하고 있다. 열성적인 중국인 직원들을 대상으로 해외 문화 체험 여행을 시키는 일은 벌써 10여 년째 계속하고 있는 연례행사다.

2016년에는 한류 배우 박해진과 전속 모델 계약을 체결하고, 업계 최초로 중국 내 주요 거점 지역에 버스 랩핑 광고를 실시, 한국 기업 및 제품과 한국인에 대한 긍정 이미지를 높이는 데 기여했다. 이를 통해 한류 문화 체험을 강조하여, 2016년 말에는 2,000명 규모의 인센티브 관광단을 조직해 서울과 부산에서 한국 문화를 직접 체험하도록 했다.

이선용 회장과 웨이나 모델 박해진

최고를 향한 상하동력자승

이선용 회장은 최고의 제품으로 최고의 가치를 고객에게 전달한다는 초심을 잘 지키려고 노력한다. 자칫 진부한 구호처럼 보이는 표현이지만 이를 잘 실천할 때의 위력은 대단히 크다는 사실을 확신하고 있다. 이를 위해 이 회장은 매년 초 전국의 직원들을 한자리에 모아놓고 사자성어를 제시한다. 서로의 생각을 하나로 모아 협심하자는 것이다.

중국 시장에서 웨이나화장품이 성공한 비결도 이러한 모토와 관련이 있다. 이 회장은 광활한 중국 대륙에서 자칫 분산되기 쉬

제주대학교 - 웨이나화장품
산학협력 협약 체결식
2013. 7. 4. 11:00 / 대학교

웨이니화장품–제주대학교 MOU 체결

운 에너지를 결집하기 위해 지역 대리상들과의 소통에 많은 관심과 노력을 기울인다. 교육을 위해 설치한 원격 화상회의 시스템을 활용하여 더욱 친밀하게 다가가려고 노력한다.

웨이나화장품이 현재의 입지를 구축하는 데 최고의 자원은 어느 회사보다 강한 인적 연대감이다. 소통, 투자, 공유 같은 개념들을 바탕으로 지역 대리상들과 끈끈한 신뢰와 유대를 형성해온 것이 바로 웨이나화장품을 성장시킨 원동력이다. 한마음 한뜻을 위한 노력이 이 회장의 첫 번째 경영 철학이자 노하우이다.

이 회장은 최고의 제품과 서비스를 제공하기 위해 늘 전문가 그룹과의 대화 채널을 열어 가동한다. 2013년부터 이어지고 있는 한국 내 유수의 대학과의 산학 협력, 특히 제주대와의 산학 협력은 대표적인 전문가 그룹과의 융합을 위한 노력의 일환으로 평가받고 있다. 공동 연구 과제를 수행한다거나, 매년 취업을 앞둔 우수한 학생들에게 장기간의 인턴 과정을 운영하여 취업 준비에 도움을 주는 활동은 4년여 동안 쉬지 않고 이어가고 있다.

더욱이 제주대 출신 졸업생을 직원으로 채용하여 제주대 내에서는 선망의 기업으로 평가받고 있다고 한다. 실질적인 인적 교류를 실천하고 있는 것이다. 사내에서도 내부 전문가 육성을 위해 각종 교육 프로그램을 진행함은 물론 한중 직원 간의 원활한 소통과 화합을 위해 매주 3회의 정기적인 언어 교육을 수행하고 있다.

이러한 활동들이 알려지게 되면서 웨이나화장품은 한중 양국 정부와 국민으로부터 인정받고 사랑받는 기업으로 발전하고 있다. 이는 전 임직원이 상하동력자승上下動力者勝이 되어 노력하였기에 가능했던 일이다. 중국인과 한국인, 대리상과 회사 등 서로 다른 두 가지를 융합할 수 있는 것, 그리고 모두가 함께 공존하고 발전할 수 있는 원동력은 바로 상생의 정신이라고 이선용 회장은 강조한다. 물이 낮은 곳에 모이는 것처럼 사람도 겸손한 자에게 모이게 된다는 것이 이 회장의 지론이다. 그는 "겸손한 자세로 진정성을 갖고 상대방을 존중하고 청취한다면 상대방은 존중을 받았다는 기분으로 우리에게 마음을 열게 되고 진정한 상생의 기반이 비로소 마련된다"고 말한다.

기본에 충실하며 4차 산업혁명에 대비

이선용 회장의 제일주의는 미래 가치를 선도적으로 배양하는 데서도 잘 드러난다. 이 회장은 주변 산업의 흐름을 보면서 3년 전부터 조용히 심혈을 기울인 분야가 있다. 바로 온라인과 첨단 과학 영역이다. 중국의 현재 상거래 패턴에 분명 변화가 올 것이며, 미용 시장도 첨단 과학으로 무장하지 않으면 경쟁에서 뒤질 것이라는 점을 확신하고 있다.

그래서 웨이나화장품 사내에 전략팀을 만들고 온라인 유통과 첨단 기기 제조에 열중하고 있다. 최근에야 언론에 알려지고 있는 이른바 4차 산업혁명에 남보다 먼저 소리 없이 대비해왔다. 그 첫 성과로 인공지능을 이용한 모바일 피부 분석기를 개발해 2017년 1월 미국 라스베이거스에서 개최된 세계 최대 가전박람회인 CES에서 혁신상Innovation Awards을 수상하기도 했다.

세계 최대 가전박람회인 2017 CES에서 혁신상(Innovation Awards)을 수상

이 회장은 기존의 생산과 유통에 최선을 다하면서도 디지털 시대의 산업 고도화를 염두에 두고 또 다른 실험과 도전을 게을리하지 않고 있다. 이러한 노력은 단순히 통찰력의 소산이라기보다는 진정한 승자가 되기 위한 승부사적 기질에서 비롯된 것으로 보인다.

하루가 다르게 급변하는 세계에서 중국의 화장품 시장도 큰 변화를 겪을 것으로 예상되는 가운데 5년 후를 준비하면서 한 번 더 도약하겠다는 것이 이 회장의 포부다.

후배들을 위한 조언

이선용 회장은 웨이나화장품이 2003년 출범 이후 지금까지 수많은 시행착오를 겪었다는 사실을 숨기지 않는다. 수많은 고난과 역경의 시간 속에서 우수한 제품이 만들어지고, 신뢰성 있는 유통망이 형성됐으며, 현지화 전략을 수행할 수 있는 인재들이 모여 지금의 웨이나화장품을 일궈냈다는 사실을 누구보다 잘 알기 때문이다. 중국 시장에서 어려움을 겪고 있는 기업인이나 중국 진출을 준비 중인 후배 기업인이라면 이선용 회장의 경영 노하우를 귀담아들어 볼 만하다.

"저희는 중국의 대형 로컬 기업이나 다국적 기업들과 같은 방법의 채널로는 경쟁할 수 없다고 판단하고, 우리 제품의 우수성이나 우리 회사만의 장점을 부각하여 차별화된 전략으로 시장 선점을 시삭하었습니다. 중국의 1급 도시가 이닌 2~4급 도시 및 현급 도시 위주로 공급망을 넓히면서 시장의 기초를 다지고 역량 있는 대리상과의 협력 관계를 구축함으로써 유통 공급망의 뿌리를 내렸습니다. 백화점이나 대형 쇼핑몰에 공급 및 입점하지 않고 각 지역에 역량 있는 대리상들을 모집하고 가맹하여 협력 관계를 구축한 것이 웨이나화장품의

'웨이나가 있는 곳에 사랑이 있습니다(维娜在哪, 爱就在哪)' 캠페인 선포식

성패를 좌우했다고 생각합니다. 중국 유통 시장의 특징 중 하나
가 공급망 인프라 및 소매 밀집도로 인해 대리상의 역할이 매우
중요하다는 것입니다. 중국 현지에 맞는 유통 전략과 우수한 대
리상들을 적극적으로 지원하여 매출을 촉진시키고 역량을 강화
하여 회사와 대리상이 함께 발전하는 상생 문화를 만들고 있습
니다. 돌이켜보면 이 모든 것이 기본에 충실하고 그 가치를 잊지
않고 견지해온 것인지도 모르겠습니다. 중국에서는 더욱 그러
한 것 같습니다. 중국 사람들을 진심으로 존중하고 사랑하는 마
음과 진정으로 신뢰를 받고 감동을 줄 수 있도록 하는 것은 결국
기본에 충실한 것이라고 생각합니다."

66

고객이 외부에만 있는 것이 아니다.
최고의 고객은 내부 직원이다.
직원에 대한 존중과 격려를
아끼지 않아야 한다.

99

회장
—
박종범

영산그룹

학력
1981 　조선대학교 경영학과 졸업
1987 　연세대학교 대학원 행정학 석사
2013 　조선대학교 명예 경영학 박사

경력
1999 　기아자동차 기아인터트레이드 오스트리아 법인장
2009 　재오스트리아 한인회 회장(34 · 35대)
2011 　재유럽 한인총연합회 회장(13 · 14대)
2014 　13차 세계한상대회 대회장
현재 　영산그룹 회장
　　　 17기 민주평화통일자문회의
　　　　　아프리카 · 중동 · 유럽지역회의 부의장
　　　 국무총리실 산하 재외동포정책위원회 위원
　　　 주한 니제르 명예영사

상훈
2002 　상공의 날 산업자원부장관 표창
2008 　상공의 날 지식경제부장관 표창
　　　 Bank Austria 올해의 기업고객상
2009 　슬로바키아 슬로박 인도주의회의상
　　　　　(Slovak Humanitarian Council Award, DAR ROKA)
2011 　올해의 인물(한인회 부문, 재외동포신문)
　　　 커뮤니티 대상(월드코리안신문)
2013 　오스트리아정부 금장훈장
　　　 올해의 자랑스러운 한국인 선정(재외동포언론인협회)
　　　 대한민국 국민훈장 모란장
2014 　합스부르크 황실 평화증진협회 평화의 불꽃상
2015 　자랑스러운 조선대인 선정

한국 제품 15개국에 알리는 제조업 한류 전도사

영산그룹은 1999년 오스트리아 비엔나에서 설립된 영산한델스가 모태다. 지금은 15개국에 28곳의 법인과 지사를 둔 글로벌 기업으로 성장했다. 러시아와 CIS독립국가연합, 동서남아시아, 아프리카, 유럽 등지에서 한국산 제품을 알리며 'Made in Korea' 전도사 역할을 하고 있다. 자동차 및 화학 사업을 기반으로 제조, 무역 및 물류 사업까지 영위하고 있으며 탄탄한 해외 네트워크를 구축하여 세계 각지에 한국 제품을 수출함으로써 대한민국 위상을 드높이고 있다.

영산그룹의 시작은 화학제품 무역업이었다. 2004년 한국 자동차를 우크라이나에 공급하는 중간 무역에 뛰어들며 자동차 및 부품 유통 사업에 진출하였다. 사업 초기 인연을 맺었던 우크라이나와는 지금까지 꾸준히 거래를 이어가고 있다.

영산그룹은 자동차 개조 및 분해 포장, 조립, 검수 사업으로 확장하면서 2007년 슬로바키아, 2009년 전주에 공장을 설립하였다. 특히 슬로바키아 공장은 연간 10만 대 처리 능력을 가졌으며 전주 및 터키 공장과 함께 러시아, CIS, 중동 및 아프리카 지역에 반제품 차량을 공급하고 있다. 2011년에는 서아프리카 말

아프리카에서 비즈니스하는 박종범 회장

리 등지에 자동차 조립 공장을 설립했다. 이로써 미래 시장인 아
프리카 시장에 일찌감치 진출하게 됐다. 지금은 아프리카에서
신뢰받는 기업으로 명성을 높이고 있다.

2013년에는 터키에 자동차 부품 생산 공장을 설립하며 제조
업으로 본격적인 첫발을 내디뎠다. 2014년에는 러시아 차량 부
품 조립 사업에 박차를 가하면서 국산화 작업에 착수했고 신규
시장 개척과 확대에 주력하면서 제품 경쟁력 강화 및 탄력적인
고객 대응에 힘썼다. 이듬해 슬로바키아에 차량 부품 생산 공장
플라스틱 사출을 완공하며 동유럽 인근 국가로 납품처를 확대했다. 터
키에서는 특장 차량 및 반제품 포장 공급 등으로 사업 영역을 확

대했다. 2017년 현재는 아프리카와 아시아 지역을 전방위적으로
공략해 차량 검수 및 조립 기술 지원에 이은 국산화 사업과 신규
프로젝트 등 고부가가치 사업을 도모하고 있다.

대기업 법인장에서 나 홀로 개인 사업자로

기아자동차에 근무하던 박종범 회장이 처음 오스트리아로 간
것은 1996년이었다. 기아인터트레이드 오스트리아 법인장으로
발령받았을 때만 해도 그곳 생활이 그리 길지 않을 것이라 생각
했다. 그러나 2년이 채 지나지 않아 한국은 IMF 외환 위기라는
초유의 사태에 직면했고 기아자동차는 현대자동차에 인수되었
다. 박 회장은 한국으로 돌아가야 할지 오스트리아에 남아야 할
지 수많은 갈등과 고민을 거듭한 끝에 오스트리아 잔류를 선택
했다.

하지만 유럽은 그 문화와 언어에 익숙하지 않은 동양인이 비
집고 들어갈 수 있는 사회가 아니었다. 기아자동차라는 후광과
법인장이라는 지위 그리고 대기업의 충분한 자금력이 그에게는
더 이상 없었다. 지금까지 사람들은 인간 박종범이 아니라 기아
자동차 법인장을 만나준 것이었다.

지금껏 누렸던 기득권이 사라진 상태에서 더 이상 과거에 얽매여 있을 수는 없었다. 박 회장은 모든 것을 버리고 새로이 시작하기로 마음먹었다. 가장 먼저 오스트리아를 비롯한 서유럽을 벗어나 러시아로 눈을 돌렸다. 당시 러시아는 공산 체제가 무너진 지 얼마 되지 않았고, CIS의 국가들도 러시아연방에서 독립한 지 얼마 되지 않은 상황이었다. 사회 인프라 구축이 한창 진행되던 터라 파고들 여지가 있을 것이라 판단했다.

박 회장은 비엔나에 어린 자녀와 아내를 남겨두고 홀로 우크라이나로 향했다. 그곳에서 처음 한 일은 사탕 포장지를 공급하는 일이었다. 한국에서 비닐 포장지를 수입해 우크라이나의 사탕 공장에 납품하는 것이 전부였다. 단순한 일이지만 박 회장에겐 첫 사업이었다. 이때 접한 사탕 포장용 필름이 추후 박 회장이 석유 화학 관련 제품에 관심을 갖는 밑거름이 됐다.

최악의 위기를 도약의 발판으로

사업 초기 박종범 회장은 거의 잠을 이루지 못했다. 잠을 자다가도 온몸이 식은땀으로 흠뻑 젖은 채 깨어나는 일이 많았다. 그 정도로 정신적 압박이 심했던 것이다.

다행히 사업을 시작한 지 1년이 지나자 어느 정도 체계가 잡히면서 안정기에 접어들었다. 초창기 겪었던 정신적 압박도 차츰 사라지는 듯했다. 주거래처였던 우크라이나 사탕 공장의 성장과 함께 영산의 포장지 주문량도 꾸준히 늘어났다. 포장지에는 초콜릿 맛, 바나나 맛, 딸기 맛 등의 문구와 간단한 문양이 들어가는데 영산은 경기도 김포에 위치한 한 인쇄소에 포장지 인쇄를 맡겼다. 이 인쇄소에는 영산의 물량만으로 인쇄기를 24시간 풀가동해야 할 정도로 영세했다. 당시 한국의 다른 인쇄소는 일감이 없어 기계 가동을 멈추고 있었다.

그런데 뜻밖의 사고가 터졌다. 인쇄기를 쉴 새 없이 돌리다 보니 인쇄기 실린더 동판이 닳아 인쇄 형태가 제대로 나오지 않는 사고가 발생했다. 인쇄소 사장은 이 사실을 알면서도 수명이 다한 실린더를 교체하지 않고 인쇄기를 돌렸다. 당연히 우크라이나에 노착한 포장지의 문양과 글씨는 알아볼 수 없는 상태였다. 영산은 165만 달러, 우리 돈으로 20억 원에 이르는 엄청난 클레임을 맞았다. 김포의 인쇄소 사장은 이미 부도를 내고 도망간 뒤였다.

절망적인 상황이었지만 박 회장은 회사 문을 닫지도 도망치지도 않았다. 대신 며칠 동안 선별 작업을 통하여 그나마 쓸 만한 포장지를 골랐다. 또 거래처를 설득해 165만 달러의 피해 보상액을 50만 달러_{약 6억 원}로 낮췄다. 하지만 이마저도 갓 사업을 시작한 영산으로서는 감당하기 어려운 금액이었다. 박종범 회장은 다시 거래처 책임자를 찾아가 2년 안에 모두 상환할 것을 약속했다.

약속보다 6개월 늦기는 했지만 기어이 보상액을 상환하는 박 회장을 보고 우크라이나 거래처는 크게 감복했다. 박 회장은 현지에서는 'JB Park'이라 불렸는데, 이 일을 계기로 'JB Park은 믿을 수 있는 사람'이라는 평판이 생겼다. 사탕 공장 책임자는 박 회장을 자동차 회사에 소개했다. 사탕 공장의 모기업은 50개의 자회사를 거느린 그룹이었는데 자회사 가운데 자동차 관련 회사가 있었던 것이다.

JB Park의 정직과 성실함을 잘 알고 있던 자동차 회사는 박 회장을 불러 새로운 사업을 같이 해보자고 제의했다. 당시 한국 자동차의 동구권 진입이 본격화되던 시기였고 우크라이나의 경제 성장이 높아지면서 자동차 수요 또한 늘어나던 상황이었다.

박 회장은 한국 자동차를 우크라이나에 공급하는 중간 무역을 시작했다. 특히 자금력이 약한 현지 대리점 상황을 고려해 자금 지원 역할도 했다. 박 회장이 오스트리아 금융권으로부터 신용장을 개설해 자금을 지원하는 방식이었다.

이후 2008년부터는 자동차 부품 제조 판매와 자동차 개조로 사업 영역을 확대했다. 그러나 얼마 지나지 않아 글로벌 금융 위기에 직면하면서 회사 설립 후 두 번째 위기를 맞게 됐다. 박 회장은 두 번의 위기를 계기로 아이템의 다양화를 꾀하는 한편, 아직 경쟁이 심하지 않은 미개척 시장을 선점해야 할 필요성을 절감했다.

추후 영산은 점진적으로 슬로바키아, 체코, 터키, 아프리카 말리, 모잠비크 지역과 전북 전주에서 자동차 개조 공장을 설립했으며 2017년 현재 15개국에 28개의 사업장을 거느리게 됐다.

휴머니즘과 예술적 가치를 존중하는 기업

'영산'이라는 회사명에는 세 가지 의미가 담겨 있다. 첫 번째는 믿음이다. 가톨릭 신자인 박송범 회상의 세례명은 '카르멜로'다. 일반적으로 본명을 지을 때 성인의 이름을 따오는데 박종범 회장은 카르멜 산에서 가져왔다. 카르멜 산은 이스라엘 북부 하이파에 위치한 성스러운 산, 즉 영산靈山이다. 수없이 많은 고비를 무사히 넘을 수 있었던 것은 신앙의 힘이었고 신뢰와 믿음이 있었기에 가능한 일이었다.

두 번째는 인간애다. 박 회장의 고향은 영산강 상류다. 그래서 영산이라는 이름을 가져왔는데 여기에는 고향에 대한 그리움과 한국에 대한 자긍심이 담겨 있다. 이것은 조국애이자 휴머니즘의 발로다. 세 번째로 '영변의 약산 진달래꽃'을 떠올리며 예술적 가치의 의미를 부여한다. 박 회장이 문화 예술에 특별한 애정과 투자를 아끼지 않는 데에는 그만한 이유가 있다.

매년 10월이 되면 세계 각국에서 한국 대사관 주최로 '한국의 날' 행사가 열린다. 대부분은 그 나라 귀빈들을 초청하여 기념사를 듣고 축하 건배를 한 후 헤어지는 것이 행사의 전부였다. 한국의 날이라고 하기에는 너무 무미건조한 행사라고 생각한 박종범 회장은 우크라이나 한국 대사를 찾아가 세계 정상급의 한국 음악가를 초청해 현지 오케스트라와 함께 공연하는 문화 행사를 제안하였다. 한국 대사는 제안을 흔쾌히 받아들였고 박 회장은 제반 경비를 부담하여 행사를 적극 후원했다. 이렇게 시작된 한국의 날 리셉션의 문화 예술 공연은 현재 슬로바키아, 체코, 우크라이나, 크로아티아, 루마니아, 불가리아, 터키, 핀란드까지 8개국에서 진행되고 있다.

영산그룹은 한국의 정신과 문화 역시 세계에 알리고 있다. 영산그룹에서 펼치고 있는 여러 사회 공헌 활동 가운데 가장 두드

WCN 연말 자선음악회(2016년)

러진 것을 꼽으라면 젊은 예술가 육성 사업과 문화 교류 사업이다. 그룹 차원에서 한국 문화를 유럽에 소개하는 문화 교류 전문 에이전시 WCN을 운영하면서 매년 한국 예술가들을 초청해 크고 작은 음악회를 개최하고 다양한 행사도 벌이고 있다. 최근 큰 이슈가 된 난민 문제와 관련한 자선 음악회를 비롯하여 소외 계층을 대상으로 한 재능 기부, 한인 음악가 후원 및 장학 사업, 클래식 음악 페스티벌 공동 주관 및 서울 설명회 개최 등 나눔과 실천, 배려와 화합이 깃든 기업 경영과 창조적 문화 활동은 영산 그룹 직원들을 움직이게 하는 정신이다.

박종범 회장은 기업을 운영하는 일 외에도 여러 공헌 활동을

오스트리아 잘츠부르크 페스티벌 프레젠테이션 설명회(2016년)

하고 있다. 2010년 오스트리아한인연합회 회장, 2011년 유럽한
인총연합회 회장, 2013년 세계한인회장대회 공동의장, 2014년
세계한상대회 대회장, 2015년 민주평화통일자문회의 유럽 부의
장, 국무총리실 산하 재외동포정책위원회 위원 등을 맡았거나
맡고 있다. 그는 이런 크고 작은 역할을 통해 한인들의 자긍심
을 고취하고 좀 더 나은 환경에서 자기 정체성을 확인할 수 있도
록 지원도 아끼지 않는다. 차세대 한상을 키우는 일은 물론, 체
육 대회를 통해 한인들의 단결심을 기르고, 한국을 소개하는 책
자 발간을 통해 이방인들의 한국에 대한 이해를 돕는다. 특히 박
회장은 오스트리아 비엔나에 한인문화회관 건립을 통하여 한인

동포들의 구심점 역할을 하는 등 그간의 사회 봉사 및 공헌 활동의 공적을 인정받아 2013년 오스트리아 정부로부터 금장훈장을, 한국 정부로부터 국민훈장 모란장을, 그리고 2014년 오스트리아 합스부르크 후손의 재단인 평화증진협회로부터 평화의불꽃상을 수훈하였다.

뛰면서 부딪히고 새로운 길을 개척하라

영산그룹 한국 법인에서는 유망한 청년들을 선발해 해외로 보내고 있다. 해외 파견은 월급뿐 아니라 집, 차, 전화 등을 모두 지급해야 하기 때문에 상당한 비용이 든다. 그럼에도 불구하고 한국에서 청년 사원을 뽑아 내보내는 것은 그들의 성장이 회사와 대한민국의 미래이기 때문이다. 신입 직원들이 해외 업무를 통해 현지 언어와 문화를 습득하고 글로벌 경쟁력을 갖추도록, 그리고 본인의 성장을 통해 회사에 이바지하도록 독려하는 것이다.

이처럼 영산그룹은 사관학교를 자처하며 청년들에 대한 지원을 멈추지 않고 있으며 해외 파견을 통한 개인의 발전이 회사와 국가의 경쟁력 확보라고 믿고 있다.

박종범 회장이 청년들에게 해주고 싶은 첫 번째 이야기는 현장에 가서 뛰면서 부딪히라는 것이다. 남이 가는 길만 따라가면 경쟁이 너무 심해서 성공하기 어려우니 당장은 어렵더라도 남들이 가지 않은 길, 더 험한 곳으로 뛰어들라는 것이다. 도전을 두려워하지 말고 젊었을 때 자신의 힘을 시험하고 키우라고 박 회장은 당부한다.

"모든 사람에게 좋은 기회는 반드시 찾아옵니다. 다만 그 기회를 잡을 수 있는 것은 준비된 자만이 할 수 있습니다. 저의 경우 무역업의 특성상 계속해서 새로운 아이템을 찾게 되고 시장을 확대하기 위해 노력했습니다. 그러한 과정에서 전혀 생각하지도 못했던 기회가 찾아온 것입니다. 우연치 않게 찾아온 작은 기회를 잡아보면 마치 고구마 줄기처럼 당기면 당길수록 굵직한 알맹이들이 딸려오는 경우가 있습니다. 자신에게 찾아온 가느다란 줄기를 알아차리고 재빠르게 잡을 수 있느냐 없느냐는 오로지 평소에 얼마나 준비를 했느냐에 달려 있습니다."

66

모든 사람에게 좋은 기회는
반드시 찾아온다.
다만 그 기회를 잡을 수 있는 것은
준비된 자만이 할 수 있다.

99

회장
—

최 분 도

PTV그룹

학력
1994   동국대학교 인도철학과 학사
2016   인하대학교 물류전문대학원 물류경영 석사

경력
현재   PTV컴퍼니리미티트(PTV Company Limited) 대표이사
        PTV앤파트너즈(PTV & Partners) 대표이사

상훈
2008   호찌민 우수납세기업
2011   호찌민 우수납세기업
2012   CSR 우수기업 베트남투자계획부장관상
2013   〈베트남리포트〉 선정 500대 고속성장 중소기업 43위
2014   호찌민 우수납세기업
2015   상공의 날 산업통상자원부장관상
        CSR 우수기업 KOTRA사장상
2016   베트남 산업무역부(MOIT)장관 베트남산업발전공로기념훈장
2017   동나이 세관 우수협력기업 표창

초특급 물류 서비스로 베트남에서 우뚝 서다

PTV그룹이하 PTV은 한국인이 설립한 베트남 종합 물류 기업이다. PTV, PTV로지틱스PTV Logistics, P&PPTV & Partners 등 3개 사업체로 이루어져 있으며 베트남에 투자한 유수한 대기업 및 중견 기업들에게 통관, 물류, 트러킹 및 관련 컨설팅을 제공하고 있다. 현재 80여 개국에 600여 개 파트너 기업을 두고 있으며 물류 사업을 중심으로 보험, 유통, 무역 등 사업을 다각화하고 있다.

호찌민에 본사를 두고 있는 PTV는 베트남어로 '베트남에서 가치와 부를 창출한다Phu Thanh Viet'는 말의 약자이며 영어로는 Professional, Timely, Value-added를 뜻한다. 이는 물류 서비스를 제공하는 기업으로서 고객에게 최상의 서비스를 제공하겠다는 가치를 담고 있다.

PTV는 현재 자회사 포함 170여 명의 직원이 소속돼 있으며 2016년 기준 3,500만 달러약 396억 원의 매출액을 기록했다. 2004년 설립 이래 계속적인 성장을 하며 2013년에는 〈베트남 리포트〉가 선정한 '500대 고속 성장 중소기업' 중 43위에 선정되기도 했다.

낯선 땅에서 찾은 블루오션, 물류

한국에 본사를 두고 있지 않은 PTV는 순수 개인 투자 기업으로 베트남에서 자생한 몇 안 되는 사례다. 한인 이민 역사가 20년 남짓밖에 되지 않은 베트남에서 현지 자생 기업으로 뿌리를 내리기란 쉽지 않은 일이다. PTV는 이러한 현실과 제조업 중심의 산업 구조 속에서 3차 서비스 산업으로 정착에 성공한 유일한 기업이라 할 수 있다.

PTV는 한국계 물류 기업 중 누구도 취급하지 않았던 통관 서비스에 특화했다. 통관의 모든 과정을 원 스톱으로 제공함으로써 시장에서 인정받기 시작했다. 또한 수출입 절차가 까다롭고 복잡한 베트남에서 통관 과정의 예측성을 높여 기업 수익을 개선시키는 물류 컨설팅 서비스를 최초로 시도했다.

PTV는 내부적으로 직원들에게 교육과 새로운 경험의 기회를 제공하여 PTV라는 울타리 안에서 꿈을 이룰 수 있도록 돕고 외부적으로는 고객사의 물류 전반적인 업무를 책임감 있게 수행함으로써 신뢰받고자 노력하고 있다.

PTV는 2004년 베트남 호찌민에 PTV를 설립하며 토대를 마련했고 2006년에는 베트남 남부 최대 한국 투자기업인 H그룹의 현지 공장 설립 프로젝트를 수행하면서 본격적으로 통관 전문 기업으로서 발판을 마련했다. 지금은 베트남 남부에 진출해 있는 150여 개의 한국 기업에 선진화된 물류 서비스를 제공하고 있다. 무역협회, KOTRA, 호찌민 한인상공인연합회KORCHAM의 요청으로 베트남 물류 제도와 관련된 법률 및 환경의 변화에 대해 자문도 하고 있다.

2008년에는 용접봉을 생산하는 대기업 계열사인 H기업의 베트남 시장 진출부터 설비 도입 및 통관, 트러킹 업무를 담당하며 외연을 확장하고 하노이에 PTV 지점을 개설했다. 2010년에는 베트남 북부 지역 관문인 하이퐁에 대표 사무소를 설치하며 북부 지역에도 발을 들여놓았다.

2011년에는 베트남 최초로 통관 서비스를 자동화할 수 있는 자체 ERP를 개발했다. 또한 IATA국제항공운송협회에 가입하면서 해상뿐 아니라 항공 물류 비즈니스를 강화하는 계기도 마련했다. 2014년에는 호찌민과 하노이의 독립적인 경영을 목표로 지사 및 대표 사무소를 대신할 PTV로지틱스를 설립하여 베트남 북부에 영업력을 집중할 수 있도록 했다.

2015년부터는 신규 사업을 강화하기 위해 보험 대리점업 허가를 취득하고 금융 서비스업 발전 방향을 모색하고 있다. 또한 급변하는 베트남 경제 상황에 유동적으로 대처하기 위하여 베트남 최대 온라인 유통업체인 라자다Lazada에 벤더로 등록했고 유통업 진출을 위해 신규 법인인 P&P를 설립했다. P&P는 베트남에 신규로 진출하려는 한국 기업에 13년간 베트남 시장에서 쌓아온 노하우를 공유하고 투자 진출 및 물류 서비스에 대한 컨설팅을 진행하고 있다. 베트남 신규 투자에 동반되는 리스크를 최대한 상쇄하여 기업이 빠른 시간 안에 현지에 안착할 수 있도록 초기 단계부터 조언을 아끼지 않고 있는데 이는 PTV가 초기에 겪었던 시행착오를 다른 한국 기업들이 되풀이하지 않도록 돕고자 하는 의지가 반영됐다. 이처럼 PTV가 시행착오를 통해 얻은 노하우를 나눔으로써 베트남 내 한국 기업들의 역량이 강화되고 이를 통해 대한민국의 경제 영토가 확대되는 데 작은 보탬이 되기를 바라고 있다.

한국 기업의 베트남 진출 돕는 가교

PTV는 2004년 설립 이후 지난 10여 년간 베트남 내에서 대표적인 한국 종합 물류 회사로서 많은 한국 기업들이 베트남 물류에서 겪는 문제를 해결하고 풀어주는 교역의 다리 역할을 해왔다. 이는 신뢰를 바탕으로 할 때 가능한 일이기에 PTV는 외부적으로 고객사와의 신뢰, 내부적으로 직원과 기업 간의 신뢰, 직원과 직원 간의 신뢰를 쌓기 위해 부단히 노력해왔다.

PTV가 신뢰를 얻기까지는 많은 어려움이 있었다. 그때마다 최분도 회장은 기업의 리더로서 직접 문제를 해결하려고 노력했다. 고객사 생산 라인 중단 4시간 전 원자재 수급을 성사시킨 사례가 대표적이다.

2008년 어느 날 한국 대기업 현지 공장으로부터 제품 생산을 위한 원자재 재고가 부족하다는 긴급 연락을 받았다. 나흘 안에 원자재를 수급하지 못한다면 공장의 생산 라인이 중단되고 하루에 약 40만 달러_{약 4억 5,000만 원}의 손해가 발생되는 상황이었다. 기존의 해상 경로를 이용한다면 운송 시간만 1주일가량 걸려 납기를 맞출 수 없는 상황이었기에 중국 북부 국경에서 원자재를 넘겨받아 육로를 통해 호찌민까지 트럭으로 이송한다는 계획을 세웠다. 그런데 중국 국경에서부터 호찌민까지는 약 1,800킬로미터로 좋지 않은 도로와 트럭 사정 탓에 80시간을 꼬박 달려야 하는 거리였다. 결국 현지에서 중국-베트남 국경 간 트럭을 어레인지_{Arrange}하여 컨테이너 3대를 밤샘 운전으로 소몰이하듯 달려 공장이 멈추기 4시간 전에 원자재를 전달할 수 있었다. 자칫 고객사

동나이투자사절단(동나이성 재무국장, 세관장)과 인하대학교 방문

에게 큰 손해를 끼치게 될 수도 있는 긴급한 상황이었지만 이 사
건을 통해 PTV는 '믿을 수 있는 기업'이라는 명성을 얻게 되었고
고객과의 약속은 반드시 지키는 기업, 맡은 일은 책임감 있게 해
내는 기업이라는 입소문이 퍼지며 지금의 위치에 오를 수 있었
다.

이렇듯 PTV는 기업들이 원하는 바가 무엇인지를 미리 파악
하고 즉각적으로 대처하여 베트남에 신규 진출한 한국 기업들이
불가항력적으로 노출될 수밖에 없는 위험 요소들을 줄여줘 기업
들이 경영에만 집중할 수 있는 물류 서비스 환경을 만들어가고
자 한다. 이를 위하여 PTV에서는 한국의 선진 물류 시스템과 기

업 문화에 익숙하지 않은 현지 직원들의 업무 능력을 제고시키기 위해 직원 교육에 많은 투자를 하고 있다. 데일 카네기 등의 전문 교육기관에 의뢰하여 직원들의 서비스 마인드, 업무 효율 극대화 교육 등을 지속적으로 실시하고 있다.

그 결과 300여 개의 한국 물류 기업이 난립하고 있는 베트남 남부 시장의 통관 분야에서 독보적인 선두 기업의 위치를 유지하고 있으며 국제 물류, 창고, 운송 등을 포함한 전체 분야에서도 한국 대기업 투자 물류 기업과 어깨를 나란히 하고 있다.

끈끈한 유대 관계로 지한파 육성

PTV의 가장 대표적인 성과는 베트남 최초로 통관을 전문적으로 수행하는 한국계 물류 기업으로서 한국 기업들의 수출입 관련 고충을 줄여주고 물류 환경을 개선하는 데 일조했다는 점이다. 과거 한국 업체들은 베트남 물류 기업에 의존하면서 언어, 문화 차이에서 생기는 갈등으로 인해 추가적인 시간과 비용을 지급하면서도 끌려다녀야 했다. PTV는 한국 기업이 겪어왔던 애로 사항을 해결하면서 고객들에게 정기적으로 베트남 내 통관 관련 변경 사항을 업데이트해주고 세미나를 통해 PTV가 가지고 있는 노하우, 경험, 지식, 정보 등을 공유해주고 있다.

PTV는 또한 인하대 물류전문대학원, 동나이 세관과 3자 간 MOU를 체결하여 민·관·학 협력 발전의 모델을 만들었다. 베트남은 개발도상국이고 사회주의 국가이기 때문에 공무원들의 관행적인 업무 제동이 많은 편이다. 낮은 세율로 통관될 수 있는 통관 건도 세관 공무원의 재량에 따라 높은 세율이 적용되는 경우가 흔히 있다. 그래서 물류업체에게 세관과의 유대 관계는 사업을 수행하는 데 있어 필수적인 요건이다. PTV는 베트남 남부 지역 통관의 관문이라 할 수 있는 동나이 세관원에게 매 학기 1명씩 인하대 물류대학원 유학의 기회를 제공하고 있으며 학위를 받는 2년 동안 항공비, 생활비를 보조하고 있다. 그들이 전문적인 교육을 통해 한국과 한국 기업에 대한 넓은 이해의 폭을 가진 아군으로서 역할을 할 수 있다는 점에서 베트남 물류 사업체, 특히 동나이 지역 수출입업체에게 PTV가 큰 기여를 한 셈이다.

PTV가 베트남에서 사업을 일으켜 지금까지 이어온 것은 베트남 현지 직원들이 있었기에 가능했던 일이다. 때문에 베트남에서 얻은 금전적인 수익과 경험은 마땅히 그들에게 환원되어야 한다는 경영 철학을 최분도 회장을 비롯한 PTV 경영진은 갖고 있다. PTV는 장기적으로 지한知韓파 공무원들의 양성을 통해 한

인하대학교 물류대학원 발전기금 전달식을 하고 있는 최분도 회장

국 기업들이 보다 나은 환경에서 베트남에 진출할 수 있도록 노력할 예정이다. 최 회장은 "기업에서 먼저 직원들의 꿈을 실현시켜주면 그들은 기업을 위해 최선을 다할 것이다"라는 신뢰와 배려의 경영 철학을 가지고 있다.

2011년에는 이를 실천코자 전 직원 대상 태국 연수를 시행했다. 당시 100여 명의 직원 중 해외를 다녀온 경험이 있던 직원은 5명도 안 되던 시절이었기에 새로운 경험을 할 수 있는 좋은 기회였다. 연수를 통해 직원들은 스스로 좋은 회사에서 일하고 있다는 자부심을 가지게 되었고 더불어 조직의 안정화를 가져올 수 있었던 계기도 됐다. 단순히 회사가 수익 창출만을 목적으로

PTV 직원 대상 팀 빌딩(Team Building) 교육

하는 것이 아니라 직원들과 상생의 길을 가기 위해 노력하고 있
다는 모습을 보여줌으로써 직원이 회사의 주인임과 동시에 기업
의 리더와 같은 목표를 위해 걸어가는 동반자라는 인식을 심어
주는 계기가 되었다.

2008년부터는 매년 베트남인 직원 5~6명에게 한국 연수를
실시하고 있다. 직원들이 물류 시스템을 머리로 아는 것이 아니
라 경험을 통해 직접 체득할 수 있는 기회를 가질 수 있도록 한
시도였다. 이는 직원들로 하여금 한국의 선진 물류 시스템을 직
접 보고 세계 시장의 빠른 변화를 실감하게 함으로써 회사와의
공감대를 넓어지게 하는 효과가 있다. 현지 직원들은 베트남 물

류 회사에서 근무한 경험이 있기 때문에 베트남의 기업 시스템에 익숙하다. 따라서 그들에게 한국 기업의 서비스 마인드를 인식시키는 과정이 어려웠다. 연수를 통해 직원들은 자연스럽게 한국 고객에 대한 이해도가 높아졌다.

2009년에는 우수 직원의 한국 경영학 석사과정을 지원하였으며 현재 이 직원은 PTV 최초 베트남 현지인 임원으로서 중요한 역할을 담당하고 있다.

물류를 넘어 종합 서비스 기업으로

PTV는 장기적으로 베트남에서 가장 신뢰할 수 있는 물류 서비스 기업으로, 베트남 사람들과 함께하는 기업이 되고자 많은 노력을 하고 있다. 첫 번째로 기업의 모태인 물류 사업의 안정적인 확장이다. 현재까지는 서비스를 중심으로 기업이 성장했다면 20~30대 소비층이 두껍고 빠르게 변하는 미래의 베트남 경제는 온라인을 비롯한 유통 사업이 크게 발전할 것으로 예측되고 있다. PTV는 변화하는 베트남 시장 상황에 맞추어 물류센터 확보와 전국 물류 유통망 확충을 통하여 물류 유통 기업으로서의 확장을 준비하고 있다.

두 번째로 물류에 수반되는 서비스 사업의 확장을 준비하고 있다. 그 첫 시도로 2015년 시작된 보험 서비스와 유통 사업을 들 수 있다. 기업 경영의 성패에 있어 가장 중요한 사항은 코어 비즈니스에서 겪게 되는 위기를 어떻게 극복하여 기업의 영속성을 유지하느냐 하는 점이다. PTV는 이런 위험 요소를 줄이기 위하여 물류 과정에서 수반되는 보험을 중심으로 한 금융과 온라인 유통을 중심으로 한 B2C 비즈니스 확대를 통해 미래를 준비하고 있다.

세 번째로 베트남에서 얻어진 수익의 환원을 통해 베트남인들과 동반 성장하는 기업을 꿈꾸고 있다. PTV가 아무리 현지화 노력을 해도 태생적으로 해외 투자 기업일 수밖에 없다. 해외 투자 기업이 현지에서 성공하기 위해서는 현지인들의 도움이 절대적으로 필요하다.

PTV는 베트남인들로부터 사랑받는 기업으로 남기 위해 꾸준히 CSR을 시행하고 있다. 2012년부터 현지 학교와 장애아 보육 시설에 매월 재정 및 컴퓨터 장비를 지원하고 있으며 교민 사회 장애 학생들을 위하여 한국 국제 학교에 특수 교실 시설 공사 및 직업 교육 훈련 세트를 지원했다. 또한 베트남 세관원들의 한국 대학원 MBA 교육 지원을 통해 지한파 물류 전문가를 양성하는 데도 앞장서고 있다.

PTV는 단순히 베트남에 투자해 돈을 벌어 성공한 외국 기업이 아니라 베트남인들과 앞으로의 100년을 준비하고 함께하는 기업 문화를 만들어가는 기업이 되고자 한다.

직원과 함께 성장하는 기업

기업에 있어 가장 중요한 자산은 사람 즉, 직원이다. 최분도 회장이 생각하는 이상적인 기업 문화는 직원들이 기업의 목표와 개인의 꿈을 향해 자유롭게 달려 나가고 현재 삶에서 최고의 만족감을 느낄 수 있도록 도와주는 것이다.

이러한 노력의 일환으로 PTV는 꿈이 있는 직원을 채용한다. 꿈이 없고 단지 높은 급여가 목적인 사람은 절대로 채용하지 않는다. 또한 입사 후에도 1년에 한 번씩은 대표와 전 직원이 면담을 시행하고 있다. 이를 통해 직원 개개인의 업무 및 가정사를 파악하고 어려운 부분을 도와줌으로써 다른 걱정 없이 최대한 역량을 발휘할 수 있도록 유도한다.

2017년부터는 기업 내 스타트 업을 활성화시키려고 준비 중이다. 베트남은 많은 기회를 가지고 있는 땅이기에 많은 베트남

태국 현지 체험 연수 중인 PTV 직원

사람들은 소규모 창업을 통해 자신의 사업을 운영하려는 꿈을 가지고 있다. 회사 생활을 하면서 개인 사업을 하는 경우도 있고 사업이 조금 발전하면 다니던 회사를 퇴사하고 사업에 전념하는 경우도 종종 있다. 기업 입장에서는 고용의 안정성에 위기가 오는 시점이다. PTV는 이러한 문제를 해결하고 직원들의 꿈을 실현시켜주는 동시에 기업의 확장에도 도움이 될 수 있도록 사내 스타트 업 아이디어 경진 제도를 운영한다.

최분도 회장은 따뜻한 기업, 베트남 현지 직원들이 일하고 싶은 기업을 만드는 것이 최종 목표다. 그는 "직원이 회사에 나와서 자신들이 보호받고 있다는 느낌을 받아야 한다. 다시 말해 직원들이 회사에 대해 따뜻함을 느꼈으면 좋겠다. 베트남 현지 사람들이 일하고 싶은 기업, 베트남 사람들이 사랑하는 베트남 기업이 되고자 항상 노력하고 있다. 단순하게 베트남에서 돈을 벌어서 성공하는 기업이 아니라 그들과 함께 가는 베트남의 대표적인 100년 기업을 만들 것"이라고 전했다.

회장

—

강성희

캐리어에어컨

학력

1981   한양대학교 문과대 졸업
1982   고려대학교 경영대학원 수료

경력

현재   오텍 대표이사 회장
       한국터치스크린 회장
       캐리어에어컨 대표이사 회장
       캐리어냉장 대표이사 회장
       오텍-오티스파킹시스템 대표이사 회장

상훈

2005   대통령상(신기술실용화 부문)
2008   은탑산업훈장
2009   모범납세자상
       한국을 빛낸 창조경영인(사회책임 부문)
       노사상생양보교섭실천기업 인증
2010   자랑스런 한국인 대상
       한국을 빛낸 창조경영인(R&D경영 부문)
2011   한국 참언론인 대상 공로상
2012   서울특별시장애인체육대회 표창장
2013~2015   대한미국 글로벌리더 선정(창조경영 부문)
2013   대한민국 창조경제리더 선정(사회책임경영 부문)
       고용노동부 노사협력최고경영자 선정
       행복더함사회공헌 대상(복지사회공헌 부문)
       고령친화사업 육성사업 유공분야 보건복지부장관 표창
2015~2016   한국을 빛낸 창조경영 대상(R&D경영 부문)

캐리어에어컨

기술 혁신 결실 맺은 2016년, 글로벌 시장 진출로 1조 클럽 정조준

2016년은 강성희 캐리어에어컨 회장에게 남다른 의미가 있는 해였다. 캐리어에어컨과 다른 계열사가 골고루 매출 신장을 기록하며 그룹 전체가 크게 성장한 것이다. 특히, 캐리어에어컨은 어려운 경제 상황 속에서도 전년 대비 매출액이 25% 가까이 오르며 4,750억 원이라는 사상 최대의 실적을 기록했다.

강 회장은 이번 실적 개선이 '변하지 않으면 생존할 수 없다'는 혁신 경영 마인드의 결실이라고 설명했다. 캐리어에어컨은 지금까지 약 800억 원의 자금을 연구개발 분야에 꾸준히 투자했다. 2016년 18단계 바람으로 돌풍을 일으킨 '에어로 18단 에어컨'은 캐리어에어컨의 대표적인 '혁신 경영' 사례다.

'에어로 18단 에어컨'은 세계 최초로 풍량을 18단까지 섬세하게 조절해 바람이 거의 느껴지지 않는 초미풍부터 빠르게 실내 온도를 낮춰주는 허리케인 바람을 구현했다. 캐리어에어컨은 '에어로 18단 에어컨' 효과로 성수기6-8월 동안 에어컨 매출이 전년 대비 45% 급증했다.

캐리어에어컨은 2014년부터 신성장 동력으로 선정해온 BIS빌

HARFKO 2017 캐리어에어컨 부스 전경

_{딩 인더스트리얼 시스템} 사업에서도 가시적인 성과를 창출했다. 2016년 6
월 여의도에 위치한 IFC서울빌딩의 빌딩 에너지 솔루션 프로젝
트 수주에 성공, 맞춤형 빌딩 에너지 절감 알고리즘인 '어드반택
_{AdvanTE3C}'을 국내 최초로 적용한 것이다.

강 회장은 2017년 캐리어에어컨의 매출 목표를 2016년보다
38% 이상 증가한 6,600억 원으로 설정했다. 2017년을 제2의 창
업 원년으로 선포하고, 내수 시장에서 인정받은 혁신 제품들을
글로벌 시장에 수출해 그룹 전체 매출 1조 원을 돌파한다는 계획
이다.

스피드 경영에 입각한 조직 문화 대폭 개선

강 회장은 글로벌 시장의 본격적인 공략에 앞서 빠르게 변화하는 시류를 읽고 새로운 시장을 선점하는 '스피드 경영'을 강조했다. 특히, 2016년부터 세계 경제를 강타하고 있는 '제4차 산업혁명'에 대한 대응 전략을 강구하고 있다.

강 회장은 시장의 새로운 물결에 적응하기 위해서는 조직 구성원 모두가 자발적으로 변화에 참여해 빠른 경영 혁신을 실천해야 한다고 설명했다. 이를 위해 캐리어에어컨 인수 직후 어려운 상황에도 영업 인력을 추가로 기용하고, 직접 사재를 털어 광고를 집행하는 등 직원들의 참여 의식을 고취시키고자 노력했다.

또한, 임직원과 정기적인 커뮤니케이션 회의를 진행해 임직원이 회사를 이해하고 주도적으로 업무를 추진할 수 있는 사내 분위기를 조성했다.

2016년 12월에는 그룹 계열사를 총괄하는 '미래전략실'을 신설했다. 본격적으로 그룹사로서의 기틀을 갖춰 캐리어에어컨을 비롯한 5개 계열사의 균형적인 발전을 추구한다는 전략이다.

미래형 기술력을 활용한 혁신 제품으로
글로벌 시장 정조준

캐리어에어컨은 전 제품에 인공지능과 사물인터넷, 고효율·
친환경 기술이 결합된 다양한 혁신 제품을 출시하기 위해 자체
연구개발센터에 전기·전자 부문을 대폭 확대했다.

2016년 히트 제품인 '에어로 18단 에어컨'에는 더 나은 인공
지능 기술을 접목해 2017년형 '에어로 18단 에어컨'과 '제트 18
단 에어컨'을 새롭게 출시했다.

2017년형 '에어로제트 18단 에어컨'은 실내 환경에 맞게 최적
의 냉난방을 제어하는 '더 진보된 인공지능 쾌적 맞춤 바람' 기능
을 탑재한 것이 가장 큰 특징이다. 제품 내 센서가 스스로 실내
환경을 파악해 열 쾌적도PMV 지수에 따라 최고의 쾌적함을 느낄
수 있는 냉난방을 구현하는 것이다.

캐리어에어컨은 2017년형 '에어로제트 18단 에어컨'을 필두로
아시아 시장 공략에 서두른다. 지난 2015년 '이서진 에어컨' 립
스틱 플러스 모델을 중국 시장에 수출해 좋은 반응을 얻었던 것
처럼 더 진보된 2017년형 '에어로제트 18단 에어컨' 수출에도 자
신이 있다는 반응이다.

2017년형 '에어로 18단 에어컨' (왼쪽부터 라이트 그레이, 실버, 패일 러셋)

캐리어에어컨은 에어컨의 핵심 기술인 히트펌프 원리를 적용한 '인버터 하이브리드 보일러' 역시 글로벌 제품으로 집중 육성할 계획이다. '인버터 하이브리드 보일러'는 국내 히트펌프 보일러 시장에서 최단기간 최다 판매를 기록하는 등 내수시장에서 그 시장성을 입승받은 제품이다.

'인버터 하이브리드 보일러'는 히트펌프 실외기와 연동해 냉방, 난방, 바닥 난방, 급탕까지 가능하다. 따라서 에너지 비용 및 이산화탄소 배출을 최소화하는 친환경 제품이다. 듀얼 인버터 압축기를 적용한 캐스케이드Cascade 시스템으로 물의 온도를 80도까지 올릴 수 있으며 기존 심야 전기 보일러 대비 최대 60%의

인버터 하이브리드
보일러

전기 요금을 절감할 수 있다. 또한, 에어컨과 결합해 난방은 물론 냉방까지 가능하도록 개발됐다.

사물인터넷 기술을 적용한 스마트 원격 제어 기능도 눈에 띈다. 캐리어에어컨의 '인버터 하이브리드 보일러'는 스마트 폰을 이용해 외출 시에도 운전, 정지 설정 및 운전 상태 확인이 가능한 신 개념 보일러다.

'인버터 하이브리드 보일러'는 히트펌프 보일러로는 국내에서 유일하게 유럽 수출에 성공한 제품이다. 캐리어에어컨은 자사 인지도가 높은 중동 및 이란 시장에서 수출 규모를 늘려가는 한편, 친환경 냉난방 시스템의 수요가 높아지고 있는 중국 시장 진출도 서두르고 있다.

전략적 파트너십으로 BIS 전문 기업으로 탈바꿈

캐리어에어컨은 2017년 3월 세계적인 전시 규모의 '제14회 한국국제냉난방공조전HARFKO 2017'에 참가해 BIS빌딩 인더스트리얼 시스템, ESS에너지 저장 장치 등 4차 산업혁명 시대를 선도할 초지능형 에너지 기술력을 대거 선보였다.

국내에 제조 기반을 두고 있는 캐리어에어컨의 자체 기술력에 글로벌 캐리어가 100년 이상 축적해온 빅데이터를 접목시킨 혁신 제품을 대거 출품하며 캐리어에어컨이 그리는 미래 산업의 청사진을 제시했다.

강성희 캐리어에어컨 회장은 HARFKO 2017에서 "모든 것이 연결되고 융합되는 초연결 시대에 생존하기 위해 활발한 파트너십 구축과 장벽 없는 협력에 나설 것"이라고 강조했다.

캐리어에어컨은 글로벌 캐리어와 기술 인력을 교류하고 상품 개발에서 상호 역할 분담을 하고 있으며, BIS 등 전 분야에 제한 없는 협력을 진행하고 있다.

캐리어에어컨은 세계적인 빌딩 공조 시스템 기업인 UTC와 기술을 공유해 국내 최초로 IFC서울빌딩에 '어드반택' 알고리즘을 도입했다. '어드반택' 기술은 BIS 실현의 핵심 기술로 건물의

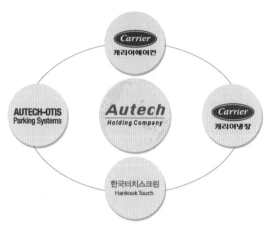

오텍그룹의 다섯 개 계열사의 균형적 발전을 위한 미래전략실 신설

종류와 특성에 따라 자동으로 최적의 에너지 소비량을 계산해 맞춤형 서비스를 제공하는 알고리즘이다.

캐리어에어컨은 IFC서울빌딩에 '어드반택'을 적용한 이후 6개월 동안 냉동기, 칠러 시스템 등 펌프류 에너지의 소비를 절반까지 줄였다. 캐리어에어컨은 '어드반택'의 적용으로 IFC서울빌딩이 연간 절감할 수 있는 에너지 비용이 7,000만 원에 달한다고 설명했다.

캐리어에어컨은 2020년까지 빌딩 솔루션 사업을 본궤도에 올리고 ESS 분야까지 진출해 토탈 에너지 솔루션 기업으로 도약하고자 한다. 캐리어에어컨의 ESS식 냉난방 설비는 심야 시간

대에 전기를 저장했다가 주간 최대 부하 시간대에 전력 난방 기기EHP를 가동하는 시스템이다.

캐리어에어컨만의 시스템 에어컨 전용 ESS 시스템은 VE 기법으로 최적의 설계를 실현해 크기는 축소시키면서 에너지 효율은 높였다. 제품 오작동이나 배터리 수명 등의 문제를 원격으로 모니터링해 제어할 수 있으며, 피크 전력에 능동적인 대응이 가능한 것도 특징이다.

같은 오텍그룹 내 계열사 간 인프라도 적극 활용할 계획이다. 2016년 그룹 계열사로 편입된 오텍오티스 파킹 시스템의 주차 설비 사업 부문을 BIS와 접목해 최적의 빌딩 환경을 조성하는 스마트 빌딩 솔루션을 제공한다는 계획이다.

기업의 성장과 궤도를 함께하는 사회 공헌 활동

강 회장은 '정도 경영'을 기업의 가장 기본적인 덕목으로 꼽으며, 안정적인 성장을 이룩함과 동시에 임직원 모두가 지역 사회 발전에 이바지해야 한다고 강조했다. 캐리어에어컨은 협력사와 동반 성장하고 어려운 이웃에게 희망을 주는 '글로벌 일류 모범 회사'를 지향한다.

2017 상반기 오텍그룹 신입 사원 정기 교육

캐리어에어컨은 2008년부터 10년째 뇌성마비 장애인을 위한 특수 구기 종목 보치아를 후원하고 있는 지주 회사 오텍과 함께 장애인 스포츠 분야를 지원하고 있다. 캐리어에어컨의 꾸준한 후원으로 우리나라는 2016년 리우패럴림픽까지 8회 연속 올림픽 금메달이라는 쾌거를 달성할 수 있었다.

캐리어에어컨은 글로벌 기업으로 새롭게 도약하고 있는 만큼 사회 공헌 활동의 규모와 분야도 점차 키워나간다는 계획이다.

2015년에는 아시아 최초로 보치아 세계선수권대회인 '보치아 서울국제오픈'을 개최해 14개국 350여 명의 보치아인이 참가했다. 대한민국 서울에서 처음으로 열린 보치아 국제 대회였음에도 성공적인 대회 운영으로 보치아 강국으로서의 위상을 높였다는 평가를 받았다.

캐리어에어컨은 2016년 12월 서울시장애인보치아대회 및 어울림보치아대회를 후원했다. 장애인 선수들만 참가해 승부를 겨뤘던 과거와 달리 장애인과 노년층으로 조를 이룬 생활 체육인들의 참여로 보치아의 생활 체육화를 도모했다는 평가를 받고 있다.

2014년부터 제4대 대한장애인보치아연맹 회장직을 수행해온 강 회장은 보치아 저변 확대에 대한 노력을 인정받아 2016년 12월 제5대 회장에 만장일치로 연임됐다.

캐리어에어컨이 장애인 후원 활동 이후로 주목한 사회 공헌 분야는 미래를 이끌어갈 청년이다. 캐리어에어컨은 2016년까지 4년 연속으로 여성 신예 골퍼를 발굴하는 '레이디스 루키 챔피언십'을 주최했다. '레이디스 루키 챔피언십'은 김민선, 하민송 등의 스타 신수를 발굴하며 국내 여성 골퍼들의 신예 등용문으로 자리매김해왔다.

차세대 리더인 대학생들의 역량 강화와 동반 성장을 위한 활동도 활발하다. 미래의 공조 산업을 이끌어갈 대학생과 소통하기 위해 '캐리어에어컨 대학생 기자단'을 운영하고 있으며, 산학협력 MOU를 통해 다양한 연구개발 프로젝트를 공동 추진하고 있다.

대표이사
—
김영귀

KYK김영귀환원수

학력

2004 대구대학교 경영대학원 수료
2005 서울대학교 국제대학원 GLP 수료
2006 서울대학교 자연과학대학 SPARC 수료
2007 청도이공대학교 경영학 박사
2010 산동대학교 경영대학원 글로벌CEO과정 수료
2012 고려대학교 경영대학원 AMQP 수료
2014 KAIST 글로벌 중견기업 아카데미 수료

경력

2004~현재   KYK김영귀환원수 대표이사
2005~현재   KYK과학기술연구소 소장
2008   중국청도이공대학교 석좌교수
        한국대학발명협회 고문
2010   산동대학교 초빙교수
2004~2017   MBC, SBS, KBS, MBN, TV조선 등
        물 전문가 TV 출연 다수

상훈

2005   과학기술부장관 부총리상
        서울시장 특별상
2009   성남시 중소기업인 우수상
2008~2016   독일, 스위스 등 국제발명전대회 금메달 11관왕
2009   지식경제부장관상
2011   발명철탑산업훈장
2011~2012   신기술으뜸상
2013   일본 세계천재인대회 금메달
        아시아 로하스 대상 환경부장관상
2015   홍콩 국제혁신디자인 및 기술제품 최우수상 그랑프리 수상
2016   보건복지부장관상

KYK 김영귀 환원수

인류 건강을 위한 물과학연구 37년!

김영귀 대표는 특정 분야에 전문 지식을 갖춘 교수 차원이 아니라 특별한 계기와 철학에 의해 부여받은 고귀한 사명과 위대한 가치를 실현하는 대한민국 과학 기술인이다.

KYK김영귀환원수는 37년의 연구 역사를 통해 쌓아 올린 다수의 특허 기술, 수많은 현장 경험과 경영 능력, 학문을 통한 전문 지식, 공인 연구개발센터와 GMP 인증 제조장, 국내외 수십만 명의 실제 사용자 체험 사례, 각종 인증과 허가증서, 국가 발명 철탑산업훈장 수훈, 과학기술부 부총리상과 보건복지부장관상 등 수많은 수상, 독일과 스위스 등 국제발명대회 11관왕, 수많은 언론 매체 출연, 세계 50여 개국의 충성 바이어와 소비자 등을 보유하고 있다.

KYK김영귀환원수 김영귀 대표는 왜, 인류 선상을 위한나는 이유로, 물 과학 연구를 37년간 도를 닦는 장인의 정신으로 걸어왔을까?

그가 태어난 시대는 '보릿고개' 시대였다. 현재는 듣기 어려운 말이지만 보릿고개라는 말은 예전에는 익숙한 말이었다. 1952년 지리산 산자락의 한 마을에서 태어난 김영귀 대표는 보릿고

개 시절의 배고픈 설움을 혹독하게 겪으면서 성장하였다. 그때의 사람들은 배불리 밥 먹는 것이 소망이었고, 설움 중에서 가장 큰 설움이 배고픔 설움이라고 말했었다. 그래서 김영귀 대표는 어린 시절부터 '장차 내가 어른이 되면, 인간의 설움 중 가장 큰 설움인 배고픈 설움을 해결하자!'라는 꿈을 안고 성장하게 되었다.

"우리도 한번 잘살아보세!"라는 구호의 새마을 운동을 지나고 산업 사회가 되었다. 김영귀 대표가 사회에 나왔을 때는 배고픈 시절은 지나가고 없었다. 그런데 이상한 일이 있었다. 과거에는 못 먹어서 병이 났고, 병이 나더라도 돈이 없어 병원에 못 갔는데, 이제는 분명 잘 먹고 잘살 뿐만 아니라 누구나 마음껏 병원 치료를 받는데도 불구하고 과거에 들어보지 못했던 당뇨병, 고혈압, 암 등 만성 난치병이 많아진 것이다. 특히 암, 심장질환, 뇌 질환은 한국인 사망 원인 1, 2, 3위를 오래전부터 고정적으로 확보하고 있는 상태다.

김영귀 대표는 이것을 예사롭게 보지 않았다. '만성 난치병은 왜 고치기 어려운 것인가? 왜 생기는가?'라는 두 가지의 의문을 갖게 되었고, 그것은 자연 의학을 공부하게 된 계기가 되었다. 그리고 자연 의학의 한계점이 물을 연구하게 된 계기로 연결되었다. 서양 의학이나 한의학이 만성 난치병을 해결하지 못한 것은 필시 인체가 자연의 섭리를 거스른 것 때문으로 보고 자연 의학에 입문하였던 것이다.

김영귀 대표는 노벨상을 두 번이나 수상한 미국 라이너스 폴링 박사의 '분자교정 의학', 한의학의 근간이 되는 '사상 의학' 등 세계적으로 유명한 자연 의학을 배웠다. 또 동호회를 구성하여 직접 지도하고 실행하였다. 그러나 일시적으로 또는 부분적으로 효과가 있었지만 보다 전체적이고 근본적인 효과가 없었다. 여기에서 김영귀 대표는 다시 한계에 부딪히고 말았다. 고민 끝에 인체를 원점에서 바라보게 되었는데, 그때 나타난 것이 바로 물이었다.

혈액의 83%, 세포의 90% 이상을 차지하고 있는 물이 그 비밀의 열쇠를 쥐고 있다는 것을 알게 된 것이다. 이것이 김영귀 대표의 물 과학 연구의 계기기 되었고, 이때부터 본격적으로 물 과학 연구에 박차를 가하기 시작했다.

봉이 김선달에서 의학적 효능과 효과 입증으로 MFDS식약처 허가까지

신문에 칼럼을 몇 번 쓰고, 강연도 다니고, 광고도 하면서 한참 알칼리 환원수를 알리는 데 열중하고 있을 때 10여 명의 기자들에게 초청을 받았다. 물에 대해 인터뷰를 한다는 것이었다. 김영귀 대표는 참 좋은 기회라고 생각하고 기쁜 마음으로 그 장소로 갔다. 하지만 예상과는 달리 분위기는 그리 좋지 않아 보였다.

기자 한 명이 입을 열었다. "봉이 김선달이 대동강 물을 팔았다는 이야기는 들어봤지만 치료가 되는 물을 팔았다는 이야기는 듣지도 보지도 못했다"라고 운을 뗀 뒤 "김영귀 대표는 봉이 김선달보다 사기 수법이 더 높은 거 아니냐?"고 하자, 다른 기자들이 "물이 어떻게 질병을 치료한다고 황당무계한 수법으로 이 어려운 IMF 시대에 소비자들의 주머니를 터느냐?"는 등의 공격을 하기 시작했다.

김영귀 대표는 전혀 동요하거나 말문이 막히지 않고 논리정연하게 대답을 하기 시작했다. 김영귀 대표는 자신의 사업이 '인간이 할 수 있는 모든 일 중 가장 의롭고, 가장 고귀하며, 가장 위대한 일'이라는 신념으로 일관해왔던 사람이었다. 과학적으로

세계 각국에서 물 건강에 대해 강연하는 김영귀 박사

의학적으로 근거를 대면서 비교 실험까지 보여주자 기자들의 태도가 달라지기 시작했다.

기자들의 얼굴에 '어! 저것은 가짜가 아니고 진짜잖아'라고 느끼는 표정이 역력하게 나타났다. 결국 한 기자가 그 물을 직접 먹고 싶디며 싸게 해줄 깃을 요청했다. 김영귀 내표는 돈반을 복적으로 하는 사업이 아니었기 때문에 제품 홍보를 위해서 싸게 해줄 것을 약속했다.

기자들의 속성에는 가짜나 나쁜 것도 잘 가려내지만 진짜나 좋은 것도 잘 가려낸다는 점이 있다. 그 기자들은 제품을 구입해 사용했고 그 효과를 직접 체험하게 되었다. 결국 그 좋은 점을 주변 사람들에 얘기하게 됐고, 그들의 영향력으로 더 많은 판매를 하게 된 또 하나의 계기가 되었다. 소위 적군이 자연스럽게 우군으로 변한 것이다.

이런저런 에피소드를 겪으면서 김영귀 대표는 KYK 제품을 공신력 있는 제품으로 인정받기 위해 식품의약품안전처_{당시 식품의약품안전청}에 의학적인 효능과 효과를 허가해줄 것을 요청했다. 그리고 줄기찬 노력으로 마침내 KYK 제품에서 출수되는 물이 약으로 고치기 어려운 4대 위장 증상_{소화불량, 위장 내 이상 발효, 만성 설사, 위산 과다} 개선에 도움이 된다는 허가를 받는 데 성공하였다.

실로 획기적인 일이었다. 봉이 김선달의 대동강 물에서 자랑스러운 의료용 물질 생성기_{의료 기기}로 공신력을 얻게 된 것이다.

21세기 꿈의 신물질 수소, 독보적인 기술의 차별성과 우위성의 경쟁력!

원자 번호 1번인 수소_{H⁺, H₂}는 우주에서 가장 작은 물질이면서 가장 많은 물질이다. 수소는 공해를 일으키지 않는 깨끗하고 안전한 에너지원이다. 또 환경을 정화하고, 건강 의료 면에서 전혀 부작용 없는 획기적인 건강 개선 물질로 각광을 받고 있다.

물과학연구 37년의 결정체인 KYK김영귀 수소수, 수소에어, 알칼리이온수기

수소 자동차는 공해 배출이 없는 것은 물론이고 다른 큰 자동차 두 대가 내뿜는 공해 물질까지 정화하는 힘을 가지고 있다. 이와 같은 원리와 작용은 인체 내에서도 똑같이 작용한다. 이렇게 유익하고 아름답고 신비로운 수소는 비록 눈에 보이지 않고 만질 수도 없지만 지구의 환경과 인류를 구원할 수 있는 꿈의 신물질이다.

세계적인 명성과 신뢰를 받고 있는 의학전문시 〈네이처메디신Nature Medicine〉은 2007년 6월 일본의과대 대학원 오타시게오 교수 연구팀의 논문 〈수소가 활성 산소를 효과적으로 제거한다〉를 게재하였다. 이때부터 부작용 없는 수소의 효과적인 항산화 작용이 세상에 알려지게 되었고 의료 건강 산업 분야에서 각광받기 시작했다.

이 수소가 풍부하게 들어있는 물이 바로 수소수이다. 아직은 생소한 단어지만 김영귀 대표는 이 수소의 우수성을 일찍이 알아차리고 수소수가 출수되는 수소수기를 본격적으로 개발하여 세상에 내놓았다.

수소수는 국내에는 아직 잘 알려져 있지 않지만 외국에서는 암, 치매, 당뇨, 아토피, 다이어트 등 다양한 분야에서 그 치료 효과로 많은 각광을 받고 있다. 난치병의 원인이 활성 산소이기 때문에 수소가 활성 산소를 제거하는 항산화 작용이 우수하다는 점을 활용한 것이다.

특히 수소는 비타민C와 같은 일반 항산화제가 제거하지 못한 활성 산소 중에서도 독성이 가장 강력한 하이드록실 라디칼 Hydroxyl radical을 제거한다. 또한 일반 항산화제가 통과하지 못한 지방층도 통과해서 활성 산소를 제거하는 특성도 주목받고 있다.

김영귀 수소 발생 기술은 특허 기술에 의한 無Mg마그네슘, 無저수조, 無오존, 無탈취의 고함량, 고품질의 수소수 발생 기술이다.

일반 수소수기는 수소의 함량을 높이는 방법으로, Mg를 첨가하거나 전해조 내의 양극 측에 적당한 물을 넣기 위하여 저수조를 장착하여 물을 조금씩 내보내는 형식으로 되어 있다. 하지만

KYK는 無Mg, 無저수조인 상태에서 독보적인 특허 기술에 의해 유격막_{이온분리막}이면서도 높은 수소 함량_{최대 1,570ppb}은 물론 물맛까지 좋은 고품질의 수소수를 만들어 출수한다.

전해조 내에 격막_{이온분리막}이 없는 제품일 경우에는 오존 냄새가 많이 나고, 마시면 해롭기 때문에 활성탄을 통해 오존 냄새를 제거하는 경우도 있으나 이는 제품 구성에 불필요한 복잡성이 따르고 품질도 낮다.

또한 격막이 있다 하더라도 오존수가 빠지는 출구를 아예 막아서 오존이 수소수에 섞여 나오는 제품도 있다.

이 외에도 필터칩 내장 및 컨트롤 시스템으로 위생 안전과 기기 안전을 위한 실사용량, 사용 기간, 유사 필터, 재사용 필터 감지 기능을 비롯해서 1필터, 2필터, 3필터, 4필터 장착 제품 등 다수의 특장점을 지닌 제품들을 다양하게 갖추고 있다.

일본 제품의 기술과 성능을 능가하는 이 제품은 출시하기가 무섭게 팔리기 시작했다. 한 국가 바이어가 한 모델만 독점하는데 연간 5,000대를 계약하고 선금을 보내오는가 하면, 또 다른 한 국가 바이어는 전 모델을 독점 계약했다. 지금도 계속 독점이나 공식 파트너 계약을 협상 중이다.

또한 수소를 직접 흡입하는 수소 흡입기도 개발 출시했다. 수소를 직접 흡입하면 피로가 풀리고 눈이 맑아지는 효과가 있다. 이를 증명하기 위해 소비자들이 수소를 흡입하는 체험을 할 수 있도록 '킥 하이젠KYK HIZEN' 체험장을 판교와 코엑스 트레이드 타워에 개설하였다. 더 나아가 가성비 높은 수소를 소비자가 가까운 지역에서 직접 체험하고 상담·구매·서비스받을 수 있도록 전국 각 지역에 개설할 계획이다.

수소가 또 하나 신기한 점은 수소 가스로 쓰레기를 소각하면 다이옥신이 발생하지 않는다는 점이다. 이러한 획기적인 무공해 자연 친화적인 소각 방법으로 수소 쓰레기 소각기를 개발 중에 있다.

서울대 의료진도 놀란 85.7% 임상 결과

의약품도 아닌 물을 사람을 상대로 임상 시험을 권위적이고 배타적인 종합 병원 전문의가 한다는 것은 참으로 상상하기 힘든 일이다. 그것도 의사 개인이 아닌 정부의 정식 IRB 승인을 받아서 대한민국 최고 권위인 서울대 분당병원에서 물을 가지고 임상 시험을 한다는 것은 역사적인 일이자 획기적인 일이 아닐 수 없다. 임상 시험 비용은 시·정부에서 이 회사의 물 과학 기술

분당 서울대병원에서 실시한 임상 시험

의 경쟁력과 사업 비전을 엄격히 심사[3차]하여 지원하였다.

임상시험팀의 책임 교수는 소화기내과계에서 그 권위를 인정 받고 있는 전문 교수가 시행했다. 임상 시험 항목은 '과민성장증 후군'이었다. '과민성장증후군'이란 복통, 복부 팽만감과 같은 불 쾌한 소화기 증상이 반복되며 실사 혹은 번비 등의 배변 장애 증 상을 가져오는 만성적인 질환이다.

'과민성장증후군' 환자들은 조금만 음식을 잘못 먹거나 기분 이 상해도 배가 아프거나 설사가 있는가 하면 속이 더부룩하거 나 변비가 생기는 등 장이 아주 민감한 반응을 나타내는데 약으 로도 치료가 잘 되지 않는 게 특징이다. 우리나라 전체 인구의 약 10% 정도가 이 증상을 갖고 있다고 한다.

'과민성장증후군'은 악화와 완화를 반복하는 만성질환이다. 반복되는 증상으로 인해 삶의 질이 크게 떨어지며 의료비 지출도 증가된다. 이 병은 환자의 호소 증상이 다양하며 현재까지 발병기전과 병태생리가 정확히 알려져 있지 않아 치료가 어렵다. 치료약제가 개발되어 있지만 그 효과가 크지 않고 약제의 장기 투여에 따른 부작용이 나타난다.

이런 '과민성장증후군' 환자들을 대상으로 약이 아닌 물을 통해서 과연 어떤 효과가 있을까?

임상 시험 방법은 남녀노소 구분 없이 본인의 신청을 받아 사전 내시경 검사와 관련 검사를 마치고 진행되었다. 환자의 집에 KYK김영귀환원수의 KYK33000을 설치해놓고 하루에 2리터 이상을 음용하게 하며 음식 조리와 야채, 과일 씻는 물까지 이 물로 사용하게 했다.

중요한 점은 의사가 환자에게 허위 약을 주더라도 사람은 심리적으로 효과를 보는 소위 플라세보 효과를 배제하고 객관적이며 공정한 결과를 도출해내기 위하여 특별한 방법을 선택해서 시행했다는 점이다.

육안으로 봐도 동일하게 똑같이 작동되는 제품이지만 진짜 제품은 환자도 모르고 의사도 모르게 두 부류로 나눠서 환자 집에 설치해놓고 사용하게 하면서 8주간에 걸쳐서 임상 시험을 했던 것이다.

또한 환자들이 작성한 설문지^{국제적으로 공인받은 설문 항목}는 모든 치료법의 근간이 되는 항목들로 구성되어 있으며 사업성을 배제한 병원에 내방한 환자들만을 대상으로 임상 시험을 했기 때문에 더 객관적인 결과를 도출할 수 있었다.

결과는 기대 이상이었다. 가짜 제품을 사용하고도 플라세보 효과를 본 사람보다 진짜 제품을 사용한 환자들의 효과가 3배나 높게 나타난 것이다.

임상시험 결과는 8주간의 알칼리 환원수 음용이 설사형 과민성장증후군 환자의 삶의 질을 개선시킴을 의미하며 긍정적인 최종 결과가 도출되었다고 볼 수 있다. 또한 보고된 부작용은 없으므로 매우 안전한 치료법으로 판단되며 전 세계적으로 물로 과민성장증후군 증상 개선이라는 유산균 실험 등에서도 도출하기 힘든 유일무이한 결과를 낸 것이다.

원 스톱 시스템으로 신뢰를 구축하다

창업 이래 김영귀 대표가 끌고 온 KYK김영귀환원수의 가장 큰 성과와 혁신은 직접 연구 제조, 직접 판매, 직접 관리 등원 스톱 시스템을 구축했다는 점이다. 이를 통해 소비자의 트렌드 및 요구, 기대, AS, 고객 불만 등을 신속하게 처리하고 있다. 아울러 경쟁 업체보다 수준 높은 품질과 서비스, 가격 경쟁력, 전문 지식을 갖출 수 있는 경쟁 우위 시스템을 보유할 수 있게 됐다.

이로써 KYK김영귀환원수는 성능, 기능, 디자인, 서비스 등을 아우르는 까다로운 품질 관리로 경쟁력을 확보하는 것이 가능해졌고, 또 이 같은 혁신은 빠른 성과로 이어졌다. 성능, 기능, 디자인, 서비스 전 분야에 대한 효과적인 종합 품질 관리를 바탕으로 제품은 진화를 거듭하였고, 이에 그치지 않고 국내외 품질인증, 고객 서비스 중심의 만족 경영까지 고객의 호평을 받으며 '착한 브랜드'의 이미지를 거듭 각인시켰다.

눈부신 성장의 배경에 빼놓을 수 없는 것은 첫째, 세계 인류건강 증진이라는 사명과 가치관으로 똘똘 뭉쳐 열정적으로 모든 일에 임하는 KYK김영귀환원수의 단합력, 둘째, 직면한 문제를 슬기롭게 해결해나가는 창의력을 비롯한 꾸준한 변화와 혁신의 노력, 그리고 마지막으로 고귀한 사명을 밑거름 삼은 끊임없는 연구개발 정진에 있다

김영귀 대표는 가치를 만들어 내는 창조 경영만이 기업의 가치를 향상시키는 핵심이라고 굳게 믿고 있다. 그는 모든 임직원들에게 회사의 가치관을 모태로 기업이 나아갈 방향과 주인 의식을 끊임없이 강조한다. 또한 언제나 열린 경영으로 회사와 조직을 발전시킬 수 있는 의견을 지위고하를 막론하고 건의할 수 있도록 분위기를 조성하고, 발의된 의견을 겸허하게 수용하는 유연하고 창의적인 경영 전략을 펼치고 있다.

글로벌 기업으로 성장하다

김영귀 대표는 "글로빌 기업이란 '본사'와 '해외 시사'의 개념을 말하는 일반적인 다국적 기업의 의미를 넘어, 세계를 동일한 시장으로 인식하고, 행동하며, 영업하는 기업"이라고 말한다. 그가 가치 있게 생각하는 '글로벌 기업'이란, 혁신을 추구하며, 시장의 경계를 허물고, 인식을 바꾸며, 뚜렷한 비전과 미션, 핵심 가치가 있는 기업이다. 또 이를 뒷받침해주는 시스템이 반드시

존재해야 한다. 그래야 단순히 해외에서 영업 활동을 하는 게 아니라 국가적 정치적 경계 또는 한계를 넘나들며 비전과 목표를 실현하는 진정한 글로벌 기업이 될 수 있기 때문이다. 여기서는 기업을 이끄는 '사명'을 잊지 않아야 한다는 게 그의 생각이다.

김 대표의 물에 대한 장인정신은, 결국 세계 최초로 무(無)저수통 순간 냉·온이온수기 KYK707을 탄생시켰다. 이 제품은 KYK김영귀환원수가 글로벌 기업으로서 핵심 경쟁력을 보유한 기업이라는 것을 증명하는 계기가 되었다.

이 제품은 그간 정수기가 가졌던 고질적인 저수통의 위생 문제를 해결했다. 세계 최초로 수도 직결식 순간 냉각, 순간 온수 출수 시스템을 개발해 적용한 제품이었던 것이다. 개발 착수로부터 6년의 땀과 노력 그리고 30억 원이 넘는 개발비를 들여 이뤄낸 쾌거였다.

더 자세히 말하면, KYK707은 냉수 저장고인 저수조의 각종 세균 증식으로 인한 고질적인 비위생 문제를 해결했고, 또한 가정에서 온수를 사용하는 시간은 불과 10여 분도 되지 않는데 24시간 가열로 인한 에너지 과소비 문제와 물성 변화 문제 등 비효율적인 문제를 순간 온수 기술로 말끔하게 해결했다. 여기에다 출수구 탭이 히든 오토 탭이어서 실내 미세먼지 유입을 차단하

독일 등 국제발명전 금메달 11관왕, 홍콩 최우수 그랑프리상 수상

여 위생적이면서 깔끔한 디자인으로 소비자들에게 인기가 높다.

독보적인 기술력으로 세계 이목을 집중시키다

KYK김영귀환원수의 글로벌 핵심 경쟁력은 국내외적으로 인
정받은 독보적인 기술력이다. KYK김영귀환원수는 우수한 기술
력의 제품을 바탕으로 2010년 제46회 발명의 날에 철탑산업훈
장을 수훈하는 영광을 안았다. 또한 독일 뉘른베르크 국제발명
대회에서 최초로 한 기업에서 2개의 금메달을 수상한 것을 비롯
해 스위스 제네바 국제발명전과 일본 세계천재인대회까지 총 11

개의 금메달을 수상했다. 더 나아가 2013년에는 프랑스 루브르 박물관에 대한민국을 대표하는 우수 제품으로 출품하게 되었다. 37년 물 과학 연구의 장인 정신과 기술력 그리고 까다로운 품질 관리와 고집스러운 고객 만족 경영의 성과를 국내뿐 아니라 해외에서도 관심 있게 주목하고 있는 것이다.

KYK김영귀환원수는 중소기업으로서는 이례적으로 수많은 기술 특허를 보유하여 제품의 글로벌한 경쟁력을 갖추고 있다. 하지만 이에 안주하지 않고 소비자의 의견을 적극적으로 수용하여 더 나은 신기술 개발에 쉼 없이 몰두하며 기술 개발에 역동을 더해왔다.

김영귀 대표는 "건강은 궁극적으로 인류가 풀어야 할 영원한 숙제이며, 이론이 아닌 결과로 사실을 증명하는 것이 매우 중요하다"며 "근본적인 핵심을 짚어내고 풀어내며, 그 실효성에 대한 입증으로 KYK김영귀환원수가 인류 건강 증진에 기여하는 선봉장에 서서 그 입지를 더욱 굳건히 할 것"이라고 말했다.

"

가치를 만들어 내는 창조 경영만이
기업의 가치를 향상시키는 핵심이다.

"

대표이사

—

김유석

KACO new energy.

카코뉴에너지

학력
1988   미국 로라스 칼리지 화학과 졸업
1989   미국 미주리대학교 물리화학과 석사

경력
1994   바이엘헬스케어(Bayer Healthcare) AG 경영분석 본부장
2006   오리엔트화학 대표이사
2012   한국GEA웨스트팔리아세퍼레이터 대표이사
현재   카코뉴에너지 대표이사

상훈
2009   300만불 수출의 탑
2010   KOTRA GREEN 보증 브랜드 획득
        기술혁신형 중소기업 선정(INNO–BIZ)
        신성장동력 우수기업 선정
        GS마크 획득
        녹색기술 인증(제GT-10-00121호)
        2000만불 수출의 탑
2011   한-EU FTA 인증서 획득
        올해의 전력전자제품상
        5000만불 수출의 탑
2012   미래선도 유망기업 인증 획득
        신재생에너지 유공자 포상 장관 표창
        국가녹색기술 대상 올해의 녹색기술
2014   산업통상자원부 산하 우수기술연구센터 지정 및 표창

태양광 인버터 글로벌 선두 주자

신재생 에너지 분야에서 세계적인 글로벌 기업으로 알려져 있는 카코뉴에너지는 세계 태양광 인버터의 선두 업체로서 국내에서도 최고의 시장 점유율을 자랑하는 강소 기업이다.

2007년 국내 법인 설립 이후, 2015년 김유석 대표이사가 카코뉴에너지 한국지사장으로 취임하면서 적극적인 해외 시장 개척과 연구개발 및 직원들의 역량 강화를 중점적으로 추진하며 각 부문별 전문성 강화에 힘쓰고 있다. 김유석 대표이사의 강력한 리더십을 바탕으로 카코뉴에너지는 국내에만 국한되지 않고 중국, 일본, 동남아시아는 물론 인도와 호주로까지 사업 영역을 확장하고 있다. 지금까지 쌓아온 해외 사업 성과를 바탕으로 신규 시장에서 점유율과 신뢰도를 높여 나가고 있는 카코뉴에너지는 카코뉴에너지 아시아 지역 본사Regional HQ로 자리매김했디. 현재는 세계 태양광 시장에서 가장 중요하고 가장 빠르게 성장하고 있는 아시아 전 지역에 대한 영업과 고객 서비스를 총괄하는 업무를 담당하고 있다.

2016년 여름, 카코뉴에너지는 회사 경쟁력을 더욱 강화하기 위해 서울시 송파구에 위치한 문정 법조단지로 사무실을 이전하

새로 이전한 사무실 내부

며 조직의 두 번째 도약에 필요한 준비를 마쳤다. 사무실을 이전
하면서 경기도 성남시에 위치한 생산 공장과 협업을 긴밀히 했
고, 이는 업무의 효율성을 효과적으로 향상시켰을 뿐만 아니라
임직원들의 근무 만족도도 높이는 데 크게 기여했다. 뿐만 아니
라 김유석 대표이사가 꾸준히 강조해온 전문 인력 확대, 사내 시
스템 구축, 투명한 재무 관리를 통해 카코뉴에너지만의 인프라
를 강화해나가고 있다.

　카코뉴에너지는 태양광 모듈에서 직류 형태로 생성되는 발전
전력을 교류로 변환시켜 실생활에서 사용할 수 있는 전기 형태
로 바꿔주는 인버터 전문 제조 및 판매업체이다. 우수한 인버터

기술력을 갖춘 연구소와 생산 공장을 보유하고 있는 카코뉴에너지는 전 세계에 최상의 품질과 최적의 성능을 갖춘 인버터를 공급하고 있다. 또한 각 나라와 지역에 최적화된 프로젝트를 진행하며 세계 시장에서도 제품의 품질과 기술력을 인정받고 있다.

카코뉴에너지는 2014년 국가 전력망 연동 사업에 참여해 한전 신용인변전소의 국내 첫 주파수 조정용 ESS 프로젝트에 단일 1메가와트, 총 8메가와트의 PCS전력 변환 장치를 납품하는 성과를 거두었다. 이를 바탕으로 카코뉴에너지의 글로벌 세일즈 네트워크를 이용해 PCS 해외 시장 진출에 대해 현재 미국 고객사와 구체적인 메가와트급 PCS 사양을 협의 중에 있다.

또한, 정부에서 발표한 태양광 ESS 연계 사업과 공장 피크절감용 ESS, 공공기관 ESS 도입 사업 등 점차 국내 ESS 시장이 활성화될 것으로 예상되어 단일 용량 95·100킬로와트 PCS를 개발, 2017년에 출시할 예성이다. 아울러 2016년부터 관련 선문 업체들과 함께 ESS 컨소시엄을 구성해 ESS 구축 사업을 추진하고 있으며, 태양광 ESS 연계 사업은 100킬로와트급 국내 1호 실증 발전소가 2017년 상반기 중 구축될 것으로 기대하고 있다. 태양광 ESS 연계 사업은 현재 관련 업체들로부터 많은 문의와 발주 협의가 진행되는 만큼 기대가 크다.

동남아 시장의 허브 역할 수행

2016년부터는 해외 시장에서만 판매하던 1메가와트급 센트럴 인버터를 국내 시장에 선보였는데, 현재는 보령댐 수상 태양광 발전소에 카코뉴에너지 제품이 설치되어 있다. 뿐만 아니라 카코뉴에너지의 역률제어 인버터의 경우 국내 태양광 발전소에 3.8메가와트 규모로 설치돼 현재는 실증을 마친 상태이다. 2016년 하반기에 미국과 유럽 시장을 겨냥해서 출시된 2.2메가와트 센트럴 인버터의 경우, 카코뉴에너지만의 기술력이 집약된 모델로 미국 텍사스에 200메가와트 규모의 태양광 발전소 구축에 중추적인 역할을 하고 있다.

2015년 5월부터 태국에 설립한 사무소에서 동남아시아 시장의 허브 역할도 톡톡히 수행하고 있다. 말레이시아 시장에서 약 25메가와트의 설치 실적을 바탕으로, 앞으로 필리핀, 태국, 인도네시아 등 동남아시아 전역으로 시장을 확대해서 공격적인 영업 전략을 펼칠 예정이다. 또한 카코뉴에너지는 2017년 2.5메가와트 이상 인버터 개발에도 주력할 계획이다. 신재생 에너지 발전소의 규모가 커지면 자체 변전소를 갖추고 송전 계통에 바로 붙이는 경우가 늘어나는데, 이때 대용량 인버터가 중요한 역할

미국 샌 안토니오에 설치되어 있는 카코뉴에너지 센트럴 인버터

을 하기 때문이다. 여기에 최근 태양광 시장의 트렌드로 자리매
김한 1,500볼트 시스템의 상용화를 추진해서, 신재생 에너지 발
전소 구축에 들어가는 비용 절감과 동시에 전력 생산량의 증가
도 목표로 하고 있다.

　카코뉴에너시는 역률세어 기능을 탑새한 인버터 라인을 보유
한 국내 유일의 기업이기도 하다. 역률제어 인버터는 말 그대로
분산전원의 역률을 제어해 배전선로의 전압을 낮추는 장치이
다. 한전에서 개발한 배전선로 전압조정장치_{SVR}와 연동해 배전
계통의 전압을 안정화시키는데, 이 제품이 주목받는 이유는 계
통 부족으로 태양광 발전소를 건설할 수 없는 곳에서 활용할 수

카코뉴에너지 인버터가 설치된 현장을 답사 중인 카코뉴에너지 임직원

있기 때문이다. 최근에 역률제어 인버터 시장이 커지기 시작하면서 제품 출시를 서두르고 있는 국내 기업들과는 달리, 카코뉴에너지는 이미 제품이 상용화되어 해외에서 한 발 빠르게 제품을 판매하고 있었기 때문에 기존 업체들보다 경쟁력을 인정받고 있다.

태양광 인버터 시장에 'Powador-gridsave'라는 특유의 에너지 저장 및 관리 장치를 선보임으로써 단순한 구성품 공급업체가 아닌 시스템 공급업체로서의 위상을 지니고 있는 카코뉴에너지는 전 세계에 최상의 품질과 최적의 성능을 갖춘 인버터를 공급하며, 태양광 인버터 수출 100만 달러약 11억 3,000만 원의 성과를 얻었다. 끊임없이 에너지 관련 새 기술을 개발하고 품질을 향상시키며, 효율성을 극대화시키기 위해 노력했고, 그 결과 한국무역협회에서 2009년부터 2011년까지 300만불, 2,000만불, 5,000만불 수출의 탑을 수상하는 성과를 거둘 수 있었다. 또한 녹색기술 인정서 획득, 제4회 국가녹색기술 대상에서 올해의 녹색기술 수상, 2014년에는 산업통산자원부 ATC 우수기술연구센터로도 선정되는 등 신재생 에너지 분야의 선두 주자로서 끊임없이 발전하고 있다.

지속적인 연구개발 투자를 통해 신재생 에너지 분야의 최고 혁신을 끊임없이 제공하고 있는 카코뉴에너지는 4차 산업혁명 시대에 선제적으로 대응하기 위해 중장기적인 구상을 세우고 있다. 선도를 위한 빅 데이터와 사물인터넷을 활용한 모니터링 시스템 고도화 등을 바탕으로 한 이른바 '카코 4.0 프로젝트'다. 카코 4.0 프로젝트의 목표는 사물인터넷과 빅 데이터를 기반으로 고객 지향적인 서비스를 창출하는 것이다. 글로벌 모니터링 솔루션 구축을 통해 고객이 요청하기 전에 먼저 고객의 불만을 해결해주는 비포 서비스Before Service와 O&M, 빅 데이터의 축적을 통해 발전량, 수익 예측 서비스까지 제공하며 고객들을 지속적으로 관리하고 서비스를 수행하는 것이 카코 4.0 프로젝트의 궁극적인 목표이다.

카코뉴에너지의 김유석 대표이사는 지난 25년간 다국적 기업에서 일했고 그중 10년을 독일 본사에서 근무했다. 이 경험을 바탕으로 카코뉴에너지 직원의 독일 본사 및 다른 해외 지사로의 진출을 적극 추진했으며 그 결과로 카코뉴에너지 미주 지역 총괄 지사 고객 서비스부문 총괄 부서장을 아시아에서 파견하게 됐다. 앞으로도 지속적인 임직원의 직능과 재능 관리 및 계발을 통해 더욱 많은 인원을 독일 본사 및 해외 지사에 파견하여 임직원 개개인에게 자기 계발의 기회를 부여하고 동시에 카코뉴에너지의 발전을 위해 계속 노력할 계획이다.

직원들이 즐겁고 행복한 회사

카코뉴에너지는 직원들이 즐겁고 행복하게 스스로를 계발하면서 회사의 발전에 기여할 수 있는 회사 문화를 만들고 있다. 회사에서 하는 일이 즐겁지 않고 일에 대한 열정을 갖지 못한다면 개인은 물론 회사의 발전에도 불행한 일이라는 생각이기에, 항상 즐겁게 일하며 사회에 유익한 결과를 창출하는 건강한 기업으로 나아가기 위해 노력하고 있다.

카코뉴에너지 임직원들

카코뉴에너지는 역동적이고 활발한 조직 문화 조성을 위해 임직원 복리 후생에도 힘쓰고 있다. 특히 사내 동호회 지원과 전사 워크숍 운영 등 다양한 소통 창구를 통해 임직원 간의 화합과 신뢰의 분위기가 정착되어 있다. 또한 임직원 생일, 자녀 입학, 결혼기념일 등을 축하하는 이벤트와 하계휴가 이외에도 동계휴가 운영 및 장기 근속자 대상의 포상휴가 제공 등을 통해 직원들에게 즐거운 일터를 조성하고자 노력하고 있다. 카코뉴에너지는 스스로 자기 계발에 충실하고 이를 업무에 적극 활용하면서 회사 발전에 기여하는 사람이 이에 걸맞은 정당한 대우를 받고 또 회사 내에서 중요한 위치로 발전할 수 있는 사풍과 시스템을 더욱 더 확충할 방침이다.

신재생 에너지 분야의 글로벌 선두 기업으로서 한국에 기술 연구소와 생산 기지를 보유하고 있는 카코뉴에너지는 지속적인 연구개발과 철저한 품질 관리를 통해 우수한 제품을 생산 및 공급하고 있다. 한국인의 기술력에 독일의 장인 정신을 융합해 카코뉴에너지가 갖고 있는 기술의 우수성을 전 세계에 알리는 것이 카코뉴에너지의 궁극적인 목표이다.

카코뉴에너지 임직원들은 태양광 에너지 기술, 즉 친환경 기술을 발달시켜 지구 환경을 보호하는 것이 카코뉴에너지의 의무임을 항상 마음속에 새기며 업무에 임하고 있다. 끊임없는 혁신과 기술 개발을 통해 인류 사회에 기여하며 단순한 매출액으로 판단되는 기업이 아닌, 세계 친환경 사업 분야의 선두 기업으로서 시장을 선도하기 위해 최선을 다할 것이다.

"

회사에서 하는 일이 즐겁지 않고 일에 대한
열정을 갖지 못한다면 개인은 물론 회사의
발전에도 불행한 일이다.

"

대표이사

—

다까하시 요시미

SBI인베스트먼트

학력
1988   와세다대학교 법학과 졸업
1992   연세대학교 한국어 연수

경력
1999   노무라증권 아시아 총괄(Head of Asian Equity)
2000   소프트뱅크파이낸스코리아 대표이사
2008   이트레이드증권 회장
현재   SBI인베스트먼트 대표이사

상훈
2012   IT중소기업투자활성화 및 성장촉진 유공자 장관상
        (단체 부문)
2015   벤처캐피탈협회장상(Best Fundraising House)
        TV조선 경영 대상(창조경영 부문)
2017   중앙일보 대한민국 CEO리더십 대상
        한국 벤처캐피탈 대상(Best Venture Capital House)

국내 최초에서 국가 대표 글로벌 벤처 캐피탈로

SBI인베스트먼트는 벤처라는 개념조차 생소하던 1986년 설립된 30년 넘는 업력을 지닌 대한민국 최초의 창업 투자 회사다. 벤처 투자라는 단어가 언뜻 화려해 보이지만 실은 감당해야 할 무게가 만만치 않다. 미래에 대한 가능성만으로 단행한 벤처 투자는 태생적으로 무수한 잠재적 리스크를 지니고 있기 때문이다. 투자를 받은 회사 중 수많은 회사들이 생존에 실패하며, 비록 성공하더라도 IPO 등을 통해 제대로 된 투자 수익을 안기기까지 긴 시간을 필요로 한다.

SBI인베스트먼트는 국내 100여 개의 벤처 캐피탈 중 벤처 기업의 진정한 가치를 파악하고 리스크를 관리하며 긴 시간을 인내할 줄 아는 몇 안 되는 회사다. 따라서 1986년 이후 550개 이상의 벤처 기업에 투자하여 140개 이상의 기입들을 국내외 증권시장에 상장시킬 수 있었다.

M&A 통해 글로벌 투자 회사로 도약

지금의 SBI인베스트먼트의 전신은 한국기술투자였다. 국내 첫 창업 투자 회사였던 한국기술투자는 2000년대 중반 들어 존 폐의 위기를 맞고 있었다. 그러던 중 2010년 새로운 기회를 맞이한다. 바로 일본 최고의 종합 금융 그룹인 SBI그룹의 계열 회사로 편입되면서 글로벌 투자 회사로 거듭날 수 있는 전기를 마련한 것이다.

SBI그룹은 대한민국과 일본을 비롯하여 중국, 홍콩, 싱가포르, 인도, 인도네시아, 베트남 등 아시아 신흥 국가를 중심으로 전 세계 약 20개국에 상업 은행, 증권사 또는 벤처 캐피탈을 설립하여 진출해 있는 종합 금융 그룹이다. 경영상의 어려움을 겪던 한국기술투자는 SBI그룹에 편입되며 SBI인베스트먼트로 바뀐 후 모 그룹의 지원과 해외 투자 네트워크를 활용, 총 14개 신규 조합을 결성하며 재기에 성공했다.

SBI그룹이 경영권 인수를 할 당시 한국기술투자는 기업의 존립마저 위협받던 상황이었다. 대한민국 최초의 창업 투자 회사라는 과거 명성은 사라지고 벤처 캐피탈에서 가장 중요한 펀드 결성조차 수년째 하지 못하고 있었다.

SBI그룹 차원에서도 경영 상황이 좋지 않은 한국기술투자의 인수를 놓고 많은 고민을 했다. 하지만 SBI그룹은 창업 이래 25년간 한국의 창업 투자 시장을 이끌어온 한국기술투자의 임직원들과 이해 관계자들의 노력을 매우 큰 가치로 판단했다. 여기에 SBI그룹이 보유한 글로벌 네트워크와 경영 노하우를 접목한다면 5년 내에 회사를 정상화하여 안정적인 수익을 낼 수 있을 것이라고 확신했다.

SBI그룹은 과감한 인수 이후 모두 세 차례에 걸쳐 약 271억 원의 유상 증자를 실시하는 등 인수 초기부터 적극적이고 지속적으로 경영 정상화 노력을 해왔다. 유상 증자로 확보한 자금과 경영 수익분을 통해 재무 건전성부터 확보했다. 2009년 160%에 달했던 부채 비율은 2014년 말 1% 미만까지 떨어졌다.

동시에 일련의 증자 과정을 통해 43.61%의 지분을 확보함으로써 안정적 지배 구조를 확보힐 수 있었디. 또한 경영권 인수 전부터 있었던 1,100억여 원의 부실 투자 자산에 대한 충당도 완료함으로써 향후 발생할 손실을 최소화하는 등 안정적 성장의 발판을 마련했다. 상장사였던 SBI인베스트먼트의 소액 주주들과 피 투자 기업 등 수많은 이해 관계자들의 이익을 보호함으로써 외국계 자본에 대한 막연한 불안감을 불식시키기도 했다. 한

한국 벤처캐피탈 대상을 수상하는 다까하시 회장

마디로 과거의 부정적 이미지를 완전히 해소하고, SBI인베스트먼트에 대한 시장의 확고한 신뢰를 구축한 것이다.

모든 업종이 그렇겠지만, 특히 금융 회사는 한 번 잃어버린 신뢰를 회복하려면 다른 분야에 비해 많은 노력과 시간이 필요하다. 세 차례의 유상 증자, 안정적 지분 확보, 재무 건전성 달성, 부실 투자 자산에 대한 충당 완료 등 시장의 신뢰 회복을 위한 노력을 기울인 결과 2014년부터 본격적으로 기관 투자자 펀드 운용사에 선정되기 시작했다.

2014년 한 해에만 국내 유수의 기관 투자자들과 함께 2,000억 원이 넘는 펀드를 결성할 수 있었다. 이는 벤처업계 펀드레이징 규모 부문에서 최고의 기록으로 한국벤처캐피탈협회가 주관한 2015 벤처캐피탈 대상에서 '베스트 펀드라이징 하우스Best Fundraising House'에 선정되기도 했다.

환골탈태 일등 공신 일본인 CEO

SBI인베스트먼트는 SBI그룹의 노하우와 네트워크를 바탕으로 아시아 최고의 투자 회사로 거듭나고 있다. 그 중심에는 인수 이후 경영을 책임지고 있는 다까하시 요시미 회장이 있다.

다까하시 회장은 노무라증권에 근무하던 중 최초의 한국 유학생으로 1991년 6월 처음 한국 땅을 밟았다. 당시 일본에서는 미국이나 유럽 등으로 건너가 MBA를 마치고 그곳에서 금융업에 종사하는 것을 선호하는 분위기였다. 하지만 다까하시 회장은 "만약 그런 길을 걸었다면 미국 사회의 아주 흔한 일본계 금융인 중 한 명으로 잊혔을 것"이라며 남들이 가지 않은 길을 걸었던 그 당시의 상황을 지금은 천운으로 여기고 있다.

이 같은 특별한 경험 덕분에 다까하시 회장은 한국 금융 시장에 대한 경험과 이해도가 가장 높은 일본 경영자 중 한 사람으로 확실히 차별화될 수 있었다. 20년 이상 대한민국 금융 시장의 성장과 변화를 겪었기 때문이다. 특히 IMF와 글로벌 금융 위기 등 격변하는 한국 금융 시장을 온몸으로 부딪히며 경험했기 때문에, 다른 외국인 경영자들보다 더 깊이 한국의 문화와 언어를 이해하고 습득할 수 있었다고 한다. 실제 다까하시 회장은 SBI인베스트먼트 합류 이후 현재까지 한국어로 주주총회를 직접 진행하며 주주 및 투자자들과 직접 소통해왔다. 또한 회식 자리에서는 직원들 앞에서 한국 대중가요를 열창하기도 한다.

다까하시 회장과 SBI그룹과의 인연은 1990년대 후반에 시작된다. 노무라증권 서울지점에서 근무하던 다까하시 회장이 일본 본사로 복귀했을 때의 일이다. 당시 일본에서 사내 벤처 붐이 크게 일고 있었는데, 한국 근무 시절의 경험을 살려 한국의 IT 벤처 기업에 투자하는 투자 회사를 만들자는 아이디어를 제안한 것이다.

그가 제안한 아이디어가 소프트뱅크 기타오 요시타카 CFO^현_{SBI그룹 회장}의 귀에 들어가게 됐다. 소프트뱅크 최고경영자들은 다까하시 회장을 직접 만나 "우리 소프트뱅크는 당신의 아이디어를 내일이라도 당장 실행할 수 있다. 그러니 내일부터 바로 출근해 달라"는 말을 했다고 한다.

당시 소프트뱅크도 일본 내에서 빠르게 성장하며 주목받고 있

코스닥에 상장된 이트레이드증권

는 회사였지만 노무라증권에 비할 바는 아니었다. 하지만 다까 하시 회장은 소프트뱅크의 가능성과 자신의 아이디어를 높이 사 준 경영진의 설득에 깊이 고민하다가 다시 한 번 '남들이 가지 않은 길'을 가기로 결정한다. 그 후 기타오 요시타카 회장과 함 께 분리된 SBI그룹에 힙류하여 지금까지 인연을 이어오고 있다.

다까하시 회장의 소프트뱅크 합류 후 첫 활동은 이트레이드 증권현 이베스트 증권을 설립하면서부터다. 이트레이드증권은 대한민 국 1호 온라인 증권사로 처음에는 온라인 영업과 중개업 위주로 하였으나 2004년부터는 종합 증권사로 전환되어 IB 업무까지 도 영위하게 되었다. 다까하시 회장이 이트레이드증권 대표였던

2006년에는 코스닥에 상장되어 국내 대표적인 온라인 증권사로 자리매김하였다.

일하기 좋은 창투사

SBI인베스트먼트는 시장의 신뢰를 바탕으로 2013년 이후 연속 흑자를 달성하며 SBI그룹 편입 당시의 경영 목표를 성공적으로 달성했다. 이에 대해 다까하시 회장은 인재 경영을 통해 임직원 간 상호 신뢰를 구축한 것이 가장 큰 비결이라고 말한다.

SBI그룹은 인재를 중시하는 것으로 유명하다. 그룹 CEO인 기타오 요시타카 회장이 자신의 저서《일》에서 강조한 바와 같이 일을 통해 스스로 성장할 수 있는 기업 문화가 그룹 전반에 조성된 것이다. 다까하시 회장의 핵심 철학 또한 신임이다. 믿고 맡길 수 있는 인재를 그 능력에 맞게 배치하고 그 인재에게 최대한의 자율과 권한을 부여해준다. 만약 좋지 못한 결과가 나온다 하더라도 그 결과에 대한 모든 책임은 믿고 맡긴 CEO가 지는 것을 원칙으로 한다.

다까하시 회장의 이러한 경영 의지로 인하여 현재 SBI인베스트먼트는 총 21명의 유능한 투자 심사역을 보유하고 있다. 임원급 심사역의 평균 투자경력이 10.4년, 팀장급 평균 5.1년, 팀원급 1년으로 일상 업무 과정에서 선임 심사역의 투자 노하우가 자연스럽게 전달될 수 있는 구조다.

유능한 심사역을 양성하는 것은 시간이 많이 들고 작은 시행착오가 회사의 손익을 좌우할 수 있기 때문에 대단히 중요하다. 심사역 양성에 노력을 들이기보다는 유능한 심사역을 영입하는 것이 안전할 수 있다. 하지만 다까하시 회장은 심사역 양성에 과감한 투자를 하고 있다. 유망 벤처 기업을 발굴하여 투자하듯 유능한 심사역이 성장할 수 있도록 신뢰하고 지원하는 것이 창업투자 회사 대표의 책무라는 것이다. 이러한 인재 경영이 지속된 결과 SBI인베스트먼트의 2015년 말 기준 이직률은 2.63%까지 낮아져 '이직이 거의 없는 창투사'로 자리매김하게 되었다.

대한민국 최초를 넘어 아시아 최고로

2016년 12월 말 기준 SBI인베스트먼트의 총 운용자산 규모는 8,000억 원을 돌파했으며 이제 1조 원 돌파를 눈앞에 두고 있다. 또한 2017 한국 벤처캐피탈 대상에서 '베스트 벤처캐피탈 하우스Best Venture Capital House, 중소기업청장상'를 수상하는 등 펀딩, 투자, 회수

TV조선 경영 대상을 수상하는 다까하시 회장

전 분야에서 국내 최고 벤처 캐피탈로서 입지를 구축하고 있다.

이제 SBI인베스트먼트는 대한민국 최초, 최고의 창업 투자 회사를 넘어 아시아 최고를 꿈꾸고 있다.

최근 창업 투자 시장의 흐름을 한 마디로 표현하면 '글로벌화'다. 국내 시장은 한계에 봉착했으며 산업 트렌드 역시 하루가 다르게 변화하고 있기 때문이다. 2000년대 초반까지만 하더라도 IT업종과 같은 특정 산업군에 편중된 투자가 이루어졌다면 이제는 바이오 및 헬스케어, 게임, 영화 등 다양한 업종이 대한민국이라는 포화된 시장에서 동시에 성장하고 있다. 자연스럽게 해외 진출을 할 수밖에 없는 상황이 된 것이다. 벤처 캐피탈 역시 국내 및 특정 업종에만 국한된 네트워킹으로는 살아남을 수 없게 됐다.

이에 다까하시 회장을 비롯한 회사 모든 임직원은 SBI그룹의 노하우와 글로벌 네트워크를 활용하여 피 투자 기업의 해외 진출을 적극적으로 돕고 있다. SBI인베스트먼트가 발굴한 피 투자 기업이 일본 SBI에서도 그 기술력을 인정받아 단숨에 명성을 얻게 된 경우가 대표적 사례이다. 이러한 레퍼런스 덕분에 해당 기업은 북미 시장 진출을 시도하며 지금은 투자 당시 밸류 대비 300% 상승한 기업 가치를 인정받고 있다.

다까하시 회장은 보다 적극적인 해외 진출을 위하여 중국 등에 현지 사무소 설치를 계획하고 있다. 이를 통하여 중국 유명 벤처 캐피탈과의 공동 펀드 조성도 염두에 두고 있다. 이제 SBI인베스트먼트는 투자 기회를 확대해 아시아 최고의 투자 회사로 거듭나고자 한다. 또한 대한민국 벤처 기업의 해외 진출에 튼튼한 가교 역할을 해나가고자 한다.

회장
—

박혜린

바이오스마트

학력

1991 서울여자대학교 도서관학과 졸업

2015 연세대학교 대학원 공학 석사

경력

2009 옴니시스템 대표이사

한생화장품 대표이사

2012 코스닥협회 부회장

국가경쟁력강화위원회 위원

2013 라미화장품 대표이사

비즈니스온커뮤니케이션 대표이사

2014 중소기업연구원 재단이사

2015 한국무역협회 부회장

동반성장위원회 위원

정책자문위원회 위원

국가과학기술심의회 중소기업전문위원회 위원

2016 대한 · 서울상공회의소 중소기업위원회 부위원장

농협창조농업추진 위원회 위원

현재 바이오스마트 회장

상훈

2009 대한민국 한류 대상(국회신성장산업포럼)

2011 지식경제부장관 표창

친환경 대상(대한민국친환경대상위원회)

2012 여성기업인상 (환경친화경영 부문, 중소기업연구원)

산업포장(벤처활성화유공 부문)

2013 이달의 자랑스러운 중소기업인상(중소기업청)

2014 에너지위너상(소비자시민모임)

2015 혁신기업가 대상(한국벤처창업학회)

흉내 낼 수 없는 제품으로 세계를 재패하다

1971년 설립된 바이오스마트는 수입에 의존하던 마그네틱 방식 신용 카드를 국내 최초로 국산화에 성공하여 보급한 기업이다. 이는 1982년 은행신용카드협회 설립과 신용 카드 범용화의 기반이 되었다. 바이오스마트는 여기서 그치지 않고 40여 년간 축적한 기술을 기반으로 태국 전자주민증을 성공적으로 공급함으로써 명실공히 세계로 진출하는 토대를 확보했다. 2012년에는 콜롬비아 보고타에 교통 카드를 공급했으며 지속적인 기술 개발로 2013년에는 하이엔드 메탈 카드를 개발해 전 세계로 뻗어 나가고 있다.

수입 의존하던 신용 카드 첫 국산화

바이오스마트는 국내에서 현금 없는 신용 거래의 토대를 만든 기업으로 신용 카드 대중화를 이루는 데 중요한 역할을 했으며 국내 핀테크 시장의 기원을 만들었다.

사업 초기 국내에서 사용되던 카드는 대부분 해외 수입에 의존하고 있었다. 카드의 정보를 기록하는 마그네틱선Magnetic-stripe이 부착된 카드의 생산을 할 수 없었기 때문이다. 이러한 시기에 바이오스마트가 마그네틱선이 부착된 카드의 국산화에 성공하면서 신용 카드의 대중화를 가능케 했다. 스마트카드의 등장과 함께 바이오스마트가 개발한 스팟 웰딩Spot-Weldding 방법에 의한 듀얼 인터페이스Dual interface 카드 제작법은 스마트카드의 안정적 사용을 가능케 함으로써 패러다임 변화에 중요한 역할을 하였다. 이는 결제 시 100% 성공률이 보장되어야 하는 고속도로 하이패스 카드나 신용 교통 카드에 적용되었고 국내 시장에서 80% 이상의 점유율을 기록했다.

바이오스마트는 1991년 신용 카드 국제 브랜드인 비자·마스터 카드의 제조 인증을 취득하면서 국제적인 신용 카드 제작사로 그 품질을 인정받았다. 2004년 안정적인 비접촉식 카드의 제조 방법인 스팟 웰딩 공법을 자체 개발하고 특허를 취득했으며 스마트카드 시장이 열림과 동시에 시작된 고속도로 하이패스 카드의 품질 인증을 취득하고 스마트카드 시장을 선도했다.

2007년 취득한 한국 스마트카드티머니 카드 제조 인증을 기반으로 국내는 물론 남미와 몽골 등에 1,000만여 장의 교통 카드를 보급하고, 2011년에는 40년간 축적된 기술을 기반으로 태국에 전자 주민등록증 3,000만 장을 공급함으로써 세계로 진출하는 토

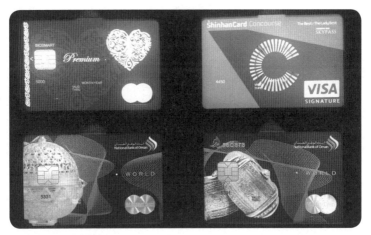

바이오스마트 프리미엄 카드

대를 마련했다.

그동안 지속된 기술 개발의 결과로 2013년 세계 최초로 두랄루민을 소재로 한 금속 카드 제작법 개발에 성공하여 특허를 취득하고 동남아에 30억 원어치 이상 수출을 함으로써 고부가가치 상품 개발의 결실을 맛보게 되었다. 또한 2013년 프랑스 젬알토 Gemalto와 국내 칩 공급 라이선스 계약을 체결해 국제적인 스마트 카드 제작 공급사로 인정받았다.

2017년 현재 46년간 축적된 노하우와 전 직원이 참여하는 기술력을 기반으로 세계 최초로 금속 소재로 제작된 비접촉식 신용 카드를 제작 성공하여 수출함으로써 국내 최고 신용 카드 제조사로서 경쟁력을 유감없이 발휘하고 있다.

끊임없는 기술 축적으로 위기 극복

바이오스마트의 42년은 외길을 고집하며 미래를 생각하는 기술 축적의 과정이라 할 수 있다. 초창기 신용 카드의 국산화를 시도할 때만 해도 남들은 생각하지 않은 분야였다. 바이오스마트 임직원은 과감하고 끈질긴 도전을 하였고 신용 거래 시대를 열기 위해 설립된 은행신용카드협회에 동참했다. 본격적인 신용 카드 시대를 대비하여 1990년 아산에 국제 규격의 비자·마스터 신용 카드 생산 공장을 설립했고 2000년을 맞이했다.

2000년대 초반 카드 대란으로 힘든 시기를 겪었다. 하지만 바이오스마트는 이 시기가 스마트카드, 교통 카드의 태동기였기에 보다 적극적인 기술 개발에 힘썼다. 스팟 웰딩 방식의 안테나 접합 기술을 개발함으로써 어려움을 극복할 수 있었다. 이렇게 축적한 기술로 태국의 전자 주민등록증을 수주하게 되었고 교통 카드 수출 또한 모든 임직원이 쌓아 올린 기술력을 국제적으로 인정받는 계기였다.

신용 카드 시장은 점차 다양성과 빠른 변화를 요구하게 되었

상품 개발 미팅 중인 해외바이오팀

고 새로운 제품이 없이는 생존하기 힘든 상황으로 변해갔다. 개
발과 신속한 의사 결정이 필요해짐에 따라 바이오스마트는 신기
술 개발에 집중하기 위해 최고경영자와 전 부서가 참여하는 개
발회의체를 중심으로 신제품 개발에 힘을 모았다. 그 결과 고부
가가치 하이 엔드 메탈 카드High-End Metal Card의 생산에 성공하였고
이어서 개발 초기에는 모두 불가능하다고 생각했던 듀얼 인터페
이스 메탈 카드Dual interface Metal Card의 개발에 성공하며 수출 길도 열
었다. 2017년 바이오스마트의 카드 사업 부문은 이러한 노하우
를 기반으로 매출 800억 원을 향해 힘차게 나아가고 있다.

바이오스마트는 2000년대 이후 시작된 개성과 다양성의 시대를 맞이하여 디자인, 소재, 기술이 융합된 신기술 개발에 중점을 두었으며 이러한 노력의 결과로 아무도 생각하지 못한 하이 엔드High-End 두랄루민 카드와 메탈 소재의 듀얼 인터페이스 개발에 성공하였으며 이것은 고부가가치 상품을 통한 해외 진출이라는 결실을 맺게 되었다.

이 모든 성과는 46년간 최고경영자와 전부서가 참여하는 가운데 계속되고 있는 기술 개발 노력의 결과라 할 수 있다.

거침없는 M&A로 글로벌 그룹 도약

박혜린 바이오스마트 회장은 M&A를 통해 기업을 성장시키고 있다. 대학 졸업 전 창업해 20년 이상 사업가로 활약하고 있으며 바이오스마트를 비롯해 옴니시스템, 라미화장품, 한생화장품, 오스틴제약 등 10여 개 계열사를 운영하고 있어 시장에서 'M&A 귀재'로 유명하다.

경기도 여주의 한 정미소 집 막내딸로 자란 박 회장은 어린 시절부터 어머니 장부 정리를 도우며 경제 관념을 키웠다. 대학 시절에도 학생 운동에 동참하던 친구들과 달리 박 회장은 돈 버는 일에 관심이 더 많았다. 대학 4학년 때 미국 전자 회사 모토로라

공장 연구소 직원들과 상품 개발 미팅 중

에 합격했지만 더 큰일을 해보라는 부모님의 조언에 창업을 결심했다.

첫 사업은 타이어 유통업이었다. 당시 타이어 장사로 큰돈을 번 동네 아저씨가 떠올랐기 때문이다. 부모님으로부터 종잣돈을 빌려 1990년 11월 1일 강남 테헤란로에 첫 회사를 차렸다.

'20대 초반 여사장이 운영하는 품질과 서비스가 좋은 곳'으로 입소문이 나면서 사업은 번창했다. 어음은 쓰지 않는다는 사업 원칙 덕분에 1997년 외환 위기 사태에도 승승장구했다.

타이어 유통업을 하면서 쌓은 자동차 물류 시스템에 대한 지식과 경험을 바탕으로 물류센터 사업을 시작했다. 대규모 물류

바이오스마트 카드

센터를 외국계 기업에 임대해주는 새로운 비즈니스 모델로 또 다시 대박을 터뜨렸다.

박 회장이 신용 카드 제조사인 케이비씨현 바이오스마트를 인수한 과정도 드라마틱하다. 당시 케이비씨는 박 회장 소유의 건물 일부를 임차하고 있었는데 적대적 M&A 위기에 처했다는 사실을 알게 되면서 재무적 투자자로 지원을 시작한 것이 발단이었고 결국 대표이사 자리에까지 올랐다.

박 회장은 취임 후 경영 진단을 해보니 들쑥날쑥한 매출을 안정화하는 게 급선무였다. 주문을 받은 뒤 신용 카드를 만들어 납품하던 방식을 바꾸기로 했다. 직접 연구개발팀장을 맡아 멤버십 카드, IC 카드, 스마트카드, 친환경 특수 카드 개발을 이끌었다. 새 카드를 거래처에 제안해 일감을 확보하자 매출이 안정되면서 증가세를 보였다. 과당 경쟁을 없애려고 국내 카드 제조업체 4곳 중 2곳을 추가로 인수해 시장 점유율을 70%대로 끌어올렸다.

자신감을 얻어 2006년에는 유전자 분석으로 질환 여부를 판별하는 분자진단 전문기업 디지털지노믹스_{현 에이엠에스}를 인수했다. 바이오 분야는 제조업과 달랐다. 원천 기술을 사업화하겠다는 일념으로 연구비를 쏟아 부었지만 10년간 매출이 없어 어려움을 겪었다. 시료를 전용 칩에 놓으면 1시간 뒤쯤 결과를 알려주는 장비_{스마트도그}를 2016년 개발했다. 유리판 위에 놓고 며칠간 현미경으로 검사하던 것을 바꾼 혁신 제품이다.

화장품 사업도 M&A를 통해 진출했다. 기초 화장품에 강점이 있는 한생회장품과 색조에 강한 리미화장품을 인수하며 바이오 사업과 시너지를 꾀했다. 피부 미용 프랜차이즈 '레드클럽'까지 인수해 '기초-색조-유통'이라는 포트폴리오를 구축했다.

기업과 결혼했다고 불리는 그는 2,000억 원 넘는 매출에 만족하지 않고 바이오스마트를 계열사의 융합과 시너지를 통해 세계적인 기업 집단으로 키우고자 한다.

회장

—

송무현

‘songhyun,

송현그룹

경력

1977 대우중공업 입사
1989 진로산업 공장장, 연구소장, 이사
1991 서진공업 창업
2005 티엠씨 사명 변경
2008 케이피에프 인수
2012 송현홀딩스 지주사 설립
2013 송현그룹 출범
2015 제펠 인수
2016 글로우원(구 포스코LED) 인수
       케이피에프글로벌 설립
현재 송현그룹 회장

상훈

2003 충청남도 우수기업인상
2008 철탑산업훈장
2009 한국무역학회 무역진흥상

'songhyun'

특수 케이블로 세계 시장 접수하다

송현그룹은 세계 1위의 해양용 특수 케이블 제조 기업 티엠
씨, 50년 전통의 자동차 및 건설·플랜트 부품 기업 케이피에프
가 중심축을 이루며 열전소재 선도 기업 제펠과 산업용 조명 기
업 글로우원, 화스너 유통 법인 케이피이프 글로벌 등으로 이뤄
진 중견 그룹이다.

티엠씨는 선박·해양용 케이블 전문 기업으로 시작해서 지금
은 광통신, 철도차량용, 플랜트용, 이동용, 빌딩용, 그린비즈 케
이블에 이르기까지 다양한 제품 라인업을 갖추고 있다. B2B 기
업인 탓에 대중적으로 널리 알려지진 않았지만 선박·해양용 케
이블 제조업체로는 세계 1위이고 광통신 케이블 시장에서도 괄
목할 만한 성과를 내고 있다.

케이피에프는 1963년에 산업용 화스너 선문 기업으로 시작
했다. 국내 주요 강교, 빌딩, 경기장, 공항, 공장, 석유 화학단
지, 풍력 발전소, 핵 발전소 등 철골 구축물의 화스너를 제조하
며 우리나라 경제 발전과 함께 성장하였고 현재는 미주, 유럽,
중동 등 전 세계 시장을 대상으로 영업 활동을 하고 있다. 뿐만
아니라 굴삭기, 자동차 등의 부품 제조로 사업 분야를 확장하면

서 세계 자동차 기업 대부분에 납품하고 있다. 2010년부터는 한
국의 제조업 경쟁력 저하에 대비하여 베트남, 중국 제조 법인을
설립하여 급격히 변동하는 세계 경제 변화에 대응하며 성장하고
있다.

두 주축 계열사 외에 2016년에 새로 인수한 글로우원^{구 포스코LED}
은 산업용 LED 전문 기업으로 송현그룹의 새로운 성장 동력이
되어줄 것으로 기대하고 있다.

기본기와 도전 정신으로 똘똘 뭉친 B2B 히든 챔피언

송현그룹이 계속적으로 성장할 수 있었던 데에는 특별한 비결
이 있지 않다. 교과서에 나올 것 같은 당연한 얘기인 '기본에 충
실하고 끊임없이 도전해야 한다'라는 원칙을 지켜나갔기 때문이
다. 고객이 원하는 제품을 '우수한 품질로 제조'하여 '경쟁력 있
는 가격'으로 고객이 '원하는 시기에 납품'하는 것이 송현그룹 성
장의 비결이다.

티엠씨는 2006년 당시 단일 규모로는 세계 최대의 해상 원유
생산 플랜트였던 아그바미_{Agbami} FPSO 프로젝트를 시작으로 러
시아 사할린 지역 유전개발사업인 엑슨모빌 아쿠툰다기_{ExxonMobil}

송현그룹의 충주 공장 모습

Arkutun Dagi 프로젝트를 성공적으로 수주하면서 두각을 나타냈고,
이어서 극심해 유전개발 시추선 트랜스오션 드릴십Transocean Drillship
프로젝트, 세계 최초로 건조된 극지용 시추선인 스테나 드릴막
스Stena Drillmax 프로젝트 등 주목할 만한 프로젝트를 잇달아 성공적
으로 수행하면서 세계 유수의 고객들로부터 최고의 신뢰를 받고
있다.

  티엠씨가 성과를 내어온 선박·해양용 케이블 시장은 '해상'이
라는 폐쇄적 공간에서 원유, 가스 등 위험물을 운반함에 따라 난
연성, 무독성, 저연성 등 높은 기술적 특성이 요구될 뿐만 아니
라 수십억 달러에 이르는 시설에 설치되는 제품이기 때문에 진

입 장벽이 대단히 높은 시장이다. 뿐만 아니라 거액의 설비 투자가 따르는 장치 산업인 동시에 다품종, 다규격 특징 때문에 발생하는 다양한 비효율 요인들을 설비 레이아웃을 포함한 공정 통제 기술로 관리하고 대량 수주를 통해 규모의 경제를 실현하는 능력이 기업의 주요 경쟁력인 시장이다. 티엠씨는 이러한 시장에서 지난 25여 년간 성과를 냈고 2010년 이후 현재까지 세계 선박·해양용 케이블 시장을 석권하고 있다.

티엠씨는 까다롭기로 유명한 세계 9개 선급 기관의 인증을 사업 초기에 획득하고 국제 품질·안전·환경 규격인 ISO 9001·14001, OHSAS 18001 인증을 취득했다. 핵 발전용 케이블 인증 또한 조만간 획득할 예정이어서 명실공히 전선 분야에서 최고의 기술과 품질, 관리 능력을 보유하고 있는 업체로 굳건히 자리매김하고 있다.

티엠씨는 선박·해양용 전선에 한정된 범주에서 탈피하여 이동용 전선, 광산용 전선, 태양광, 풍력 발전용 전선, 함정용 전선 등 특수 전선 분야로 범위를 확대하고 있으며 세계 제일의 특수 전선 전문 회사로 성장해나갈 계획이다.

케이피에프의 화스너 제품은 한강에 놓인 다리 중 30개 다리에 사용되었을 정도로 우리나라의 성장과 함께하였다. 2006년 우리나라의 경제 침체 및 세계적 경제 위기가 오면서 기존 화스너 사업만으로는 지속 성장에 한계가 있다는 판단으로 안정적 성장을 할 수 있는 자동차 부품 산업에 진입하면서 성장을 지속시켰다. 세계 최고의 자동차 메이커로 손꼽히는 벤츠를 비롯해 BMW, 폭스바겐, GM, 현대기아 등 유수의 기업에 베어링을 납품하고 있다.

케이피에프가 생산하는 화스너 및 부품의 가장 중요한 핵심 경쟁력은 안정적인 품질에 있다. 케이피에프의 제품들은 불량이 발생할 경우 건물 붕괴 및 대형 교통 사고 등을 유발할 수 있기 때문에 안정적인 품질을 유지하는 것이 최고의 경쟁력이다. 그렇기 때문에 KS, CE, SQ, EN, Q-MARK, DAST, OHSMS, KOSHA, ISO 9001, TS16949 등 국내는 물론 세계적으로 유명한 인증을 확보하기 위한 연구개발 활동을 지속하고 있다. 우수한 품질력을 바탕으로 부가가치가 높은 신제품을 양산하기 위한 연구개발 활동도 강화하고 있다. 뿐만 아니라 고내식성 제품 및 특수용 제품 등 부가가치가 높고 경쟁사가 쉽게 접근할 수 없는 제품 개발에 박차를 가하고 있다.

맨몸으로 시작해 약 1조 원 매출의 그룹을 일군 송무현 회장

송현그룹을 일군 송무현 회장은 금속공학과를 졸업했다. 졸업할 즈음 그는 금속 분야에서 사업을 한다면 개인적인 성공 측면에서나 국가 경제 기여 측면에서나 괜찮은 결과를 얻을 수 있을 것이라 생각했다.

하지만 20대 후반의 송 회장에게 창업을 하기 위해 필요한 자원이 아무것도 없었다. 돈은 물론이거니와 기술, 영업력, 노하우 등 아무것도 없었다. 그래서 그는 취업 후 인생 계획을 세우기로 하고 기업에 몸을 담았다.

직장 생활 12년 만에 당시 재계 순위 24위였던 진로그룹의 주요 계열사 임원이 됐다. 남들이 보기엔 나름대로 승승장구하는 삶이었다. 하지만 그는 만족하지 않았다. 아직 도전은 시작도 하지 않았기 때문이다.

직장 생활 내내 창업을 염두에 두었기에 송무현 회장은 매사를 창업 아이템의 관점으로 바라봤다. 그러던 중 케이블이라는 제품에 주목하게 됐다. 전기, 통신 등 현대인이 생활을 영위하는 데 반드시 필요한 제품이며 앞으로 수요는 더욱 늘어날 것으로 보였다. 특히 특수 산업용 케이블에 관심이 높았다. 그 정도

2억불 수출의 탑을 수상하는 송무현 회장

사업이라면 인생을 걸어볼 만하다고 판단한 그는 44살이 되던 1991년 티엠씨의 전신인 서진공업을 창업하며 새로운 도전에 나섰다.

평소 케이블 전문가가 아니었기에 그는 창업을 전후해 관련 분야에 대해 철저히 조사하고 탐구했다. 대학 입시 때보다 더 열심히 했고, 스스로 만족하는 수준에 이르렀다고 생각하기 전까지는 자는 시간도 최소화해가며 깨어 있는 동안에는 케이블 전문가가 되기 위해 매진했다.

첫 사업 분야였던 선박용 케이블 시장에 성공적으로 진입한 티엠씨는 승승장구했다. 첫해 십수억 원 수준이었던 매출액이

10년 만에 수백억 원 단위로 올라섰다. 하지만 송 회장은 그때가 위기라고 생각했다. 한 제품만 바라보고 경영하는 것은 기업의 안정성 측면에서는 상당한 위험을 감수하는 일이었기 때문이다. 그래서 선택한 것이 광통신 케이블 시장으로의 도전이었다.

광통신 케이블 개발에 나서자 가장 먼저 관심을 보인 쪽은 KT였다. 그런데 이 시장은 선박용 케이블 시장과는 또 다른 어려움이 있었다. IT 분야의 변화 속도가 너무 빨라 적기에 시장이 요구하는 제품을 내놓지 못하면 성공하기 어려웠다. 이 같은 위험 요인이 있었지만 위험을 감수하지 않으면 티엠씨의 성장은 여기서 멈추고 만다는 생각이 들어 망설이지 않고 뛰어들었다.

그 판단은 틀리지 않았다. 창업할 때와 마찬가지로 철저한 준비 끝에 2000년 광통신 케이블 시장 진입을 결정한 지 15년 만에 국내 최고의 광통신 케이블 메이커로 성장했다. 오늘날 티엠씨가 생산하는 케이블을 통해 도서 지역을 포함한 국내 모든 곳에서 최고 1Gbps의 속도로 인터넷 접속이 가능해졌다.

2000년대 중반 들어 국내 조선업계에서는 해양 플랜트가 새로운 먹거리로 떠올랐다. 국내외 유수의 조선소에 선박용 케이블을 공급하던 티엠씨에게도 중요한 이슈였다. 해양 플랜트에 사용되는 케이블은 해저 유정으로부터 원유를 시추하는 각종 시추 장비에 설치되는데 원유 시추 과정에서 나오는 각종 유류 물질에 노출되는 등 사용 환경이 열악해 내유성, 내후성, 내오존성 등 환경적 요구 조건이 높다. 진입 장벽이 높은 만큼 경쟁 강도는 약한 편이고 수익성도 좋은 제품이었다.

송무현 회장은 해양용 케이블 시장에 진입하기로 결정했다. 그러기 위해서는 특수 산업용 케이블을 생산할 수 있는 공장 준공이 반드시 필요했다. 투자금은 제한된 자금으로 부지를 매입하고 공장을 짓고 필요한 설비까지 갖추어야 했다. 단순 계산으로는 불가능한 일이었다.

송 회장은 직접 필요한 설비 상당 부분을 직접 개발하는 방식으로 설비 조달 비용을 경쟁사의 40% 이하 수준으로 낮췄고 주어진 예산 내에서 입장 공장을 준공하는 데 성공했다. 모두가 불가능하다고 했지만 그의 판단은 이번에도 옳았다.

입장 공장 준공을 통해 해양용 케이블 시장에 성공적으로 진입하면서 티엠씨는 업계의 주목을 받았다. 300억 원의 매출을 올리던 회사가 1,000억 원 매출을 올리고 다시 2,000억 원, 3,000억 원으로 올라가니 당연한 일이었다. 이후 티엠씨는 케이피에프를 인수하며 한 단계 도약했고 지속 성장을 이어가고 있다.

앞선 기술력으로 고객을 만족시키는 특수 소재 기업

송현그룹의 비전은 'Creative Solution Company with Advanced Technology'이다. 송현의 앞선 기술력이야말로 고객이 원하는 최상의 제품을 공급하는 원천이라는 의미를 담고 있다.

최근 한국 제조업은 선진국과의 격차는 여전하면서 중국이나 인도로부터는 거센 추격을 받는다는 샌드위치 위기론에 휩싸여 있다. 한국 제조업은 미국이나 유럽, 일본과 유사 품질의 제품을 더 저렴한 가격으로 공급해왔으나, 이제는 한국과는 비교할 수 없을 만큼 임금이 싸고 모든 기술력 측면에서도 턱밑까지 쫓아온 중국과 인도로 그 중심이 옮겨가고 있는 것이다. 이제 가격을 주요 경쟁력으로 삼아서는 생존하기 어려운 시대가 되었다.

그렇다고 우리가 일신하여 향후 10년, 혹은 20년 안에 다시 연간 7~8%씩 성장하던 고도 성장기로 돌아가는 것도 불가능하다. 물론 일부 기업은 가능할 수도 있지만 우리 제조업 전체가 다시 한 번 과거의 전략을 차용할 수 있을 가능성은 거의 없다. 결국 임금 싸고 내수 시장만으로도 엄청난 규모를 자랑하고 자원까지 싸게 수급할 수 있는 중국이나 인도를 우리가 이겨낼 방법은 없다. 적어도 지금 상태로는 안 된다.

송현그룹은 우리 제조업이 다시 한 번 비상할 수 있는 유일한 기회가 특수 산업이라고 지칭한 기술 집약적 영역이라고 보고 있다. 중국이나 인도가 미처 따라올 수 없는 영역과 유럽이나 일본이 미처 개발하지 못한 영역 중 한 시장이 특수 산업용 케이블 시장이고 산업용 단조 부품 시장인 것이다.

미지의 영역을 개척하는 것은 항상 어려운 일이다. 하지만 달리 생각한다면 그것처럼 짜릿한 일도 없을 것이다. 영하 50도 환경에서도 제 기능을 하는 케이블, 수십 톤의 압력을 견뎌내는 고장력 볼트, 베어링 등의 특수 제품들은 우리 제조업이 살아남을 수 있는 유일한 블루오션이다.

송무현 회장은 "송현그룹은 누구나 만들 수 있는 제품은 생산하지 않습니다. 그런 제품은 이미 많은 기업에서 만들고 있기 때문입니다. 우리는 아직 남들이 시작하지 않은, 또는 남들이 미처 따라오지 못하는 영역에서 미래와 경쟁합니다"라고 말한다.

회장
—

안 태 철

KPS

한국분체기계

학력
1978 영남대학교 국어국문학과 졸업
2015 서울대학교 공과대학 최고산업전략과정 수료
2016 연세대학교 경영대학원 최고경영자과정 수료

경력
1982 한국기계산업 대표이사
2016 한국화학공학회 미립자공학부문위원회 산학협력이사
현재 한국분체기계 대표이사 회장

상훈
2008 대한민국 기술혁신우수기업
2009 한국을 빛낼 CEO 대상
2011 VISION 2011 기술혁신 대상
      신지식인&브랜드 대상(신기술 부문)
      대한민국 기술혁신경영 대상(분쇄기제품기술 부분)
      친환경브랜드 대상(분쇄기 부문)
2012 신기술&신지식인 대상(신기술 부문)
2013 한국을 이끄는 혁신리더(분쇄/분체기계 부문)
2014 대한민국 우수기업(기술혁신 부문)
2015~2017 한국을 이끄는 혁신리더(분쇄/분체기계 부문)

KPS

분체기계 30년 한 우물, 인천의 히든 챔피언

인천에 위치한 한국분체기계는 30년 이상 분체기계 분야를 선도해온 히든 챔피언이다. 나노 단위 미세 과학 분쇄 기술의 성공적인 국산화에 성공한 한국분체기계는 이제 친환경적인 플랜트 산업으로 영역을 넓히며 미지의 영역에 도전하고 있다.

한국분체기계는 정밀 화학, 석유 화학, 의약품, 화장품, 식품, 금속, 비료, 기타 신소재 분야에 적용되는 고입도 분체 생산에 관한 파일럿 플랜트Pilot Plant 기본 설계에서 상세 설계 시공에 이르기까지 턴키 베이스로 프로젝트를 수주하며 제품을 납품하고 있다. 현장 경험이 풍부한 기술 고문과 저명한 교수, 분체 관련 분야에 십수 년간 종사한 엔지니어 등 전문가들을 확보하고 있으며 고객 만족을 최우선 목표로 삼고 긴급 AS 시스템, 품질 보증 시스템 등을 가동하고 있다.

한국분체기계는 설립 초기부터 전문화와 특성화에 회사의 모든 역량을 결집했다. 자체 기술 연구소도 갖추며 차별화된 제품군을 끊임없이 개발해왔고 그 결과 품질 경영 시스템 및 환경 경영 시스템, 기술 혁신 중소기업, 벤처 기업 인증 등을 획득하며 우수함을 인정받았다.

안태철 한국분체기계 회장은 거래 업체와의 약속, 소비자에 대한 적기적소의 대응, 완벽한 품질 보증 등 품질과 신용을 최우선으로 여긴다. 이를 위해 안 회장은 24시간 긴급 AS 서비스 시스템 구축을 주문하고 있으며 고객 감동 실현에 최선을 다하고 있다.

사용자가 만족할 때까지 제품을 개선한다는 장인 정신을 갖고 성장 기틀 마련에 최선을 다하고 있는 한국분체기계의 성공 스토리는 이제부터 시작이다.

초미립 분쇄 시스템으로 세계를 놀라게 하다

한국분체기계의 대표 제품은 국내 최초로 개발한 마이크로 에어 제트 밀Micro Air Jet Mill과 마이크로 에어 클래시파이어 밀Micro Air Classifier Mill이다.

마이크로 에어 제트 밀은 초미분을 분쇄할 목적으로 개발된 수평형 제트 밀이다. 에어헤더에 있는 고압의 압축 공기가 분쇄 노즐을 통해 배출되며 이 공압의 압력으로 수평형 체임버에서 초미 분쇄가 이루어진다. 분쇄 체임버로 분출된 제트 기류는 체임버 안에서 고속 선회 기류를 생성하는데, 이때 분쇄 원료는 제

한국분체기계의 마이크로 ACM 분쇄 장치(Micro ACM Pulverizing System)

트 노즐에 의해 진공 상태가 되는 원리로 체임버 안에 투입된다.
내부 구조가 간단해 분해 및 청소도 용이하다.

이들 두 제품은 독일 및 일본의 기준에 부합하고 머리카락 굵
기의 1/1,200인 서브마이크론 수준 분쇄 정확도를 자랑한다. 안
회장은 내부 소음 방지는 물론 분쇄 과정에서의 감열, 감압에 관
심을 갖고 식품과 제약수지에 필수적인 변질, 산화 방지의 기술
을 구축했다.

곡물과 해조류, 설탕과 약재처럼 온도와 압력에 약한 재료와
영양소 파괴나 향이 변질되어서는 안 되는 민감한 소재를 다루
다 보니 자연히 식품의 HACCP와 의약품의 GMP 같은 국가 수

한국분체기계의 대표 제품인 마이크로 에어 제트 밀

준 제조 기준을 모두 충족하게 됐다.

　이 같은 품질 관리를 통해 사출되는 제품의 품질을 높이고 나아가 기기의 마모가 적어 견고하고 반영구적이며 관리도 편한 제품을 제작했다. 나아가 24시간 긴급 AS 서비스 등 고객사에 대한 철저한 제품 보증을 통해 높은 신뢰를 얻게 된 것이다. 이러한 전문성으로 안 회장은 대부분을 수입에 의존하던 시장의 판도를 바꿔놓았을 뿐 아니라 수출 시장의 물꼬를 틀 수 있었다.

　안태철 회장은 "한국분체기계의 주요 제품인 에어 제트 밀과 마이크로 에어 클래시파이어 밀은 타 기종과 달리 철분이 전혀 발생되지 않는다"며 "분쇄기 온도 상승이 적을 뿐 아니라 기계 내부 소음도 환경부 기준치에 적합해 쾌적한 환경을 조성할 수 있고 분쇄 후 유지 관리도 간편하다"고 설명했다.

성능을 입증받은 한국분체기계의 장비들은 삼성SDI 헝가리 공장에 납품되고 있으며 세계에서 가장 까다로운 납품 기준을 지닌 일본 유명 제약업체들에도 수출되고 있다.

친환경과 효율성 다 잡은 건조 분쇄 장치

중국, 인도 등 신흥국에게 제조업 강국의 지위를 뺏기고 있는 요즘 한국에게 소재 산업은 미래 먹거리다. 우리보다 먼저 완성품 제조업 쇠락을 경험한 일본 역시 첨단 부품 소재 산업에서 블루오션을 찾았다.

소재 산업의 혁신은 모름지기 신소재 개발에서 시작된다. 한국분체기계가 몸담은 고입도 분체 생산 관련 분쇄·분체 산업은 선진국 기준으로 기술이 개편되면서 해외 장비에 의존하는 경향이 있었다. 한국분체기계는 선진국 의존도를 낮추고 국내 기업의 자생력을 높이고자 30여 년간 분체 기계를 개발했다. 그 결과 정밀 화학, 석유 화학 및 파생 산업, 금속, 비료에서 의약품, 화장품, 식품까지 다양하게 적용 가능한 분쇄기의 국산화를 이뤄

한국분체기계의 ACM 분쇄 장치(ACM Pulverizing System)

냈다. 안태철 회장은 여기서 더 나아가 꾸준한 연구개발의 성과
로, 글로벌 진출을 염두에 둔 새로운 친환경 프로젝트 일환인 바
이오매스 건조 분쇄 장치 BPSbiomass dryer & pulverizing system를 선보여 시
장에서 긍정적인 평가를 받고 있다. BPS는 산업 현장에서 하수
및 임목 폐기물, 가축과 분뇨, 음식 쓰레기를 고품질 비료와 사
료로 재활용할 수 있도록 고속 회전 기류를 적용시킨 친환경 처
리 장치다.

불필요한 에너지 사용을 방지하는 저온감압 장치로 발열과 소
음이 적고, 가동 과정에서 부산물인 철분이 생성되지 않아 환경
부 기준에 부응하며 기업의 효율성과 경제성을 높여줘 산업 현

장의 든든한 도우미로 자리매김하고 있다. 상당수의 분쇄·분체 산업이 식품과 약재 산업에 집중되어 있는 한국 산업의 현실 속에서 한국분체기계의 기술은 실효성을 입증했을 뿐 아니라 앞으로 바이오 신소재 산업 및 친환경 플랜트 산업을 선도할 것으로 기대된다.

21세기 기술 강국 선도할 첨병 될 것

한국분체기계는 1982년 설립 당시부터 시대 변화를 예측하며 자체 기술 연구소와 함께 신기술 개발에 열의를 보였다. 한국화학연구원, 서울대, 한양대, 영남대 등과 MOU를 체결하였으며 BPS를 개발하기 위해 에너지기술평가원과의 기술 교류 과정을 거쳤다.

한국분체기계의 신소재 개발은 산업의 발전과 함께 소비자들이 접하는 기본 정보도 바꾸는 저력을 보였다. 프로젝트 방식의 고밀도 분체 서브마이크론 기술이 발전하면서 현재 가루 형태의 식품 소포장 패키지에서는 완전 밀봉 여부에 이어 영양소 보전이 주요 이슈로 등극했다. 화장품의 경우 막연히 모공을 막지 않거나 입자가 곱다고 표현되던 과거와 달리 이 데이터들을 토대로 작은 리플렛에서조차 '나노 기술로 모공보다 작은 입자를 구현했다'는 식의 인용이 대세가 되었을 정도다.

안 회장은 핵심 기술 연구로 끝없이 품질을 개선하겠다는 의지로 임직원들의 역량을 강화하고 있다. 그 결과 중소기업이 가질 수 있는 최대치의 경쟁력을 가지게 되었다고 한다. 이렇듯 단기가 아닌 장기적인 프로젝트로 핵심 기술을 연구하는 것은 기술 연구에서 장인 정신이 얼마나 중요한 것인지를 보여준다.

안 회장은 앞으로도 장인 정신을 갖고 21세기 기술 강국을 선도할 첨병이 되겠다는 목표다.

친환경 제품으로 미래 성장 확신

"최근 전 산업 분야에서 친환경을 강화하는 새로운 패러다임이 정착되고 있습니다. 시대 변화를 반영한 친환경 정책에 따라 바이오 에너지 원료, 하수 슬러지, 폐기물 재활용 등의 플랜트 분야로 사업을 확대하기 위해 자체 연구소를 운영하고, 해외 영업망 확충을 위한 새로운 해외 시장 개척에 심혈을 기울이고 있습니다."

한국분체기계는 최근 괄목할 만한 성장을 이루며 단순 분쇄에

한국분체기계 본사 전경

서 입도 컨트롤, 표면 개질, 표면 코팅 및 건조, 이송, 혼합, 선별 등으로 사업 분야를 확대하고 있다. 이와 함께 감압 원리를 이용해 기류식 건조·미분쇄 시스템을 개발해 축산 분뇨, 임목 폐기물, 폐각 등 습기가 포함된 원료까지 분쇄할 수 있게 되어 친환경 분쇄기 업체로서의 입지를 강화하고 있다.

현재 분쇄·분체 기계를 사용하는 분야는 곡류, 해조류, 한약재, 설탕 등 식품이나 약재 관련 업종이 대부분이다. 이들 업계에서는 한국분체기계 제품이 분쇄기 발열이나 산화로 인한 변질이 없어 관심이 높다. 또한 한국분체기계의 제품은 HACCP와 GMP를 충족시키는 친환경 제품이기 때문에 바이오 신소재 등

한국분체기계 도화동 공장 전경

타 산업에서도 폭넓게 적용할 수 있다.

안 회장은 "향신료 등은 맛이나 향기가 손실되지 않는 방식으로 분쇄를 하기 때문에 웰빙 트렌드에도 잘 맞는다"며 "폐목재나 나무 껍질을 잘게 파쇄해 퇴비를 만들면 나뭇잎이나 풀과 비교할 수 없는 양질의 퇴비를 얻을 수 있다. 유기질 비료를 생산할 수 있는 소더스트 머신을 활용한다면 우리 농토를 살리고 농산물의 품질을 향상시키는 데에도 큰 역할을 할 것으로 기대된다"고 말했다.

지금 한국은 1등만이 살아남는 글로벌 경영 시대를 맞아 '기술 강국'을 국가적 과제로 삼고 있다. 중소기업인 한국분체기계가 첨단 기술력으로 무장하고 역수출은 물론 친환경 분야에서까

한국분체기계 기술연구소 전경

지 글로벌 강자로 성장하고 있는 점은 모든 기업들에게 롤 모델이 될 만하다.

안태철 회장은 "지속적인 연구개발을 통한 제품력 향상을 기반으로 고객과의 약속을 철저히 지키며 고객 만족에 최선을 다하고 있다"며 "제품 공급에 있어 적기 대응과 안벽한 품질 보증을 위해 최선을 다하고 있다"고 강조했다. 안 회장은 이어 "품질과 신뢰가 성장의 발판이 된다"며 "열정과 의지를 갖고 한 우물을 파며 세계 수준의 제품을 개발했던 것이 지금의 성공으로 연결됐다. 앞으로도 글로벌 선도 기술 기업으로 성장하겠다"고 말했다.

회장

—

오원석

코리아에프티

학력

1975 서울대학교 기계공학과 졸업

경력

1974 현대양행(現 두산중공업) 입사

1982 대우조선공업 부서장

1987 코리아에어텍 부사장

현재 코리아에프티 회장

상훈

2004 상공의 날 표창

2009 범죄피해자 인권의 날 표창

　　　세계일류상품 및 세계일류기업 인증

2010 관세청장상

　　　글로벌경영 대상

2011 글로벌경영 대상

　　　5,000만불 수출의 탑

2012 자동차의 날 동탑산업훈장

　　　글로벌경영 대상

　　　7,000만불 수출의 탑

2014 글로벌전문후보기업 지정서 수여

　　　춘계학술대회 글로벌경영 대상

　　　1억불 수출의 탑, 산업통상자원부장관 표창

2015 한국자동차산업 경영 대상

2016 납세자의 날 기획재정부 표창

코리아에프티주식회사

세계 시장을 주도하는 글로벌 기업

코리아에프티는 자동차 연료 계통의 친환경 부품인 '카본 캐니스터'와 부품 경량화를 통한 연비 효율 증가에 효과적인 '플라스틱 필러넥', 그리고 국내 유일의 차량용 차양 장치 등 차량 내부 인테리어 부품을 생산하는 강소 기업이다.

특히 국내 5개 완성차업체뿐 아니라 GM글로벌, 르노닛산, 폭스바겐, 볼보, 스코다 등 해외 완성차업체와 현대 모비스, 글로비스 등 자동차 부품 전문 기업 등 안정적인 매출처 보유는 글로벌 강소 기업의 면모를 확인시켜 준다.

특히 2007년 미국발 글로벌 경제 위기, 2010년 그리스의 구제 금융 지원에서 촉발된 유럽발 글로벌 경제 침체 등 최악의 위기 상황 속에서도 2007년 매출액 917억 원에서 2016년 연간 3,800억 원 이상을 올리는 중견 기업으로 꾸준히 성장을 시속해 왔다.

이처럼 글로벌 경제가 어려운 가운데에도 탁월한 경영 성과를 올릴 수 있었던 것은 해외 생산기지 구축, 끊임없는 기술 개발, 글로벌 완성차업체로의 매출처 다각화 덕분이다.

코리아에프티는 국내 자동차 시장의 크기와 한계를 명확히 파

코리아에프티의 슬로바키아 법인 전경. 코리아에프티는 2003년 중국 북경법인을 시작으로 인도, 폴란드, 슬로바키아 등 해외 시장 개척에 매진해왔다.

악한 몇 안 되는 중소 자동차 부품 기업이었다. 오원석 회장은 글로벌 경영만이 회사의 성장을 가져다 줄 수 있는 방안이라는 판단하에 2003년 자동차 신흥 시장인 중국을 시작으로 2006년 인도, 2007년 유럽 시장의 전진 기지인 폴란드 그리고 최근 슬로바키아에 생산 기지를 구축하였다.

과감하게 시도한 글로벌 진출은 크게 성공하여 해외 법인의 매출은 해마다 증가하고 있다. 중국과 인도 법인은 지속적인 매출과 수익성 확대로 안정화 단계에 진입하였으며, 후발 주자인 폴란드 법인은 2015년부터 유럽 신차 물량 증대로 인해 큰 폭의 매출 성장을 이어나가고 있다.

이로써 2011년에는 국내 법인과 해외 법인의 매출이 50 대 50 수준을 기록했으며, 2012년부터는 해외 법인 매출이 국내 매출을 넘어섰고 향후에는 그 격차가 점점 더 벌어질 예정이다. 적극적인 해외 생산 기지 구축은 글로벌 경제 위기 상황에서도 연 매출 400억 원에 불과한 중소기업을 3,800억 원 이상을 올리는 중견 기업으로 성장할 수 있었던 배경이다.

끊임없는 연구개발로 친환경 기업 이끌어

끊임없는 기술 개발도 코리아에프티가 국내 대표적인 친환경 자동차 부품 기업으로 성장할 수 있었던 원동력이었다.

오원석 회장은 항상 직원들에게 '우리 회사는 일반 제조업체가 아닌 자동차 부품 개발의 엔지니어링 회사이다'라고 강조하고 연구개발에 아낌없는 투자를 했다.

1996년 회사 설립 초기부터 부설 연구소를 설립해 운영하면서 관리직 총수의 1/3 이상에 해당하는 연구개발 인력을 채용하고 매출의 10% 이상을 매년 연구개발에 투자해 중소기업에서 보유하기 힘든 고가의 첨단 연구 설비도 갖췄다. 현재 지적재산권

92건을 보유 중으로 해외 및 국내 특허만 66건에 달하고 있다.

코리아에프티는 기술 개발 실력을 인정받아 자동차 부품사로는 드물게 '블랙박스 기업'이라는 자랑스러운 훈장도 갖고 있다. 블랙박스 기업이란 제품에 대하여 설계부터 개발, 검증까지 모두 담당할 수 있는 기업을 말한다. 블랙박스 기업은 고객 요구 품질을 만족할 수 있는 부품을 설계해야 하고 품질 만족 여부를 검증하기 위한 많은 시험 설비를 보유해야 할 뿐만 아니라 품질을 보증해야 하기 때문에 높은 기술력이 요구된다. 따라서 블랙박스 기업은 완성차업체의 신차 개발 단계부터 참여할 수 있다.

반면 대부분의 중소 자동차 부품사는 '화이트박스 기업'으로 완성차업체에서 제품을 설계해 도면을 대여해주면 그 도면을 기준으로 단순히 생산만 할 수 있다. 또한 코리아에프티는 친환경 관련 제품과 차량 경량화를 통한 에너지 절감형 제품을 개발한다는 원칙을 사업 초창기부터 수립했다. 당시 국내에서는 환경에 대한 관심이 낮았지만, 북미 지역과 유럽 국가들은 환경 법규를 강화하는 추세였기 때문이다.

코리아에프티가 이룩한 대표적인 성과가 바로 카본캐니스터 국산화, 플라스틱필러넥 개발이다. 먼저 카본캐니스터는 자동차 연료 탱크 내에서 발생하는 증발 가스Vapor Gas를 활성탄으로 흡착

카본캐니스터는 연료 탱크 내에서 발생되는 증발가스를 활성탄으로 흡착하여 엔진 작동 시 엔진으로 환원시켜 연소 되도록 하는 장치로 대기오염을 방지하는 친환경 자동차 부품이다.

해 엔진 작동 시 엔진으로 환원시켜 연소시킴으로써 증발 가스가 외부에 유출되지 않도록 하는 자동차 부품이다. 흔히 주유소에서 아지랑이처럼 피어오르는 것을 볼 수 있는데, 이것이 바로 가솔린이 증발해 나오는 증발 가스이다. 증발 가스는 광화학 스모그의 원인이 되는 공해 물질로 각국마다 법규로 증발 가스 유출을 규제하고 있다. 이에 따라 카본캐니스터는 각국의 환경 규제는 물론 각 자동차사마다 요구하는 사양을 모두 갖춰야 하는 등 진입 장벽이 매우 높은 제품이다.

우리나라는 코리아에프티가 국산화에 성공하기 전까지는 전

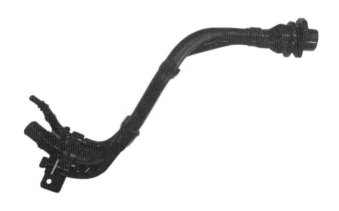

플라스틱 필러넥은 연료 주입구로부터 연료 탱크까지 연료를 안전하게 이송하기 위한 유로 역할 부품으로 기존 스틸 구조의 단점을 보완하여 경량화를 통한 연비 개선에 효과적인 친환경 자동차 부품이다.

량 수입에 의존할 수밖에 없었다. 그러나 코리아에프티가 카본 캐니스터 국산화에 성공함으로써 6억 달러_{약 6,787억 원}의 수입 대체 효과를 가져왔고 국내시장 점유율 79%로 1위를 차지했다. 또한 환경 규제가 무척 까다로운 미국·유럽 시장에 파고들어 세계 시장 점유율 4위_{9%}를 기록했고 글로벌 자동차 시장의 새로운 트렌드인 하이브리드 자동차에 적용할 수 있는 가열 방식 하이브리드 캐니스터를 개발해 국내 특허를 취득했다. 현재 미국과 중국에도 특허를 출원 중이며 기술력을 인정받아 2011년 현대자동차그룹으로부터 선행 개발 최우수 기업으로 선정되기도 했다.

필러넥은 자동차에 연료 주입 시, 주유구에서 연료 탱크까지 연료를 이송시키기 위한 유로 역할을 하는 부품으로, 코리아에프티가 플라스틱 필러넥을 개발하기 전까지만 해도 국내 자동차에는 전부 스틸로 만든 필러넥이 장착돼 있었다. 플라스틱 필러넥은 스틸 제품보다 가볍기 때문에 차량의 연비를 향상시키며, 부식이 잘 되지 않아 환경오염 문제를 덜어주었다. 코리아에프티는 소재부터 제조공법까지 다른 기업이 범접할 수 없는 진입 장벽을 구축함으로써 국내 유일의 플라스틱 필러넥 생산업체로 확고한 입지를 다졌다.

코리아에프티를 대표하는 또 다른 제품은 의장 부품 및 차양 장치이다. 최근 차량의 고급화 전략에 따라 갈수록 그 중요성이 높아지고 있는 의장 부품Interior Parts은 기능과 편의성뿐만 아니라 제품 외관에 디자인 감각을 더해 소비자의 구매 욕구와 기호를 만족시켰다.

자동 차양 장치Auto Sunshade는 태양광선을 차단하여 탑승객의 편의성과 안락함을 더하는 부품으로 운전자의 프라이버시 보호 및 야간 운전의 안전성 확보를 돕는다. 얼마 전만 해도 국내 기업이 생산하지 못해 대부분 고가의 수입품에 의존했지만 코리아에프티가 2009년부터 본격적으로 우수한 성능과 가격 경쟁력을 겸비한 자동 차양 장치를 국내 최초로 개발하면서 국내 완성차업체에 부품을 공급하고 있다. 현재 그랜저TG를 시작으로 K7, 아슬란, 제네시스까지 확대 공급하고 있다.

이러한 성과들을 발판 삼아 코리아에프티는 2007년부터 해외 글로벌 자동차 회사의 수주에 적극 나서기 시작했다. 그 결과 2007년 GM글로벌과 캐니스터 공급업체 선정, 2012년 르노 글로벌과 당사 카본 캐니스터 및 플라스틱필러넥 공급 계약 체결, 2014년 르노닛산과 플라스틱 필러넥 공급 계약 체결, 2015년에는 폭스바겐 및 스코다 그리고 북경기차BAIC의 의장 부품 공급업체로 선정, 2016년에는 볼보 및 GM글로벌의 카본 캐니스터 공급업체로 선정, 2017년 2월에는 연이어 볼보의 신차 카본 캐니스터 공급업체로 선정되는 등 지속적인 시장 확대를 이뤄내고 있다.

코리아에프티는 해외 시장에 통하는 세계 일류의 기술력을 바탕으로 2012년 투명 경영과 지속 가능한 성장성을 인정받으며 코스닥 상장에 성공했다. 같은 해 5월 자동차의 날 행사에서 오원석 회장은 동탑산업훈장을 수훈하였고, 2014년 무역의 날에는 1억불 수출의 탑 및 산업통상자원부 표창을 수상하는 등 쾌거를 거두었다.

뛰어난 기술력이 위기 극복의 원동력

항상 탄탄대로를 달려온 것만 같은 코리아에프티도 몇 차례의 위기가 있었다.

카본 캐니스터 부품의 국산화에 성공하면서 순항 일로에 있던 1990년, 코리아에프티에 첫 위기가 찾아왔다. 당시 매출 1,000억 원이 넘던 중견 업체가 카본 캐니스터의 카피 제품을 시장에 내놓은 것이다. 매출 60억 원에 불과한 코리아에프티는 중견 업체의 저가 물량 공세에 휘말려 매출이 절반으로 감소했고 심각한 위기에 봉착했다.

하지만 오원석 회장은 제품 가격을 낮추어 현실과 타협하는 대신, 고집스럽게 품질로 승부수를 띄웠다. 위기 상황을 정면 돌파하기로 결정한 배경에는 "품질 좋은 제품만이 시장에서 살아남을 수 있다"는 확고한 그의 지론 때문이었다. 결국 경쟁사는 제품 출시 3년 만에 대형 품질 사고가 터졌고, 뚝심 있게 품질력으로 승부한 코리아에프티에 국내 완성차업체들은 앞다투어 납품을 요청하게 되었다.

두 번째 위기가 찾아온 건 대기업도 줄줄이 도산하던 IMF 외환 위기 때였다. 국내에서 자금 유치가 어렵던 1999년, 이탈리아 토리노 상공회의소 초청으로 오원석 회장은 대한민국 자동차 부품 산업의 성장과 코리아에프티의 미래에 대해 강연했다. 마침 이 자리에 참석했던 이탈리아의 자동차 부품 대기업 ERGOM 회장 프란시스코 시미넬리Francesco Cimminelli는 큰 감명을 받았고, 외환 위기를 맞아 어려움을 겪고 있던 코리아에프티에 전격적으로 자금을 지원하기로 결정했다.

해외 자금 유치에 성공한 코리아에프티는 이 자금을 연구개발과 생산 시설 확충에 고스란히 투자하였고, 탄탄한 성장 기반을 구축하게 되었다. 그 결과 현재 세계 시장에서 유수의 자동차 부품사들과 어깨를 나란히 하며 경쟁하는 글로벌 기업으로 도약하게 되었다.

사람이 곧 경쟁력이다

이 같은 코리아에프티의 기술력과 성과는 모두 '사람'에게서 나온다. 1996년 설립한 이래 오원석 회장은 줄곧 '사람이 곧 경쟁력이다'고 강조해왔다. 그리고 《논어》에 나오는 '학이시습 품격고양學而時習 品格高揚'을 경영 철학으로 삼아왔다.

학이시습은 논어 맨 첫머리에 나오는 말로 듣고, 보고, 알고,

깨닫고, 느끼고 한 것을 기회가 있을 때마다 실제로 실행해보고 실험해본다는 뜻이다. 직접 몸으로 실천해봐야 배우고 듣고 느끼고 한 것이 올바른 내 지식으로 체화될 수 있다는 것이다. 코리아에프티의 경우 외국에서 전량 수입하던 제품을 자체 개발을 통해 생산하고 있기에 외부에서 기술을 습득하거나 배우는 게 불가능했다. 따라서 회사에 필요한 인재를 내부 교육을 통해 양성함으로써 코리아에프티의 모든 직원은 회사 선배로부터 습득한 기술과 지식, 정보를 반복하여 실행해보고 연습하며 자기 지식을 늘려왔다.

또한 품격고양은 이렇게 모든 직원이 서로에게서 좋은 점을 흡수하고 나쁜 점을 개선할 때, 사람의 품격뿐 아니라 제품의 품격도 동시에 향상되고 발전할 수 있다는 것을 뜻한다.

오원석 회장은 직원들과 함께 호흡하는 스킨십 경영으로 전문성을 갖춘 글로벌 인재 양성과 노사가 공존공영共存共榮하는 기업 문화 조성을 강도 높게 추구하고 있다. 특히 중소기업으로 유능한 인재를 모으기 어려웠던 오원석 회장은 '대학을 졸업한 유능한 인재가 찾아오기만을 무작정 기다리지 말고 차라리 우리가 교육을 통해 유능한 인재를 양성하자'며 인식의 변화를 이끌었다.

범죄피해자들을 위한 사회적 기업인 '무지개공방'. 코리아에프티 오원석 회장은 범죄피해자들에 대한 다각도의 지원을 통해 조기 회복과 자립 등을 돕고 있다.

이를 위해 고졸 사원을 적극 채용하고 직원들이 자신의 능력을 맘껏 펼칠 수 있도록 생산직에서 관리직으로의 이동을 가능하게 했다. 관리직 전환 이후에는 실적만으로 인사 평가를 실시해 모든 직원에게 공평한 기회를 제공하는 인사 시스템을 구축했다. 현재 팀장의 약 30%는 고졸 출신이며, 임원으로 승진한 직원도 배출했다.

또한 직원들의 이직률을 낮추고 만족도를 높이고자 복리 후생에도 힘쓰고 있다. 모든 직원에게 글로벌 마인드를 높이기 위한 임직원 대상 영어 교육 프로그램을 실시하고 있으며, 가족 친화

경영 개선안을 만들어 근로자의 직무 만족도를 높이는 데 노력하고 있다. 그 결과 2009년에는 고용노동부장관으로부터 노사 상생 실천 기업 인증서를 받는 등 선진 기업 문화를 만들고 있다.

한편 코리아에프티는 중견 기업으로서 사회 공헌 활동에도 적극 나서고 있다. 오원석 회장은 범죄 피해자의 인권을 보호하고 고통을 치유하기 위해 평택·안성범죄피해자지원센터 설립에 동참해 현재 이사장으로 재직 중이다. 지원센터는 범죄 피해자 발생 시 전문 상담 및 자립, 의료, 법률, 재정적, 신변 보호 등 다각적인 측면에서 지원이 효율적으로 이루어질 수 있도록 원 스톱 지원 시스템을 구축하고 있으며, 90여 명의 전문위원과 150명의 무지개 서포터를 보유하고 있다.

회장

—

이경률

SCL헬스케어그룹

학력

1985 연세대학교 의과대학 졸업

1991 동 대학원 석사

1997 동 대학원 진단검사의학과 박사

경력

1992 연세대학교 의과대학 진단검사의학 교수

1997 미국 스크립스연구소 분자실험의학부 리서치 어소시에이트
    (The Scripps Research Institute, Dept. of Molecular
    & Experimental Medicine, Research Associate)

2001 대한진단검사의학회 총무이사

2005 한국에이즈퇴치연맹 서울지회장

2006 하나로의료재단 이사장

2013 대한임상검사정도관리협회 대의원

2016 몽골 사립 아치의과대 명예박사

현재 서울의과학연구소 회장

    연세대학교 의과대학 진단검사의학교실 외래교수

    공제회 심사위원회 진단검사의학과 위원

    대한의학유전학회 재무이사 · 감사

    세계한인의사회 수석부회장

    연세대학교 의과대학 총동창회 부회장

    SCL헬스케어 대표이사

상훈

2009 보건복지부 장관상

    몽골대통령 북극성훈장

2012 서울시장 표창

2014 몽골 철도청 훈장

2015 국회보건복지위원장 표창

    보건복지부 표창

2016 보건의약단체 사회공헌협의회 감사패

    중국 절강성 정부 특별고문상

세계로 뻗어가는 전문 의료 기업

SCL헬스케어그룹은 '서비스·품질·연구로 건강한 사회를 이룩한다'는 기본 정신으로 지난 1983년 설립 이래 검체 검사, 건강 검진, 식품·위생 검사, 임상 시험 지원, 유전자 분석, 진단 제품 및 신약 개발에 이르기까지 두루 섭렵하며 대한민국 대표 글로벌 의료 기업으로 성장했다.

특히 대한민국 최초의 검체 검사 전문기관으로 출범한 SCL(재)서울의과학연구소은 한국 최초로 1998년 미국 C.A.P 검사실 인증을 받았고 이후 세계적 수준의 정도 관리 시스템과 지속적인 기술력 향상을 통해 SCL, 하나로의료재단, 비에스랩, 바이오푸드랩, 몽골모바이오, 중국하나로 등 의료 기업으로 발돋움했다.

SCL헬스케어그룹은 계열사 간 긴밀한 네트워크를 통하여 미국, 일본과의 기술 교류를 시작으로 몽골, 중국, 호수에 진출하였고 나아가 동남아시아, 아랍, 동유럽 진출을 통해 글로벌 의료 산업의 꿈을 창조하고 있다.

아시아 최대 자동화 검사 시스템을 구축한 SCL 검사실

계열사 간 완벽한 시너지

SCL헬스케어그룹의 계열사 중 SCL은 1983년 설립된 국내 최초의 전문 수탁 검사기관이다. '품질, 서비스, 연구'의 3대 핵심 가치를 꾸준히 추구해왔다. 질병 진단 및 예방을 위해 지속적으로 진단 기법에 대한 연구개발을 하고 있으며 진단 검사 분야에서 선도적인 역할을 담당하고 있다.

하나로의료재단은 건강검진 전문기관으로 1983년 설립 이래 국내 최초로 진단과 치료를 분리하여 각종 질병의 정밀 진단과 효율적인 예방에 심혈을 기울여왔다. 일반 검진부터 공단 검진,

몽골에서 열린 제13차 모바이오 세미나 강연 모습

특수 검진까지 고객 맞춤형 서비스를 제공하고 있으며 국내 최고의 의료진과 최첨단 의료 장비를 보유하고 있다. 현재 하나로 의료재단 종로본원, 강남하나로의원 등 두 곳이 운영되고 있다.

모바이오는 몽골 울란바토르에 설립된 한국과 몽골의 합작 진단 검사기관이다. 몽골 내 빈민층과 의료 소외 계층을 대상으로 보건 교육 및 무료 검진을 매년 실시하는 한편 몽골의 의료 자립을 돕기 위해 모바이오 세미나를 개최하는 등 한국의 의료 기술을 전수하고 있다. 그 결과 몽골 현지 의료 기업인에게 수여하는 최고 훈장인 '북극성훈장'과 '몽골의료개척자훈장'을 받기도 했다.

특히 모바이오는 지난 2004년부터 매년 모바이오 세미나를

하나로의료재단 내부 전경

열고 있다. 세미나에는 몽골 보건부 관계자 및 현지 의료계 관계
자들이 매년 참석하며 뜨거운 관심을 보이고 있다.

고객 최우선 가치 경영

SCL헬스케어그룹은 '섬김과 배려로 육체와 정신, 환경이 조
화되는 건강을 지키며 이를 후대에 전한다'는 비전하에 최고의
서비스를 제공하고자 몇 가지 원칙을 추구한다.

가장 먼저 최고 품질의 분석과 신속한 결과 전달로 대한민국
의 일선 의료 현장을 지킨다. 대한민국을 대표하는 최고의 기술

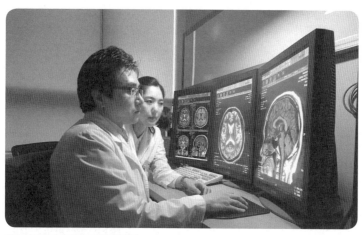

건강 검진 전문기관인 하나로의료재단

역량으로 정확한 검사를 신속하게 수행하여 올바른 진단을 통한 치료와 건강 회복, 건강 증진을 이룰 수 있도록 돕는 의료 기업이 되겠다는 포부다.

두 번째로 최신 진단 기법을 연구개발하여 근거 중심 의학을 발전시킨다. 30여 년간 쌓아온 고도의 연구 기술력으로 최신 진단 기법을 연구개발하여 검사의 신뢰도를 책임지며 근거 중심 의학의 기틀을 마련하고 발전시키는 기업이 되겠다는 것이다. 뿐만 아니라 검체 검사, 건강 검진, 식품·위생 검사, 임상 시험 지원, 유전자 분석, 진단 제품 및 신약 개발 등으로 다각화된 사업 영역의 네트워크를 활용하여 한 차원 높은 서비스를 제공하고자 한다.

또한 고객과 현장의 원활한 의사소통을 중시한다. 환자 중심의 의료 전문기관이 되도록 끊임없이 노력하며 고객의 소리에 귀 기울이고 고객의 니즈를 정확히 파악하여 업무에 반영하는 섬김과 배려를 수행하고자 한다.

이 같은 노력의 결과로 하나로의료재단은 2017년 1월 12일 진행된 '고객감동경영' 시상식에서 전문서비스병원 부문 대상을 수상하는 영예를 안았다. 이 상은 고객 만족 경영을 성공적으로 실천하고 고객 감동 경영을 창조함으로써 선진 경제 사회를 이끌어가는 대한민국 대표 기업에게 수여된다.

하나로의료재단은 특화된 검진 서비스로 올바른 고객 감동 경영을 통해 소비자 삶의 질적 향상과 국민 행복을 추구해온 성과를 인정받았다. 특히 검진에서 치료까지 원 스톱 서비스를 통해 검진 시 질환이 발견되는 즉시 외래 진료를 받을 수 있도록 제공하는 체계적인 진료 프로세스가 높은 점수를 받았다.

2,000여 기업체 건강 검진 등 연간 30만 명이 하나로의료재단에 내원하고 있다. 이 중 60%의 인원은 꾸준히 재방문하며 5년 이상 내원하는 고객이 3만 명 이상으로 높은 만족도 지수를 보여준다.

세계 인류 건강에 기여한다는 기업 가치를 내세운 창립 33주년 기념식(2016년)

창립 33주년 맞아 새로운 도약

SCL헬스케어그룹은 2016년 10월 22일, 창립 33주년을 맞아 글로벌 의료 기업으로 도약하기 위한 새 비전을 밝혔다.

이날 계열사 및 중국 협력사 등에서 1,000여 명이 참석한 가운데 33주년 기념행사를 연 SCL헬스케어그룹은 경영 방향성 확립 및 의료 서비스 향상을 위한 새 비전을 내걸고 그룹 계열사 간 소통과 화합을 통해 최상의 의료 서비스, 진정한 인류 기업으로 거듭나기 위한 의지를 확고히 다졌다.

선포식에서 이경률 SCL헬스케어그룹 회장은 인류에게 가치

중국 최초 한국형 건강검진센터인 한눠건강검진센터

있는 기업을 미션으로 세우고, 한국 바이오 진단 시장을 선도하는 '디지털 헬스 플랫폼Digital Health Platform'을 목표로 삼아, 보건 의료 서비스의 품질 표준화를 선도하여 세계 인류의 건강에 기여한다는 기업 가치를 최종 비전으로 내세웠다.

이 회장은 "SCL헬스케어그룹은 1983년 설립 이래 진단과 치료는 물론 진단 검사 의학, 임상 시험 및 바이오, 식품·위생 분석까지 의료 전 분야에 걸쳐 괄목할 만한 성장을 이어왔다"며 "33년 역사를 통해 얻어진 경험과 지혜를 기초로 임직원들의 끝없는 도전과 개선을 더해 100년을 향한 큰 그림을 그려나가겠다"고 밝혔다.

SCL헬스케어그룹의 경쟁력과 비전

SCL헬스케어그룹의 중장기적인 비전은 '글로벌 의료 기업'으로 도약하는 것이다. 이를 위해 신규 사업 프로세스 구축, 글로벌 시장 진출 확장 등 중장기 전략을 세워 단계적으로 실행해나갈 계획이다. 의료 환경의 새로운 패러다임과 시대적 요구에 맞춰 지속적으로 고객 감동 및 환자 중심 의료 서비스를 위한 새로운 사업 모델을 제시하고 있다.

중국 최대 진단 검사 전문기관인 디안진단그룹과 함께 설립한 한눠건강검진센터는 한국 검진기관 중 처음으로 중국 기업과 합작한 사례로 현재 5호점까지 확장하였고 재내원율 90%라는 성과를 올려 성공적인 운영 사례로 평가되고 있다. 앞으로 검진센터, 전문 검사기관, 신약 개발 연구기관 등 SCL헬스케어그룹 계열사 간 유기적인 통합 의료 시스템을 통하여 중국 사업의 확장뿐 아니라 상대적으로 진단 검사 분야가 활성화되지 않은 국가에 검진 시스템을 활성화시키고 인류의 건강한 미래를 만드는 데 기여할 예정이다.

SCL헬스케어그룹은 의료 기업으로서 사람을 가장 중요시한다. 나의 가족, 친구, 사랑하는 이를 대하듯 모든 업무에서 사람에 대한 배려와 존중하는 마음을 더하려고 노력하고 있다. 또한 직원 모두가 SCL의 대표라는 소명 의식을 마음에 새기고 각자의 자리에서 최선을 다할 것을 강조하고 있다. 이를 위해 직원들에게 업무에 대한 자부심과 애정, 회사에 대한 애사심과 소속감을 가질 수 있도록 노력한다. 매달 각 부서별 콘퍼런스를 통해 업무 관련 내용을 공유하고 발전시킨다. 또한 개인 프로젝트를 통해 업무 개선점을 발표하고 우수한 내용을 선정 수상하여 직원들의 업무 관련 능력과 자신감을 증진시키고 있으며 각종 학술대회 및 사내 교육을 통해 자기 계발을 적극 지원하고 있다.

SCL헬스케어그룹은 국내 최초, 최고라는 자리에 안주할 수 있다고 생각한다. 이러한 모습에서 탈피하기 위하여 도전 정신을 강조하고 있다. 국내 최고를 넘어 글로벌 리더가 되기 위하여 전 세계 진단 검사 분야 진출에 박차를 가하고 있으며 직원들에게도 의무적으로 자체 목표 설정과 업무 평가를 시행해 지금의 자리에 안주하지 않도록 힘쓰고 있다.

"

섬김과 배려로 육체와 정신, 환경이
조화되는 건강을 지키며 이를 후대에 전한다.

"

회장

—

이동재

알파

학력
1996   중앙대학교 경영대학원 중소기업경영자과정 수료

경력
1971   알파문구사 설립
1987   알파문구센터 법인 전환, 대표이사
1992   전국문구협동조합 이사
1997   알파전국체인점협회 회장
1998   남원고장학재단 이사
현재   알파 대표이사
       중소기업중앙회 부회장
       한국문구공업협동조합 이사장

상훈
2000   한국능률협회 프랜차이즈 우수업체 선정
2001   한국 프랜차이즈 대상 우수브랜드상
2002   산업자원부장관상
2004   우수납세자 국세청장상
2009   상공의 날 산업포장
2011   한국유통 대상 지식경제부장관상(유통효율혁신 부문)
2013   세종대왕나눔 대상 서울특별시장상
2015   한국유통 대상 지식경제부장관상(지역경제공헌 부문)
2014~2016   대한민국 글로벌리더

문구는 인간이 만든 최고의 작품이다!

한 자루의 펜Pen이 역사와 더불어 세상을 움직이고 있는 것처럼, 문구는 사람의 마음을 움직이는 중심에 서 있고 세상을 변화시키는 지혜의 도구다. 따라서 문구를 잘 활용하는 사람은 지식 산업 사회의 리더가 되고 또한 봉사와 희생의 가치를 우리의 삶 속에 녹이는 진정한 지식인으로 거듭날 수 있다.

문구는 또한 모든 창작의 시작점이며, 다이너마이트와 같은 역할을 한다. 세상의 모든 아이디어들을 담아낼 만큼 폭발력을 지니고 있는 동시에 끝을 맺는 마감도 또한 문구의 몫이다.

이처럼 한 시대를 열고, 마감하는 문구의 중요성을 인식하고 '문구는 미래 투자용품'임을 강조하면서 몸소 실천해온 이가 바로 알파 이동재 회장이다.

이 회장은 문구의 미래 가치를 조망해볼 때, 도구적인 측면에서는 언어 표현의 완성체가 될 것이고, 산업적인 측면에서는 사회지식의 기반으로 자리 잡을 것이며, 생활적인 측면에서는 라이프 스테이션을 완성해나가는 기폭제가 될 것이고, 개발적인 측면에서는 자신의 완성도를 높여 나가는 가치 있는 매개체가 될 것이라고 힘주어 말한다.

전 세계 52개국에 상표 출원된
M-POSGY 점착 메모지

문구 전문 월간지 〈문구스타일〉

따라서 "문구는 인간이 만든 최고의 작품이다"라고 강조하는
이 회장의 논리는 개인과 집단, 역사와 문화, 산업 사회 전반 분
야에서 스스로 증명이 되고 있는 것이다.

새로운 문구 가치 창출의 리더

생활 편의 시스템을 지향하는 수많은 업종들 가운데서도 차별
화적인 특징 모델을 개발하여 독자적인 경쟁력을 만들어가는 글
로벌 리더가 바로 이 회장이다. 그는 나날이 치열해지는 시장 생

존 경쟁 여건 속에서도 어려움을 겪고 있는 문구 유통업에 '찾아가는 서비스'를 접목시켜 고객 만족도를 높이는 성과를 창출해냈다. 고객과의 유기적인 소통 채널을 '온라인과 오프라인 그리고 모바일'에 동시에 연결함으로써 고객이 생각하는 눈높이와 같은 시점에서 출발하는 시스템을 만들어냈다. 이러한 창의적인 생각의 변화와 혁신적인 마인드는 경영 전략을 추구하는 동종 업계에서도 '새로운 가치'를 만드는 계기를 마련해주었다.

또한 이異 업종과의 교류를 통해 새로운 상품 모델을 만드는 역할에도 앞장서 나갔다. 다른 상품과의 콜라보레이션을 통해 상품 시너지 효과를 만들어낸 것이다. 그 대표적인 상품 모델이 알파의 피에르가르뎅&네쎄NeCe 브랜드의 조합이다. 이러한 콜라보 상품을 통해 소비자에게는 적은 비용으로 다양한 상품을 효율적으로 구매할 수 있는 기회의 장을 제공한 것이다.

또한 이 회장은 시장을 선도하기 위해서는 리브랜딩Re-branding정책이 필수적이라고 피력하고 이를 실천해나가고 있다. '리브랜딩'이란 소비자의 기호, 취향, 환경 변화 등을 고려해 기존 제품이나 브랜드 이미지를 새롭게 창출하고 이를 소비자에게 인식시키는 정책이다. 즉 '개미의 눈'으로는 세밀한 고객의 욕구를 보아야 하고 '새의 눈'으로는 급변하는 시장의 흐름을 읽어야 한다는 것이다. 이 두 가지 눈으로 자신의 위치를 다양하게 바꿔가면서 생각해나갈 때 비로소 새로운 가치 발견을 할 수 있다고 이 회장은 강조한다.

알파는 이러한 발상의 전환을 통하여 M-POSGY점착 메모지, M-TAPE, 아트메이트Artmate, 다람하우스 등의 새로운 경쟁력을 갖춘 브랜드를 출시해 시장을 선도하고 있다.

국내 최초로 문구 프랜차이즈 도입

이동재 회장이 이룩한 가장 큰 업적 중의 하나는 무엇보다 문구 프랜차이즈 도입으로 문구 산업의 패러다임을 견고하게 구축한 것에 있다고 할 수 있다. 이 회장은 1971년 남대문에 알파 본점을 설립하고, 1987년 글로벌 문구 시장문구 프랜차이즈을 확대했다. 그리고 알파는 현재 전국 750여 개의 가맹점을 보유한 대한민국 대표 문구 프랜차이즈 기업으로 7만여 품목의 다양한 상품을 온오프라인 시장에 유통하며 국내 최대의 문구 생활 종합 유통 프랜차이즈로 성장해왔다.

사실 이 회장이 문구 프랜차이즈를 도입할 당시만 해도 시장 상황은 하루가 다르게 변화하고 있었다. 대형 할인점의 등장으

문구 생활 편의 숍(SHOP) 매장 내부

로 완구점이 문을 닫았고, 대형 서점의 등장으로 작은 서점들이 문을 닫는 등 문구업계 역시 불확실성에 노출돼 있었던 것이다. 이 회장은 "문구점이라 해서 결코 안정적이라고 장담할 수 없고, 언제 사양 산업으로 내리막길을 걷게 될지 알 수 없다고 판단, 생존을 위한 차별화 전략으로 '문구 프랜차이즈'를 도입했다"고 설명했다. 프랜차이즈 도입 초창기에는 알파가 구축해온 신뢰 하나만으로도 살아남을 수 있었다. 제품에 이상이 있을 때 영수증만 있으면 전액 현금으로 환불해주었고, 주문한 상품을 빠른 시간 안에 받을 수 있도록 직접 발로 뛰며 배송을 해줬기 때문이다. 하지만 그마저도 눈에 띄게 변화하는 시장 상황 속에서 더 이상의 버팀목이 되어주진 못했다. 이 회장은 이번엔 '시장 통합' 전략을 세워 문구에서부터 전산, IT, 생활용품, 식음료를 망라하는 '문구 생활 편의 숍Shop' 모델을 구축하며 정면 승부를 띄웠다. 문구 프랜차이즈에 이어 문구와 오피스 그리고 생활 영역을 하나로 연결하는 새로운 모델 숍을 제시한 것이다. 또 모든 프랜차이즈 매장에 '포스POS'를 도입하며 시스템의 혁신도 꾀했다. 소비자 대응력을 높일 수 있도록 포스 시스템을 기반으로 전국의 체인점과 본사 간의 네트워크를 연결시켜 가격의 오차를 줄이고 운영의 투명성을 증대시킨 것이다.

이러한 '창조적 변화와 혁신'은 수년간 대한민국을 대표하는 문구 산업의 대명사로 알파를 장수하게 하는 원동력이 됐다. 이 회장은 "어떠한 환경 속에서도 문구가 롱런할 수 있도록 문구 산업의 체질 개선에 힘썼다"며 "그것이 국내 문구 산업을 위해 알파가 해나가야 할 중요한 사명이라고 생각했다"고 설명했다.

브랜드 완성도를 높여가는 창의적 리더

이 회장은 '문구 생활 편의 숍'을 모토로 미래에 대한 가치 추구와 인재 양성, 효율적 관리 등을 기반으로 내실 다지기에 주력하며 외형을 키워왔다. 오프라인 매장을 기반으로 외환 위기가 한창이던 1999년, 매장을 이용하기 어려운 고객들의 라이프 사이클을 고려해 온라인 쇼핑몰 '알파몰www.alpha.co.kr'을 오픈했다. 또한 B2B, MRO 시스템을 도입해 전반적인 문구 유통의 혁신을 꾀했다. 문구업계 최대 물류 인프라를 구축해 당일 및 익일 배송 체제를 확립한 것도 그가 이룩한 괄목할 만한 성과다. 온라인 주문과 관련, 가맹점주의 매출 향상도 고려했다. 알파몰에 '관리체인점'으로 등록하면 주문 상품에 대한 권역 배송을 함으로써 여기서 발생하는 실질적인 수익을 체인점에 배분하는 상생 구조를 정립한 것이다. 덕분에 고객은 가맹점이 문을 열고 있는 오전 8시부터 오후 8시까지 가까운 가맹점을 통한 배달 서비스를 지원받을 수 있게 됐다. 또 세미나, 워크숍 등 한꺼번에 대량 주문이 필요한 상황에도 물품을 행사장까지 안전하고 편리하게 배송받는 서비스를 지원받게 됐다. 이 밖에도 이 회장은 최근 소비자의 다양한 수요 접근에 부합하도록 업계 최초로 모바일 서비스를 구축, 스마트 쇼핑을 가능하게 했다.

이와 더불어 알파는 경쟁력 제고를 위해 자체 브랜드 개발에 주력해왔다. 3,000여 가지에 이르는 PB 상품 라인업을 구축하는 성과를 이룩했다. 품질과 디자인이 우수한 제품을 고객에게 저렴하게 제공하기 위해 상품 개발에도 적극적으로 나섰으며, 그 결과 대표적인 PB 상품으로는 점착 메모지인 M-POSGY와 M-TAPE를 비롯 펜, 티슈, 건전지, 전기 콘센트, 미용 붓, 다람 하우스, 알파수 등 다채로운 상품이 출시됐다. 특히 점착메모지 M-POSGY는 글로벌 시장을 겨냥해 출시한 야심작으로 우수한 품질과 디자인을 인정받아 2013년 중소기업청장상, 2014년 산업통상자원부장관상, 2015년 중소기업청장상 등 3년 연속 신제품 경진대회 수상의 영예를 안기도 했다.

또한 M-POSGY는 2016년 한국산업진흥원에서 '서울시 우수 중소기업 상품'으로 선정되어 '우수 상품 인증 마크'와 '혁신 상품'으로 소비자에게 선보이고 있다.

현재 알파는 매월 15개가량의 제품을 선보이고 있는데, 이러한 PB 상품 개발은 영세한 국내 문구 제조 사업자에게는 생산 기회를 제공해 안정된 수급과 자금 회전률을 높여준다는 점에서 높이 평가받고 있다.

이렇듯 이 회장은 제조와 유통이 유기적으로 결합된 독특한 경영 전략을 통해 문구 산업 전반에 걸쳐 긍정적인 영향을 미치고 있다. 또 이러한 막강한 브랜드 파워를 토대로 해외 시장 진출에도 박차를 가할 계획이다. 현재 알파는 베트남, 미얀마, 몽골과 아프리카 등에 제품을 수출하고 있으며 점차 그 지역을 확대할 예정이다.

문구업계의 글로벌 리더

이동재 회장은 안으로는 알파의 내실을 다지고 밖으로는 문구인의 권익 향상을 위해 공헌해왔다. 1992년 전국문구협동조합 이사를 시작으로, 2010년부터 2014년까지 한국 문구업계를 대변하는 한국문구인연합회 이사장으로서 문구 전문 월간지 〈문구 STYLE〉 발행을 통해 최신 문구 시장 동향 등 문구 산업을 홍보하는 데 앞장서 왔다. 국내 문구 소매점, 문구 유통업체, 문구 도매업체, 문구 생산업체를 비롯한 관공서, 학교, 기업 등에 매월 1만 부 무상 배포되고 있는 〈문구STYLE〉은 문구 업계 최고의 대변지로 평가받고 있다.

또한 2015년부터는 한국문구공업협동조합 이사장으로 선출되어 문구 산업의 전반적인 발전을 위해 국내외를 넘나들며 열정을 쏟아내고 있다.

문구의 가치 창출, 변화와 혁신의 품질 향상, 글로벌 문구 시장 확대, 문구인의 사회적 책임과 역할, 생산 유통 화합 발전에 중점을 두고 문구인으로서 사회적 책임과 역할을 다하고 있다.

이를 위해 우선 문구인 2세를 비롯한 인재 영입으로 보다 폭넓은 시각을 갖고, 획기적인 상품을 개발하기 위한 지원을 확대하고, 해외 시장 개척에도 박차를 가할 계획이다. 그 일환으로 베트남, 중국, 홍콩, 일본, 대만, 터키 등에서 열리는 전시회에 참관하여 세계 문구 시장 흐름을 포착해 글로벌 경쟁력을 갖출 수 있는 문구 산업을 육성하겠다는 전략이다.

또한 중소기업중앙회 부회장으로서의 책임과 역할에도 남다른 미래 전략을 갖고 있다. 격변하는 글로벌 무한경쟁 시대에 중소기업이 능동적으로 대처해나갈 수 있도록 제조사를 중심으로 유통사가 힘을 더해 중소기업의 자생력을 키우는 데 총력을 기울이고 있으며, 중소기업이 글로벌 경쟁력을 갖출 수 있도록 내수와 수출 판로 개척에 정부와 중소기업의 가교 역할을 충실히 이행하고 있다.

나눔을 키워가는 사회적 리더

이 회장은 "나눔의 실천은 인류가 발전하는 것이다"라고 늘 강조한다. 이 회장의 나눔 정신은 알파의 역사 속에서도 고스란히 녹아 있다. 현재의 알파를 있게 한 남대문 알파 본점은 1970년대 남대문 주변 상인들에게 수돗물과 화장실 개방을 시작으로 상생의 정도를 걸어왔다. 10여 년 전부터는 본점 내에 '알파갤러리'를 오픈해 어려운 환경 속에 작품 활동을 하는 신진 작가들에게 무료 전시 기회를 제공하고, 매장을 방문하는 고객에게 무료 관람의 기회를 제공하고 있다.

2006년 설립한 '연필장학재단'은 그가 일궈낸 사회 공헌 활동의 집약체이다. 자신의 몸을 깎아 더 나은 미래를 열어주는 연필의 희생과 봉사 정신을 담는다는 취지로 연필장학재단 초기에는 직원들이 점심 한 끼를 줄이고 후원금을 마련하는 것으로 출발했다. 현재는 체인점, 협력체, 고객들이 보탠 작은 정성을 모아 중고생을 대상으로 연간 3억 원가량의 장학금을 지원하고 있다. 2007년부터는 지원 대상을 확대해 외국인 유학생들에게도 장학금의 기회를 제공하고 있다. 현재까지 500여 명이 지원을 받은 상황으로, 앞으로 10만 회원 모집을 목표로 하고 있다.

문구인의 지식 함양과 창업 비전 등을 교육하는 '문구유통사관학교'도 알파가 실천하는 또 다른 사회 나눔 활동이다. 알파 가족 사원과 가맹점, 창업 희망자를 대상으로 경영과 경제 지식, 마케팅 영업 전략, 창업의 기본 요건 등을 교육한다. 9개월 과정

희생과 봉사를 실천 중인 알파 직원들

으로 진행되는 문구유통사관학교를 통해 알파는 매년 우수 인력을 배출하고 있는데, 경영 이론뿐만 아니라 실제 문구 프랜차이즈 경영에 필요한 실질적인 현장 교육을 제공해 인기가 높다.

이동재 회장은 이처럼 다채로운 사회 나눔 활동을 지속하고 있으며, 그러한 공로를 인정받아 2005년 중소기업유공자 국무총리 표창, 2006년 대통령 표창, 2009년 산업포장훈장을 수여받았다. 하지만 이동재 회장은 이에 안주하지 않고 앞으로도 문구인으로서 더 큰 그림을 그려나갈 계획이다. 뿌리가 튼튼해야 제대로 가지를 뻗고 많은 과실을 기대해볼 수 있는 것처럼, 생산과 유통 전반이 화합, 상생하는 방안을 강구함으로써 문구 산업 발

사회 공헌 활동의 집약체인 연필장학재단

전의 시너지를 배가할 계획인 것이다.

"사람은 문구를 만들고, 문구는 사람의 창의력과 미래를 만듭니다. 그러한 문구의 가치를 가슴 깊이 새기고 앞으로도 희생과 봉사의 정신으로 문구 산업 발전에 이바지하겠습니다."

이동재 회장의 말처럼 문구를 통해 대한민국의 미래에 더 찬란한 태양이 떠오르길 기대해본다.

회장

—

이윤재

피죤

학력
1953	서울고등학교 졸업(5회)
1957	고려대학교 경영학과 졸업
2006	한남대학교 CEO 명예교수
	미국 링컨대학교 경영학 명예박사

경력
1967	동남합성공업 주식회사 대표이사 사장 역임
1970	동안물산 주식회사 대표이사 사장 역임
1978	주식회사 피죤 대표이사 회장
1982	평화통일자문위원회 자문위원

상훈
1992	고려대학교 공로상
1994	대통령상 표창(노사화합 부문)
2000	올해의 자랑스런 고대인상(고려대학교 경영대학)
2004	마케팅프론티어상(한국마케팅학회)
2005	광복 60주년 기념 제1회 자랑스런 CEO 한국대상
	노사문화우수기업상(노동부 장관)
2006	무역진흥상(한국무역학회 · 산업자원부 공동)
	자랑스런 서울인상(서울고등학교 총동문회)
2008	고려대학교 겸제인 대상(고대겸제인회)
2010	자랑스런 한국인 대상(녹색성장 부문, 한국언론인연합회)
2016	한국경제를 빛낸 인물 선정(매경닷컴, 기술혁신경영 부문)
	대한민국 최고경영자 대상(환경 부문)
2017	한국의 영향력 있는 CEO(환경 부문)

글로벌 친환경 리더 피죤

종합 생활용품 전문 기업 피죤은 약 40여 년이 넘는 시간 동안 친환경 기업 이미지에 맞게 자연을 깨끗하고 건강하게 보존해야 한다는 사회적 요구에 부응하여 안전한 제품만을 개발·생산하는 데 부단한 노력을 기울이고 있다.

또한 고객 감동을 실천하며, 세계적인 품질 경쟁력이란 경영철학으로 끊임없이 변화하는 고객의 욕구를 먼저 파악하고 충족시킬 수 있게끔 연구개발에 열정을 쏟아왔다. 앞으로 다가오는 미래에도 항시 준비하고 차별화된 새로운 가치와 프리미엄 이미지를 창출함으로써 새로운 시장에 도전하고 친환경 경영으로 소비자들에게 안전하고 믿을 수 있는 제품만을 생산하겠다고 다짐하고 있다.

국내 최초의 섬유 유연제, 국가 대표 브랜드 '빨래엔 피죤'

'빨래엔 피죤.'

1978년 탄생한 국내 최초 섬유 유연제인 피죤은 국내 생활용품 시장에서 섬유 유연제라는 새로운 카테고리를 창조한 제품이다.

피죤이 섬유 유연제를 처음 출시하였을 때 대부분의 고객들에게 생소한 물건이었다. 무엇에 쓰는 물건인지 모르니 선뜻 나서서 구매하는 사람도 없었다.

이윤재 회장은 이러한 장애 요인을 극복하기 위해서는 체험하는 것이 가장 효과적이라 판단하고 국내 생활용품업계 최초로 샘플 마케팅을 실시했다. 7년 동안 1톤 트럭 1,200대 분량의 피죤을 뿌리며 고객의 마음속에 섬유 유연제라는 제품을 각인시켰다.

섬유 유연제 피죤의 행보에는 한결같은 그린 마케팅 전략이 깔려있다. 피죤은 '자연은 곧 우리가 돌아갈 미래'라는 사실을 항상 되새기면서 환경을 생각하는 남다른 마케팅 전략을 실천해 왔다. 생분해도가 높은 원료를 사용하여 세탁 후 강이나 하천으로 유입 시 빠른 시간 내에 원료가 분해된다. 모든 제품을 연속식 공정 제조 방법인 'B+L 시스템' 방식으로 제조해 제품의 입자 크기를 작게 만든 것도 분해에 도움을 준다. 또한 모든 용기를 재활용이 가능한 용기로 사용하고 필요 없는 포장이나 판촉용 포장재를 줄였다.

피죤은 최근 웰빙 트렌드에 맞춰 제품의 향 선택에도 많은 노력을 기울이고 있다. 실제 섬유 유연제 피죤은 타사 대비 향 지속력 및 소비자들의 향 선호도가 우수하며 유연성도 빼어나서의복의 착용감을 한결 좋게 해준다는 평가를 받고 있다. 특히 피죤은 소비자들이 생활용품의 여러 요소 중 향에 대한 관심이 점차 높아진다는 점을 반영해 '향'에 적극적으로 투자를 하고 있다.

세계적인 조향사를 초빙하고 수백 번의 향 테스트와 소비자 모니터링을 거쳐 소비자들이 원하는 최고의 이상적인 향을 찾고 있다.

섬유 유연제 피죤은 2007년 한국능률협회경영인증원으로부터 제품의 기능성 및 안전성, 건강성과 환경성 등에 대해 섬유 유연제 최초로 웰빙 인증을 받았으며 2008년에는 신기술으뜸상 친환경 부문을 수상했다.

최근 소비자 조사에 따르면 고객의 90% 이상이 섬유 유연제라는 말을 들었을 때 피죤을 떠올린다고 한다. '섬유 유연제=피죤'이라는 등식은 현재까지 유지되고 있다. 경쟁사 제품들 중에도 섬유 유연제는 많이 있지만 이미 피죤은 섬유 유연제라는 카테고리의 대명사가 되었다. 또한 제품에 대해 고객이 갖는 친근한 이미지와 함께 최고의 품질을 인정받고 있다. 이런 결과들이 30년 동안 피죤이 시장 점유율 부동의 1위를 지키는 힘이 되었다.

피죤은 '행복한 삶을 창조하는 최상의 생활 문화 파트너'라는 기업 슬로건처럼 단순히 생활용품을 판매하는 것이 아닌 고객의

자연과 사람에게 해가 없는 친환경 제품 만들기에 앞장서온 피죤의 주력 제품들

행복과 가치를 전달하는 기업으로서 우리나라의 대표적인 생활
용품 전문 회사답게 고객들의 잠재 욕구를 파악하여 생활에 필
요한 제품들을 꾸준히 선보이고 있다.

피죤의 친환경 경영 철학

국내 최초의 섬유 유연제 피죤은 세계적인 친환경 트렌드를
고려한 선도적인 제품이다.

1978년 제품을 출시할 당시 국내는 기업의 외형적 발전에 급
급하던 시대였다. 손빨래가 주를 이루던 그때 이 회장은 섬유 유

연제를 국내 최초로 도입하면서 환경을 먼저 생각하였다.

이윤재 회장은 오래전부터 선진국에서 합성세제의 환경오염 문제가 대두 되었다는 것을 알고 제품 개발에 있어서 친환경을 철저히 염두 해 두었다.

1972년 미국 시카고를 비롯한 일부 주정부는 환경오염을 방지하기 위해 합성세제에 인산염 첨가를 전면 금지하는 법을 제정하였으나 세계 3대 세제업체가 이에 맞서 충돌하면서 인산염 분규 사태까지 발생하였다.

이윤재 회장은 당시 이러한 세계적인 친환경 추세를 간파하고 환경을 배제한 제품은 당장은 팔릴지 모르지만 훗날 후손들에게 상처와 고통으로 남을 것이라고 생각하며 제품 개발에 친환경을 고집했다. 이런 이윤재 회장의 뚝심이 피죤 전 제품에 인산염을 비롯해 개미산, MIT, CMIT 등 인체 및 환경에 해로운 성분들을 찾아볼 수 없는 이유이다.

아울러 피죤은 제품뿐만 아니라 생산 공정과 관련해서도 일찌감치 친환경 기업다운 면모를 갖추었다.

공장에 폐수 정화 시설을 갖추고 상시 가동하였으며, 기업 이미지에 맞게 기업의 모토를 '깨끗하고 아름다운 생활 문화 창조'에 두고 있다. 이러한 친환경 경영 노력을 인정받아 피죤은 1995

년도에 환경대청상을 수상했다.

피죤은 친환경 원료를 사용하면서도 품질이 뛰어난 제품을 탄생시키기 위해 끊임없이 연구하고 노력한다. 이렇게 피죤은 안전하고 신뢰받는 종합 생활용품 회사로서 세계적으로 나아가기 위해 매일매일 노력하고 있으며, 친환경을 철학으로 한 토종 기업이라는 자부심을 가지고 매진하고 있다.

이와 함께 피죤은 친환경 자연주의 철학을 지향한다. 환경 지킴이 기업으로서 100년 뒤에도 환경을 지켜줄 수 있는 상품 개발을 원칙으로 삼고 있다. 일찌감치 피죤은 원료 선정부터 제조, 유통에 이르기까지 모든 것을 자연과 환경에 이롭게 하기 위한 프로세스를 정립했다.

이 같은 철학은 어떤 기업보다도 먼저 환경을 생각한 이윤재 회장의 경영 철학이 근간에 깔려 있다. 덕분에 지금도 피죤은 깨끗한 기업 환경을 선도하는 환경 기업으로 평가받고 있다

모두를 위한 미래를 생각한다

가습기 살균제 붐이 일었던 2000년대 초반 굴지의 글로벌 기업들부터 작은 기업들까지 모두 가습기 살균제를 만들어 판매를

했다. 당시에는 수익이 되는 제품이었다. 피죤 역시 가습기 살균제를 출시해달라는 요청이 많았지만 이윤재 회장은 이를 거절했다. 이 회장은 가습기 살균제가 100년을 내다봤을 때 지속적으로 소비자들에게 필요한 제품인지를 먼저 생각했다.

또한 가습기 살균제의 경우는 국내에서 수많은 시간과 비용을 투자해 만든 것이 아닌 일부 업체 성분을 그대로 가져와서 쓰는 경우가 많기에 성분들이 수증기로 전달되면 호흡기를 통해 인체에 직접적으로 영향을 미칠 수 있다고 판단했다. 이는 이 회장의 친환경 경영 원칙과 맞지 않았다.

'자연으로 돌아갈 제품은 자연과 가까워야 한다'는 이 회장의 오랜 신념은 피죤의 슬로건인 '깨끗하고 아름다운 생활 문화 창조'와 '행복한 삶을 창조하는 최상의 생활 문화 파트너'로 발전 계승되고 있으며 앞으로도 안전한 제품만을 생산한다는 철학은 계속된다.

환경과 사람을 생각한 '무균무때'

피죤의 대표적인 제품 중의 하나인 '무균무때'는 친환경을 추구하는 고객의 니즈를 만족시키고자 1999년 업계 최초로 출시한

살균력과 세정력, 안정성을 모두 갖춘 피죤 무균무때

살균세정제로 인체에 해가 없는 성분으로 구성되어 있고 살균과 세척, 악취 제거가 동시에 되는 제품이다.

'무균무때'는 북한에서 독일로 망명한 천재 과학자인 궁리환 박사와 피죤 연구소가 공동 연구하여 무려 17년간 수천억 원의 연구비를 투자해 완성한 제품으로 사실 국내 생활용품 최초의 남북 협력의 작품이다.

보통 살균제품은 균을 죽일 때 모든 균을 죽이지만, '무균무때'는 식중독, 설사 및 각종 질병의 원인이 되는 살모넬라균, 대장균, 이질균, 비브리오균, 폐렴균 등 인체에 유해한 50여 종의 균 99.9%를 3분 이내에 박멸시키는 안전하고 과학적인 제품이다.

이 제품은 클리닝 기능에 살균 개념을 도입하여 세균 박멸 프로젝트를 수행한 제품이다. 50여 가지 세균을 순간 박멸하는 살균력과 특수 분해 성분으로 세정력, 악취 제거 효과를 동시에 지닌 것이다.

사실 한 제품에서 살균력, 세정력과 안정성을 모두 갖추기란 쉬운 일이 아니었다. 기존 세제들은 세정력은 강하지만 살균력은 매우 약하고, 살균 제품은 인체에 유해한 것이 대부분이었다. 즉 살균력과 세정력을 모두 갖추면서 인체에 무해한 제품 개발이 기술적으로 어려운 일이었다.

'무균무때'는 충청북도 진천의 깨끗하고 맑은 물에 미국 식품의약국FDA가 승인한 인체에 무해한 원료들로 만들어졌고, 제품 개발 당시, 국내 최초로 국가 공인인증기관인 '한국화학시험연구원'에서 살균마크와 안전마크를 동시에 획득하였기 때문에 인체에 안심하고 사용할 수 있다. 너욱이 부균무때는 생분해도가 높아 유출 시 수질이나 대기오염을 일으키지 않아 환경친화적인 제품이다.

다국적 기업 이긴 비결은 친환경 기반한 고객 중심주의

피죤 임직원들은 '고객의 입장에서 생각하자'라는 말을 자주 한다. 끊임없이 이루어지는 소비자 조사와 이에 따른 연구개발을 통해 경쟁 상대인 다국적 기업 제품이 따라올 수 없는 최상의 품질을 유지하기 위해 노력한다.

피죤의 제품 개발과 마케팅 활동은 철저하게 '고객 만족'에서 시작된다. 스스로 만족할 수 있는 제품만 시장에 내놓는 게 기업의 기본 양심이자 생존 조건이라는 게 피죤 임직원들이 공유하고 있는 신념이다. 이윤재 회장은 "피죤이 설립될 당시 불투명한 시장을 개척한 원동력은 고객의 선택이었고 이를 현장에서 실현한 것은 피죤 식구들"이라며 "모두 망설이던 길을 피죤의 인재들과 고객이 함께 개척해 낸 것"이라고 말했다.

최근 들어 기술만큼이나 빠르게 고객의 욕구가 변하고 있다.

변화하는 요구에 맞춰 피죤은 그 어떤 기업보다 빠르게 고객 목소리를 파악하고 있다. 고객의 소리에 귀 기울이고 성실하게 대응하는 것이야말로 피죤의 성공 비결이다. 이는 임직원 모두가 스스로 소비자 입장에서 만족할 수 있는 제품을 만들겠다는 문화가 자리 잡고 있었기에 가능한 일이다.

이렇게 피죤은 안전하고 신뢰받는 종합 생활용품 회사로서 세계적으로 나아가기 위해 매일매일 노력하고 있으며, 토종 기업이라는 자부심을 가지고 매진하고 있다.

피죤 X 피카소, 피죤과 예술의 창조적 콜라보

피죤은 지난해부터 천재 화가 피카소의 한국 전시회를 후원하고 있다.

이윤재 회장은 피카소 전시회가 국내에 열린다는 소식을 듣고 단번에 후원을 결정했다.

이는 세계 최초 입체파 미술의 장을 연 피카소의 열정과 국내 최초 섬유 유연제를 개발해 선보였던 피죤의 혁신이 공통분모라고 생각을 했기 때문이다.

여기에 피카소라면 전 세계인이 모를 사람이 없을 정도의 높은 인지도를 가지고 있어 피카소 작품들을 피죤의 기업 이미지, 대표 제품들과 연결한다면 브랜드의 격을 한 차원 더 높일 수 있는 기회라는 것도 염두에 두었다. 즉, 피죤의 제품들을 미술 전시회에서 경험한다면 제품에 심미성과 예술성을 부여해 브랜드 품격을 제고할 수 있다는 것이다.

피죤 이윤재 회장이 피카소 전시회의 피죤 '키즈존'을 찾은 한 아이와 즐거운 대화를 나누고 있다.

그래서 피죤은 피카소전에 피카소의 유명 작품과 피죤 제품들을 콜라보한 '갤러리' 부스를 제작했다. 피죤 '갤러리' 부스는 광주에서만 약 수만 명이 직접 관람을 했으며, 현재 부산으로 옮겨 오픈 2주 만에 관람객 6,000여 명을 돌파했다.

이와 함께 이윤재 회장은 피카소전을 아이들을 위한 특별한 장소로 만들고 싶었다.

피죤은 피카소 전시회에 아이들이 피카소의 작품들을 직접 그려보는 '키즈존'을 오픈했다.

피죤 '키즈존'은 "모든 아이들은 예술가Every Child is an Artist"라는 유명한 말을 남기며, 평소 아이들의 예술적 열정을 열렬히 후원했

피카소전에서 피죤 임직원들과 함께

던 피카소의 정신을 잇고, 피카소처럼 '아이들의 예술 꿈과 열정을 지원한다'는 콘셉트를 가지고 다양한 미술 활동을 할 수 있도록 공간을 구성하였다.

한편 피죤 '키즈존'과 '갤러리'는 평소 친환경을 강조하는 이윤새 회상의 스타일을 직접 반영해 피죤을 대표하는 따뜻하고 포근한 친환경 이미지를 연출했다. 부스 바닥은 인조 잔디로 피죤 가든을 연상시키고, 로코코풍 액자를 활용하여 피죤의 제품이 작품처럼 보이면서 자연스럽게 피카소 전시에 녹아들 수 있도록 했다.

아울러 따뜻함의 이미지를 사용하여 버블, 구름 느낌의 풍선오브제로 전체적인 디자인을 구성하였으며, 피카소의 아트웍이 그려진 시향박스와 로코코풍 액자를 활용하여 피죤 제품이 작품처럼 보여지도록 구성하였다.

피죤은 앞으로도 다양한 문화 예술 분야에 더 많은 투자를 계획하며, 고객들에게 보다 친근감 있게 다가가기 위해 준비하고 있다.

66

피죤은 친환경 자연주의 철학을 지향한다.
환경 지킴이 기업으로서 100년 뒤에도
환경을 지켜줄 수 있는 상품 개발을
원칙으로 삼고 있다.

99

회장

—

이철

노블노마드에이치피

학력

1986　서울대학교 법학과

1996　러시아과학원 국가와법연구소 박사과정 수료

경력

2003　미래전략연구원 이사장(2대)

2012　미래재단 이사장

현재　미래전략연구원 이사장(6대)

　　　노블노마드에이치피 회장

　　　티앤티공작 대표이사

　　　지엘시티건설 대표이사

상훈

2016　이코노미스트 경제리더 대상(사회경영 부문)

Noble Nomad
The Hub of Producers

부동산을 넘어 특별한 라이프 모드의 공간으로

노블노마드에이치피Noble Nomad HP Co.,Ltd.는 고객들로 하여금 주거와 여가에서 자유로움과 고품격의 라이프 모드를 누릴 수 있도록 그에 어울리는 공간과 시설, 서비스를 제공하는 기업이다.

'노블노마드Noble Nomad'는 노블노마드에이치피가 추구하는 아주 특별한 고객을 지칭한다. 자유롭고 진취적인 삶과 고상한 가치 및 취향을 지닌 고객, 그들이 누리는 특별한 라이프 모드를 모두 포함한다.

에이치피HP는 'The Hub of Producers'의 약칭으로, 사람들을 모으고 움직여 모두를 행복하게 하는 허브 역할을 하고자 하는 의미를 담고 있다.

노블노마드에이치피는 공간 개발 시공 중심의 하드웨어 개발뿐 아니라, 부농산 컨설팅 및 서비스 프로그램 사업 등 소프트웨어 영역까지 전문성을 갖춘 차별화된 기업이다. 누구보다 전문적인 투자 관리 네트워크를 구성하며 대형 개발 사업 추진과 금융 중심의 사업 구도를 실현하고 있다. 또한 건축, 예술, 인테리어, 문화 행사 등의 전문가를 내외부 조직으로 구성하여 최상위 트렌드를 소비하는 고객의 니즈에 맞는 설계와 프로그램을 제공

파주 캠프하우즈 복합개발사업 프로젝트 조감도

한다.

노블노마드에이치피는 지엘시티건설과 티앤티공작의 지주 회사이다. 지엘시티건설은 '켐핀스키 부산 프로젝트6성급 호텔 & 레지던스 건립'를 이끌어온 시행사이며 티앤티공작은 경기도 파주 캠프하우즈 복합개발사업약 4,500세대의 시행을 맡고 있다. 노블노마드에이치피는 두 시행사가 쌓아온 경험과 성장 동력을 토대로 기업 운영체제를 구축하기 위해 설립된 회사다. 현재 두 시행사의 프로젝트를 주관하고 있으며, 호텔 및 복합 주거단지를 개발 운영하고 있다.

노블노마드에이치피는 특히 변화하고 있는 관광 산업 환경에

발맞춰 관광 상품 및 호텔 개발 등 복합 여가단지 개발 사업에 앞장서며 새로운 패러다임을 제시한다.

부산에서 만나는 첫 최고급 호텔과 레지던스

노블노마드에이치피는 국내 최초로 세계 최고급 브랜드인 켐핀스키호텔과 브랜디드 레지던스를 동시에 유치하면서 켐핀스키 부산 프로젝트라는 성과를 이뤄냈다. 현재 켐핀스키 부산 프로젝트는 지역 경제, 주거 문화, 관광 산업적 측면에서 여러 의미를 가진다.

첫 번째로 최고급 6성급 호텔 및 레지던스를 유치하고 개발하는 일이다. 2008년 프로젝트 부지를 인수하고 사업에 착수했을 당시, 국내 호텔 시장은 금융 위기 등으로 경제적 어려움을 겪고 있었다. 이러한 상황에서는 비즈니스호텔 개발이라는 안정적인 선택을 할 수도 있었으나, 노블노마드에이치피는 차별성에 더 큰 의미를 두고 6성급 호텔 유치를 위해 노력을 이어갔다. 그 결과 켐핀스키호텔과의 계약 체결이라는 성과를 달성했다.

켐핀스키호텔그룹은 1897년 독일 베를린에서 시작된 120년 역사를 지닌 정통 유럽계 럭셔리 호텔로 글로벌 호텔업계에서

켐핀스키 부산 프로젝트 석경 조감도

매년 세계 10대 럭셔리 익스클루시브Luxury Exclusive급 호텔 브랜드
에 선정되는 세계적 운영사다. 세계적인 호텔은 통상적으로 그
나라의 수도에 먼저 진출하지만, 켐핀스키호텔은 사업지의 사업
성과 부산의 관광 산업 가치, 그리고 타 지역과의 차별성 있는
풍광 등을 높이 평가해 이례적으로 부산 진출을 결정했다. 전 세
계 35개국에 호텔 92개, 레지던스 27개 등 총 119개를 운영 개
발하고 있는 켐핀스키호텔이 들어섬으로 인해 6성급 특급 호텔
과 각종 최고급 시설 등을 통한 새로운 관광 인프라가 부산에 구
축된다.

프로젝트 유치로 첫해 약 1,034억 원의 세수를 시민들에게 돌

려주는 효과가 발생할 것으로 추정된다. 또한 연간 66만여 명이 호텔을 이용할 것으로 예상되며, 본 프로젝트로 인한 직접 고용 창출 인원도 최대 1,024여 명 이상으로 분석돼 지역 경제 활성화에도 크게 기여할 전망이다.

두 번째는 투자 가치가 높고 안정적인 투자 상품을 국내 시장에 끌어왔다는 점이다. 전 세계 슈퍼 리치들은 대저택 유지에 많은 시간과 비용이 필요하다는 문제 때문에 현재 6성급 럭셔리 호텔과 브랜디드 서비스드 레지던스가 결합된 복합 상품을 찾고 있는 추세이다. 그에 비해 국내 호텔 시장은 슈퍼 리치 및 고급 비즈니스 관광객을 포용할 수 있는 최고급 호텔이 매우 부족한 실정이다. 이러한 환경 구축이 절실한 상황에 노블노마드에이치피는 호텔 시장의 구축에 크게 기여했다고 볼 수 있다.

켐핀스키 부산 프로젝트는 6성급 럭셔리 익스클루시브 호텔과 브랜디드 서비스드 레지던스, 리테일 시설 등을 모두 포함하는 초대형 프로젝트다. 부산 광안리에 위치한 옛 미월드 자리 총 2만 8,000제곱미터_{약 8,500평} 부지에서 진행되는 개발 사업이다. 당초 계획은 2개 타워였으나, 현재 3개 타워로 변경해 프로젝트를 진행하고 있다. 3개 타워 중 1개는 '켐핀스키호텔 부산' 브랜드로 운영되는 6성급 특급 호텔이 들어설 예정이다. 도입될 시설은

37층에 326개 객실과 대규모 연회장, 고급 레스토랑, 실내 및 야외 수영장, 고급 사우나, 레센스 스파 등이다.

나머지 2개 타워는 지하 5층, 지상 47층 규모로 310세대의 최고급 레지던스가 들어선다. 최고급 브랜디드 레지던스는 켐핀스키 호텔이 각종 서비스를 직접 제공하는 최고급 주거 상품이다. 레지던스는 모든 세대가 복층 구조로 설계됐으며, 세대별 약 16.5제곱미터약 5평 이상의 오픈 테라스가 제공돼 전 세대가 광안리와 해운대의 오션 뷰와 야경을 한껏 즐길 수 있다. 또한 부지가 산, 바다, 강을 모두 만끽할 수 있는 환경을 갖추고 있어서 다른 레지던스에서는 느끼지 못할 도심 속 휴양을 선사한다. 여기에 글로벌 6성급 특급 호텔이 제공하는 54가지 이상의 호텔 서비스를 통해 안락하고 고급스러운 생활을 누릴 수 있다.

두 세대만 판매되는 펜트하우스는 '자신만의 특별한 공간'을 실현할 수 있도록 구성된다. 약 430제곱미터약 130평 규모로 국내 최고급 시설로 설계되었으며, 약 400제곱미터약 120평 이상의 오픈 테라스를 추가로 제공받는 특전이 주어져 실질적으로는 약 830제곱미터약 250평 정도의 규모다. 인테리어 구성은 회사가 추천하는 기본 안을 바탕으로 하지만, 구매자의 사용 용도 등을 고려해 자신만의 공간으로 변경할 수 있다.

켐핀스키호텔&더레지던스의 모델 하우스는 2017년 7월경 프로젝트 부지와 가까운 위치에서 만날 수 있다. 켐핀스키 부산 프로젝트는 약 45개월의 공사 기간을 거쳐 2021년 문을 연다.

미래를 위한 다양한 사회 공헌

이철 노블노마드에이치피 회장은 일찍부터 삶의 목표를 '공동체 제작자'로 삼고, 공동체 경영자들을 체계적이고 전문적으로 발굴 육성하기 위한 시스템 구축에 관한 고민을 해왔다. 그가 소속된 '미래전략연구원'과 '미래재단'은 바람직한 공동체 실현이라는 사회적 가치를 구현하기 위해 만든 개방형 조직이라고 할 수 있다.

미래전략연구원은 지난 2000년 창립 이래 통일부 등록 비영리 민간 사단 법인으로 전문 연구자, 정책 결정자, 기업인, 언론인, 사회 운동가, 직장인 등을 중심으로 지식 네트워크 운동을 추진하고 있는 온라인 네트워크형 싱크 탱크다. 미래재단은 민족의 미래를 고민하고 준비하는 지적 운동 공동체를 목표로 운영되고 있으며, 미래전략연구원과 함께 창립됐다. 또한 국회사무처 등록 비영리 민간 재단 법인으로서 다양한 외교·통일 분야

연구 사업과 교육·장학 사업을 전개해오고 있다.

이철 회장은 미래재단과 미래전략연구원의 발기인 대표로서 이사장을 역임하는 등 두 재단을 지속적으로 이끌어왔으며, 온라인 공론 형성을 위한 전문 칼럼 사이트 '미래전략칼럼www.kifsnews. com'을 구축했다. 최근에는 사회 각계의 원로, 전문가, 청년과의 대담과 인터뷰를 통해 한국 사회의 현재를 진단하고 미래를 모색하는 '미래 전략 포럼' 시리즈도 진행 중이다.

이외에도 미래재단에서는 미래 세대의 사회적 가치와 세계 인식 및 사회 진출을 목표로 하여 주한미국대사관과 공동으로 진행하는 고등학생 대상 '청소년 글로벌 리더십 캠프'와 취업을 준비하는 대학생 대상 멘토링 프로그램 등의 교육 사업을 매년 진행해오고 있다.

미래재단에서는 2005년부터 2012년까지 형편이 어려운 고등학생에게 매월 장학금을 지급했고, 2010년에는 500여 명의 탈북 주민을 대상으로 한 통일 아카데미를 개최했다.

지역 사회와 함께 성장하는 기업

이철 회장은 기업만이 성장하는 것이 아니라, 지역과 국가가

상생하며 함께 성장할 수 있는 선순환 구조를 만들고자 한다. 이러한 활동은 사회적 가치 실현과 함께 기업 운영에도 장기적으로 투자가 된다는 신념이 바탕에 깔려 있다.

중앙 집중형 개발은 이미 포화 상태를 넘어섰다. 노블노마드에이치피가 과거 서울권 프로젝트 중심으로 추진하다가 지금은 부산, 파주 등 지방에서 프로젝트를 진행하는 것도 지역의 힘이 곧 미래의 힘이라는 신념에서 출발한다.

노블노마드에이치피는 지역의 힘을 키우기 위해 지역의 청년, 문화, 예술을 지원하는 메세나Mecenat 활동을 펴고 있다. 켐핀스키 부산 프로젝트를 진행하면서 '안녕, 부산 청년!'이라는 이름으로 부산 출신 청년예술가 지원 프로그램을 운영하고 있다. 이 프로그램은 서울과 해외에서 활동하고 있으면서 실험 정신과 작품성이 뛰어난 부산 출신 청년 예술가들과 부산 지역을 기반으로 문화 활동을 하고 있는 지역 문화 단체를 지원한다. 문화 소통 단체 '숨'과 부산 동아대 출신 동양화가 조종성 화백, 부산 동의대 출신으로 파리에서 활동하고 있는 윤재호 감독 그리고 부산 지역 문화 잡지 〈안녕 광안리〉 등에게 작품 제작 경비 및 활동 보조 경비를 지원한다. 또한 호텔 완공 이후에는 선정된 작가들이 부산에 와서 창작 활동을 할 경우 레지던스 등 관련 편의 시설을 제공할 계획이다.

실제 '안녕, 부산 청년!' 프로그램을 통해 지원을 받은 조종성 화백은 지원 당시 개최했던 개인전 '숨겨진 시점, 풍경을 거닐다'를 시작으로 현재 파주 헤이리 블루메미술관에서 열리고 있는 '관찰 놀이터' 전시, '2016 풍류남도 ART 프로젝트' 등 다양한 작품 활동을 이어가고 있다. 윤재호 감독은 2016년 7월 열렸던 제38회 모스크바국제영화제에서 탈북 여성의 파란만장한 사연을 다큐멘터리 형식으로 담아낸 작품인 〈마담 B〉로 기록영화 부문 최고작품상을 수상했다. 이 작품은 수상에 앞서 칸영화제에도 초청된 바 있다.

이외에도 부산국제영화제 및 영상위원회와 BIFF홀 등, 부산국제영화제에 직간접적인 지원을 위한 활동 또한 이어가며 지역 문화 발전에 긍정적 역할을 하고 있다. 부산국제영화제는 실제로 켐핀스키호텔그룹과의 협상 체결에 숨은 공신이기도 했다. 켐핀스키호텔과 접촉 당시 '영화도시 부산'이라는 이미지에 호감을 가진 켐핀스키 임원 덕분에 협상 분위기가 전환됐고, 결과적으로 협상 체결까지 이뤄졌다.

이상을 실현하는 여가 프로듀서

노블노마드에이치피는 '여가 프로듀서'로서 고객들로 하여금 주거와 여가에 있어 자유로움과 고품격 삶이라는 꿈을 이루기 위해 노력한다. 고객만의 스토리를 작성하고 그 스토리를 담은 프로그램을 기획 제작하며, 스토리와 프로그램을 실현할 공간 및 시설, 서비스를 개발해 제공한다.

노블노마드에이치피는 글로벌화를 선도하는 기업이 되기 위해 급변하는 환경에 보다 빠르게 반응하고, 그에 따른 대책과 상품 연구에 많은 시간을 투자하고 있다. 이를 위해 '콘텐츠가 곧 핵심'이라는 경영 철학을 바탕으로 국내 호텔은 물론 세계적 호텔 및 브랜디드 서비스드 레지던스에 대한 견학과 연구에 많은 노력을 기울이고 있다. 국내외에 존재하는 다양한 계층의 특성에 대한 분석을 이어가고 있으며, 관광 호텔 시장 개발에 대한 과감한 투자로 국내 관광 문화의 변화를 이끌어내고 있다.

켐핀스키 부산 프로젝트는 호텔 산업으로서 지역, 국가의 관광 인프라와 직접적 연결 고리를 가지고 있다. 지역과 국가의 관광 문화가 연계돼야만 호텔 산업이 그 시너지를 발휘해 지역과 국가 경제에 기여할 수 있다. 이를 위해 글로벌 부동산 시장 흐름에 대한 대안을 꾸준히 제시하고, 국내 관광 미래를 위한 전략과 청사진을 마련하기 위해 지속적으로 연구한다. 이러한 노력을 통해 진취적인 글로벌 리더 기업으로서의 노블노마드에이치피를 성장시키고자 한다.

노블노마드에이치피는 현대인의 도시 유목민적인 삶을 위해 고객의 이상향적인 꿈을 가능성으로 바꾼다. 또 삶과 서비스의 고품격화, 여가에 대한 인문학적 해석을 바탕으로 사람들을 모으고 움직여 그들을 행복하게 만든다. 현대의 고귀하고 품위 있는 유목민인 고객을 위해 신뢰 있고 능력 있는 집사의 역할을 바로 노블노마드에이치피가 하려는 것이다.

현재가 편하고 익숙하다고 해서 가만히 안주하면 도태되고 퇴화한다. 항상 생각해야 하고, 움직이는 노마드Nomad적 발상이 필요하다. 칭기즈칸은 세상의 다양한 문화를 포용했고 모든 유용한 지식들을 활용했다. 강태공은 70세가 넘은 나이임에도 자신을 알아주는 주문왕을 만나 재상이 됐다. 주류에 편입되지 않으면서도 비판적이기만 한 비주류로도 머물지 않겠다는 끊임없는 생각을 거듭하면, 실력과 역량을 갖춘 자아를 찾을 수 있다.

노블노마드에이치피는 고정된 가치와 양식을 재생산함으로써, 머무는 것이 아닌 언제나 생동하는 노마드적 발상을 지향한다. 이를 위해 사람에 대한 관심과 정성, 문화에 대한 창의성과 열정, 공간에 대한 전문성과 경험을 키우는 기업이 되고자 하며, 이러한 자산을 바탕으로 공간 및 시설 개발 시행에 있어 경륜을 지닌 전문가, 복합 여가단지 조성 및 운영 전문가, 개발 관련 금융 전문가, 여행 및 숙박 비즈니스 분야 전문가로서의 역할을 통해 복합 개발 사업 특화 기업으로 나아가고자 한다.

회장
—

임동표

MBG그룹

학력
2002 충남대학교 석사
2016 공주대학교 박사
2017 카이스트 AIP 2기

경력
1995 국방부 기술장교(GIS/GPS/RS)
2006 공주대학교 책임연구원
현재 MBG그룹 대표이사
     충북대학교 겸임부교수
     MBG 나눔재단 USA 이사장
     국제 수소수 아카데미 원장

상훈
2015 보건복지부장관상
     환경부장관상
     미얀마 장관상
     식약청장상
     대한민국 사회공헌 대상(국회)
     대한민국 기업경영 대상
     세계아토피협회 보건 대상
2016 대한민국 모범기업인 대상

인류의 미래를 책임지는 기업

MBG그룹_{이하 MBG}은 2009년 10월 한국 최고의 과학 석학들이 공부하는 카이스트 문지캠퍼스 산학협력단에서 둥지를 틀었다. 바이오 기술과 정보 처리 기술, 나노 기술을 기반으로 식품 제조업, 식품 첨가물 제조, 전기 전자 제조 등을 통해 성장해왔다. 국내 연구 기반과 호주 법인 설립, CSIRO와 프로젝트 연구를 통해 다양한 개발을 하고 있으며 모든 제품을 미국 식품의약국에 등록해 세계로 뻗어나가고자 노력하고 있다.

MBG는 바이오그룹을 표방하고 있으며 탄탄한 기술력을 바탕으로 인도네시아, 홍콩에 제품을 수출하고 있다. 2017년에는 미국, 캐나다, 베트남으로 수출처를 확대할 계획이다. 주요 품목은 친환경 살균 소독수인 메디호클, 수소수 제조기 메디하이드로, 살균 소독수 제조기 메디나이저, LED와 미스트를 결합한 메디LED미스트 등이다. 또한 신재생 에너지, 니켈, 엔터테인먼트 등으로 영역을 확장하고 있다.

인도네시아 니켈 광산 사업과 관련해 2017년 3월 1일 인도네시아 슬라웨시 뚱가라주 코나외 우따라군 사와비치 특설 행사장에서 200여 명이 참석한 가운데 발대식도 가졌다. 인도네시아

MBG엔터테인먼트 창단식

에 각종 쓰레기를 신재생 에너지로 전환할 수 있는 시스템을 설치하는 데도 합의하였다. 이 시스템은 국내에서 이미 용인, 고양 등 10여 곳에 설치돼 운영 중이다.

2015년 5월 전 국민을 공포로 몰아넣었던 메르스 사태 때에도 MBG는 친환경 살균 소독수 메디호클로 정부 부처는 물론 각 병원, 관공서에 도움을 줬다. 이에 환경부장관상, 보건복지부 장관상을 수상했다.

한편 MBG는 수소수가 향후 기능수로 대중들이 찾는 물이 될 것이라 생각하며 수소수의 저변 확대와 외연을 키우기 위해 국제 수소수 테라피 아카데미를 운영 중이다. 2017년 2월 6일에는

'MBG 엔터테인먼트'를 새롭게 인수하여 소속된 배우들을 할리우드에 진출시키고자 시도하고 있다.

아토피 치료제부터 수소수까지 무한한 사업 영역

MBG 임동표 회장은 〈상수도 보급률에 따른 아토피 영향〉에 관한 논문으로 박사학위를 취득했다. 세계 최초로 상수도 보급률이 아토피, 피부염에 영향을 미친다는 것을 밝혀낸 논문을 발표하고 2016년 8월 25일 공주대에서 학위 수여식을 마쳤다.

논문에 따르면 아토피 피부염, 알레르기 비염, 천식 등 환경성 질환은 환경 요인에 민감한 질병임에도 불구하고 지금까지 환경 요인과 해당 질병들과의 관계에 대해서는 상대적으로 연구가 부족한 편이었다. 특히 환경성 질환을 결정하는 주된 환경 요인은 지역 단위로 영향을 미침에노 불구하고 세분화된 연구가 부족했다. 이 같은 상호 작용을 과학적으로 검증하기 위해서는 지역을 단위로 하는 전국적인 공간 통계 분석이 필요하다.

임 회장은 연구에서 전국을 대상으로 환경 요인이 환경성 질환에 미치는 공간적 특성을 분석했다. 이를 위해 각 환경성 질환의 공간 분포를 지도화하고 공간적 군집 여부를 분석한 뒤 핫 스팟 지역과 콜드 스팟 지역을 추출하였다. 연구는 시·군·구 단위로 환경성 질환 유병률과 기온, 습도, 강수량, 대기오염 물질 등 지역 환경 요인과의 관계를 분석해냈다. 연구 결과 임동표 회장은 아토피 발병률과 상수도 사용에 상관관계가 있다는 점을 밝혀냈으며 MBG는 이와 같은 임 회장의 연구를 바탕으로 아토피 치료 물질을 개발하고 있다.

이 논문을 토대로 MBG는 호주 법인 설립과 CSIRO와의 프로젝트 연구를 실시할 예정이며 공주대 특수동물학과팀과 함께 아토피 관련 연구를 진행 중이다.

MBG는 아토피 치료 신 물질을 개발하여 UN에 무상으로 지급하고 세계 3억 명에 달하는 아토피 환자에게 새로운 희망을 전달하려는 계획을 갖고 있다. 지금까지 500여 명에게 무상으로 제공해 95%의 치료 효과를 보고 있다. 임동표 회장은 "현재 동물 실험의 마지막 단계에 와 있고 끝나는 대로 제품 개발에 착수할 예정"이라고 말했다.

MBG는 미래 인류의 먹거리를 해결하기 위한 프로젝트에도 돌입했다. 카이스트의 유능한 석박사와 함께 매년 매출 이익의 60%를 연구개발에 투자해 2020년을 목표로 배양육cultured meat 개발을 추진 중이다. 연구 책임은 카이스트 생명공학과 명예교수인 강계원 교수가 맡고 있다.

MBG 성과의 가장 큰 원동력은 아이디어 공유와 확산이다. 임동표 회장과 임직원들은 창업 이후 매월 2회 정도 워크숍을 실시하면서 회사의 방향과 비전을 공유하고 있다. 임직원들이 직접 교육에 참여하면서 상품 제조 과정과 사용 방법을 설명하고 고객들이 느끼는 제품의 불편함을 사전에 찾아내며 사용상의 문제점도 서로 공유한다. 임동표 회장은 직접 마이크를 잡고 회사의 비전을 설명한다.

또 다른 중요한 원동력 중 하나는 제품에 대한 치밀한 교육이다. 예를 들어 4주 과정으로 이뤄진 '수소수 테라피 아카데미' 과정은 남녀노소 누구나 참여 가능하고 향후 민간 자격증 역할을 톡톡히 할 것으로 기대하고 있다. 무엇보다 수소수에 대한 이해도를 높이고 각종 성인병과 노화의 주범으로 알려진 활성 산소를 효과적으로 제거하는 과정을 공부하여 사신의 건강은 물론, 가족이나 가까운 지인들에게 효과적으로 알리는 역할을 한다.

MBG의 교육 사업 노하우는 드론 아카데미에서도 빛을 발하고 있다. 국제 드론 아카데미 과정을 신설하여 미래 청년 창업의 무대가 될 드론 조종사 자격을 갖출 수 있는 과정이다. 이 과정은 초기 생활 드론 과정과 전문 조종사 과정으로 나뉘어져 있는 데 청소년과 일반인의 높은 관심을 불러일으키고 있다.

세계로 뻗어나가는 MBG에서는 임원들 중 강사를 선발하여 '강사 교육'을 실시하고 있다. 많은 청중들 앞에서 제품과 회사를 자신 있게 소개함으로써 본인의 잠재력 개발과 실력 향상을 도모한다.

MBG는 그동안 수소수 관련 제품을 만들어 국내 판매를 담당하는 MBG코리아를 통해 한국 소비자들에게 호평을 받았다. 이 밖에 미국 식품의약국으로부터 1등급 의료 기기 다섯 가지와 일반 의약품 열한 가지를 제품 등록받는 쾌거를 이루었다.

메디하이드로는 수소수 시장을 활짝 열 수 있을 것으로 주목받는 제품이다. 이미 이웃 나라 일본에서는 연간 3조 원대의 시장이 형성된 것으로 알려져 있다. 인간 노화의 원인이 점차 밝혀지면서 학계는 '활성 산소'에 주목하고 있다. 일부 학자는 '독성 산소'라 부르며 노화의 주범으로 지목하고 있다. 지나친 활성 산소는 세포를 파괴하여 인간의 노화를 일으키는데, 세계적으로 유명한 루르드 샘물, 인도의 나다나 우물, 멕시코의 트라코테, 독일 노르데나우 지하수 등 치유 능력을 갖춘 물의 공통점이 물 속에 수소 용존량이 높다는 것이다. 이미 400여 편의 논문과 임상이 나와 있어 앞으로 시장은 '수소수의 시대'라고 하여도 과언이 아닐 것이다.

메디호클은 인체에 무해하며 인체의 호중성 백혈구에 존재하는 효소와 염소가 반응해 생성되는 차아염소산으로 내성과 독성이 없는 것이 특징이다. 각종 냄새까지 없애주며 체내에 침투한 각종 바이러스와 세균 등을 즉시 살균해 우리 몸을 지켜주는 강력한 살균수다. MBG는 이러한 친환경 살균 소독수와 클린수를 가정이나 사무실에서 3분 만에 만들어 사용할 수 있는 포터블 메디나이저를 출시해 성과를 거두었다.

메디나이저는 단 3분 만에 세균, 바이러스, 냄새를 99.99% 제거할 수 있기 때문에 야채, 잔류 농약, 왁스 등을 제거하고 각종 유해 세균으로부터 가정과 사무실을 지켜줘 필수품으로 자리매김하고 있다. 메디호클은 ISO 14001 환경 인증과 ISO 9001 품질 인증도 획득했다.

MBG는 최근 정신적, 육체적으로 피로감을 낮이 느끼는 현대인들을 위해 황실에서 복용하던 한방 4대 보약 중 하나인 '경옥고'의 주성분을 보강해 만든 '메디 황칠단'도 출시했다.

신재생 에너지 · 자원 개발로 글로벌 도전

MBG는 세종시와 안성에 공장을 두고 제품을 생산하고 있으며 미국, 인도네시아, 홍콩 등에 수출도 하고 있다. 최근 인도네시아에서는 각종 쓰레기를 신재생 에너지로 전환할 수 있는 시스템을 설치하는 데 합의했다.

이번 신재생 에너지 사업 플랜트 수출은 쓰레기로 인한 환경 및 대기오염을 제거하고 새로운 에너지를 얻을 수 있는 프로젝트다. 임동표 회장은 인도네시아 수도 자카르타에서 2시간 거리에 위치한 록봄주를 방문하여 주지사와 신재생 에너지 보급 기술에 대한 사업 설명회를 가졌다. 두 곳에서 1일 약 1,000톤 정도를 소화하는 규모의 설비를 설치하는데 록봄주에서 500톤 규모 시범 사업을 할 계획이다. 500톤 규모면 한 가정당 전기 사용량을 시간당 5킬로와트로 환산할 때 1,000만여 명이 사용할 수 있는 규모다.

MBG의 글로벌 진출은 자원 개발 사업까지 확대되고 있다. 임동표 회장은 지난 2016년 12월 9일 니켈 자원 확보를 위해 인도네시아 슬라웨시주 코나외군과 광산 자원 협상을 진행하였다. 코나외군에서 약 228헥타르70만 평 부지의 광산 개발권과 330헥타

대전 아너소사이어티 47호 회원이 된 임동표 회장

르95만 평의 제련 공장 부지를 합리적인 가격에 제공하는 것을 요구해 성사시켰다. 해당 부지는 인도네시아 전체 니켈 매장량의 약 60%가 매장된 곳으로 알려져 있다.

사회 공헌으로 노블레스 오블리주 실천

최근 몇 년 사이 우리나라 기업인들에게 회자됐던 단어로 '노블레스 오블리주'가 있다. MBG 임동표 회장은 개인 고액 기부자 모임인 대전 아너소사이어티 47호 회원이 되었다. 2017년 창립 8년 차인 MBG그룹은 복지와 나눔의 공로를 인정받아 2015

년 제10회 대한민국 나눔 대상에서 보건복지부장관상을 수상하기도 했다. 또한 장애 어린이 돕기 및 어린이 재활 병원 건립을 위해 진행 중인 '기적의 새싹 캠페인'에 1,000만 원을 기탁하였고 청각 장애인 5명으로 구성된 장애인 악단을 후원하는 등 다양한 기부 활동을 펼쳐오고 있다.

미국 뉴욕에도 MBG나눔재단을 설립하고 2016년 5월 5일 반기문 UN사무총장이 있던 UN본부에서 시리아 어린이 돕기 평화 나눔 행사에도 참여했다.

MBG 임동표 회장은 9남매 중 여덟째로 태어났다. 가정 형편이 어려워 배움을 스스로 해결해야 했던 그는 "가정이 어렵지만 열심히 공부하는 학생들이 용기와 희망을 가지면 좋겠다"며 충북대 윤여표 총장과 1억 원의 기부금 약정을 하고 농촌 관광 개발 전공 학부생을 위한 수학 보조금도 기부했다. 이어 모교인 공주대에도 1,000만 원을 기부했다.

MBG 직원들도 스스로 봉사 단체를 조직해 양로원이나 고아원 등의 시설을 방문해 같이 놀아주고 목욕도 시켜주고 공연도 하는 등 나눔의 미덕을 실천하고 있다. 임동표 회장은 "새마을 운동이 우리나라가 선진국 대열에 진입하는 근간이 됐던 만큼 이제는 깨끗한 영혼으로 소외된 계층과 더불어 사는 사회를 만

충북대 발전 기금을 전달하고 있는 임동표 회장

들어야 한다"고 밝혔다. 독실한 기독교인인 임동표 회장은 오른손이 하는 일을 왼손이 모르게 하고자 하며 정부의 혜택을 받지 못한 제도권 밖의 사람을 찾아 임직원과 함께 돕고 있다.

최근 임동표 회장은 매달 넷째 주 수요일 임직원과 함께 행복마을을 찾아 직접 봉사 활동도 하고 있다. 행복마을은 대전시 가수원동에 위치한 지적 장애인, 중증 장애인 거주지다. 단순히 기부만 필요한 것이 아니라 그들과 함께 이야기하고 웃고 청소도 하는 재능 기부가 절실히 필요한 곳이다.

회장
—

최병민

깨끗한나라

학력

1975   서울대학교 외교학과 졸업
1978   미국 서던캘리포니아대학교 MBA
1999   국제산업디자인대학원 뉴밀레니엄
        디자인혁신정책과정 수료
2004   미국 서던캘리포니아대학교
        퍼시픽 림 익스큐티브 교육프로그램
        (Pacific Rim Executive Education Program) 수료

경력

1983   대한펄프 대표이사 사장
1993   대한펄프 대표이사 회장
1996   한·중남미협회 부회장
2003   한국제지공업연합회 부회장
        한국무역협회 이사
2005   매일방송 사외이사
2007   한국제지공업연합회 회장
2013   한국제지연합회 회장
        한국제지자원진흥원 이사장
현재   깨끗한나라 회장

상훈

1984   조세의 날 재무부장관상
1993   철탑산업훈장, 5000만불 수출의 탑
1999   환경경영 대상 우수상
2000   은탑산업훈장, 1억불 수출의 탑
2008   국세청 모범납세자
2005   소비자웰빙지수안정성 대상(보솜이, 깨끗한나라)
2012   에너지절약 지식경제부장관 표창
2012~2016   글로벌역량지수 1위(화장지 부문)
2014   대한민국 소비자신뢰대표브랜드 대상(화장지 부문, 물티슈 부문)
2015~2016   고객사랑브랜드 대상(화장지 부문)
        글로벌역량지수 1위(아기기저귀 부문)
2016   대한민국 퍼스트브랜드 4개 부문 대상
        (깨끗한나라, 유아용물티슈 보솜이, 릴리안, 아기기저귀 보솜이)

51년간 고객과 함께한 종합 제지 기업

종합 제지 회사 깨끗한나라KleanNara Co., Ltd.는 산업용 포장재로 사용되는 백판지, 종이컵 원지를 생산 및 판매하는 제지 사업과 화장지, 기저귀, 생리대 등을 제조 판매하는 생활용품 사업을 영위하고 있는 중견 기업이다.

51년간 국내 제지 산업 성장에 이바지한 깨끗한나라는 '깨끗하고 건강한 생활 문화 창출을 통해 고객과 함께 성장하는 기업'이라는 비전 아래 지난 51년간 축적한 노하우를 기반으로 신제품 개발을 위한 설비 투자와 수출 확대에 힘쓰는 등 끊임없는 변화와 혁신을 실현하며 미래 50년을 위한 성장 동력 발굴에 총력을 다하고 있다.

제지 기업에서 친환경 생활용품 기업으로

깨끗한나라는 1966년 고故 최화식 창업주가 대한팔프공업을 설립하면서 시작되었다. 이듬해 의정부 공장을 준공해 가동을 시작하고 국내 최초로 라이너지를 생산하면서 제조업체로 터를 닦았다. 1975년 'White Horse'라는 고유 상표로 홍콩에 수출을

깨끗한나라 공장 내부 시설

시작했고 미국, 호주, 일본 등 세계에서 품질의 우수성을 인정받았다. 1979년에는 전량 수입에 의존하던 종이컵 원지의 제조 공법 특허를 국내 최초로 취득하여 국산화에 성공하고 국내 특수지업계 선두 주자로서 성공적인 사업 영역 확장을 이뤄냈다.

1980년 경영을 이어받은 최병민 회장은 1985년에 금강제지를 인수하여 생활용품 사업을 시작했다. 독자적인 기술력을 바탕으로 부드러운 감촉과 흡수력을 강화한 두루마리 화장지, 먼지 없는 미용 티슈, 보습력을 강화한 천연 보습 티슈 등을 선보이며 업계를 선도해왔다.

1986년 충북 청원군에 31만 제곱미터 규모의 청주 공장을 착공하고 최첨단 자동화 설비를 도입하면서 안정된 관리 시스템을 갖췄고 지금까지 최고 품질의 제품을 생산해 국내외 시장에 공급하고 있다. 1987년 생리대 '라라센스'를 출시하고 이듬해에는 아기 기저귀 '라라마미'를 출시하며 생활용품 사업을 확장했다.

1988년에는 미국 LA에 현지 법인 '대한펄프USA Daehan Pulp U.S.A. Inc.'를 종합 무역 전문 기업으로 출범시켰다. 1989년 제지연구소 설립 후 품질을 바탕으로 '고객만족'을 핵심 가치로 삼았고 소비자의 다양한 니즈를 충족시키는 고품질 제품과 차별화된 제품을 선보이기 위해 끊임없이 연구해오고 있다.

1995년 공장 자동화 설비를 도입해 품질의 규격화와 표준화 실현에 앞장섰으며 엄격한 품질 관리를 위한 노력 끝에 업계 최초로 한국품질인증센터로부터 품질 경영 시스템 ISO 9001 인증과 환경 경영 ISO 14001 인증까지 획득했다. 1997년 수십 차례 소비자들의 취향 조사를 거듭한 결과 소비자들이 원하는 것은 '깨끗함'이라는 결론을 얻고 이를 바탕으로 깨끗한 제품을 소비자에게 전달한다는 뜻에서 '깨끗한나라' 화장지 브랜드를 탄생시켰다. 순우리말로 지은 브랜드명은 업계에서 호평을 받았고 세계 굴지의 다국적 기업과도 어깨를 나란히 하는 생활용품 토종 기업으로서 지금 깨끗한나라의 위상을 만드는 밑거름이 됐다.

1998년 환경오염 물질 저감 및 온실가스 배출 최소화 등 환경 개선에 크게 기여한 공로를 인정받아 녹색 기업에 지정되었다. 2010년 1월 시작한 제1회 보솜이 아기모델 선발대회는 현재까지 7회째 이어져 오고 있으며 보솜이 맘스 마케터, 디자인 공모전 등 여러 경로를 통해 소비자와 직접 소통하고 있다.

2011년 생활용품 사업을 기업의 미래 성장 동력으로 선정하고 사명을 '깨끗한나라'로 변경하여 소비자 친화적인 생활 기업으로 거듭났다. 같은 해 생리대 브랜드 '릴리안'을 출시했고 최고 품질의 면제품에 부착되는 미국 코튼 마크를 국내 생리대 제품 중 처음으로 취득한 생리대 브랜드 '순수한면'을 출시하는 등 자연 친화적 소재로 여성의 건강을 생각한 차별화된 제품을 선보이고 있다.

2014년 아기 기저귀 보솜이 베비오닉이 기능성 로션, PH 밸런스 유지 성분, 실크 파우더 함유 등 피부를 보호해 주는 기저귀로 특허를 받았고 보솜이 디오가닉은 대한아토피협회의 아토피 안심 마크를 획득하였다.

2016년 깨끗한나라 청주 공장은 '깨끗한 자연 환경을 위하여 녹색 경영의 선도 역할을 한다'는 비전 아래 녹색 경영 시스템을 실천하는 것을 인정받아 녹색 기업으로 재지정되었고 깨끗한나

깨끗한나라의 촉감, 보솜이 디오가닉, 순수한면

라는 충청 지역의 녹색 경영 선도 기업이자 사회적 환경 보호 책임을 다하는 우수 기업으로 자리매김했다.

2017년 깨끗한나라는 창립 51주년을 맞아 중장기 매출 목표 1조 원 달성을 위해 품질 향상과 고객 만족에 힘쓰고 고부가가치 제품 개발 및 투자 활성화로 기업의 성장을 도모할 뿐 아니라 대한민국 경제 발전에 이바지하도록 총력을 다할 계획이다.

설립 초기부터 해외 시장 노크

깨끗한나라는 설립 초기부터 수출품 생산 지정업체 인가와 수출입업 허가를 받는 등 수출을 염두에 두고 사업을 펼쳤다. 자체 브랜드인 'WHITE HORSE'를 앞세워 홍콩을 시작으로 일본, 중국, 이란 등으로 수출 시장을 개척해 1993년 제지업체 최초로 5,000만불 수출의 탑과 철탑산업훈장을 수상하였다.

이후 꾸준한 품질 개선과 환경 친화적 신제품 개발에 힘써온 깨끗한나라는 수출 제품의 질적 고도화를 이뤄내 아시아를 넘어 중남미, 러시아, 아프리카까지 진출하였다. 그 결과 2000년에는 1억 달러_{약 1,131억 원}를 넘는 기록을 달성하여 철탑산업훈장 이후 9년 만에 은탑산업훈장을 받았다.

제지사업은 지금까지도 51년의 생산 노하우와 세계 최고 수준의 생산 라인으로 백판지 생산량의 절반가량을 미국, 일본, 중국 등 40여 개국에 수출하고 있다. 제지사업은 2016년 깨끗한나라 전체 매출액 중 49%인 3,400억 원을 달성했다.

깨끗한나라의 제지 사업은 산업용지에서 식품용지까지 최고 수준의 기술로 글로벌 시장을 리드하고 있다. 연간 45만 톤을 생산할 수 있는 설비 능력과 최첨단 생산 설비를 토대로 높은 품질

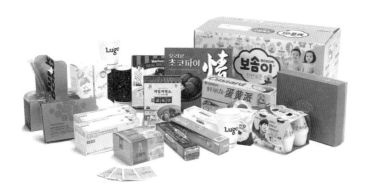

깨끗한나라의 포장용지 제품

의 백판지를 생산하여 판매하고 있다.

글로벌 경기 침체가 지속됨에도 고부가가치 신제품 개발을 추진하고 수출 지역 다변화와 포장용기 고급화로 신규 시장을 개척하여 국내 백판지 공급 과잉 문제를 해결하는 기회로 활용하고 있으며 연구/개발을 확대하며 품질 향상에 주력하고 있다. 특히 미국 식품의약국의 안전성 검사를 통과한 식품용지는 미국 및 일본 시장에서 점유율을 높여가고 있으며 컵 라면 용기, 발포컵 등 신규 식품용지 개발도 추진 중이다.

생활용품 사업의 매출 비중은 2011년부터 지속적으로 증가하고 있으며, 2014년 생활용품 사업의 매출 비중이 제지 사업을 넘어설 정도로 크게 성장하였다. 2013년 홍콩 수출을 시작으로 중국, 대만, 싱가포르 등 해외 시장에 적극 진출하여 2015년 수출 100억 원을 이뤄냈다. 그동안 신규 투자 및 신제품 개발과 적극적인 브랜드 파워를 강화한 결과 생활용품 사업은 2016년 깨끗한나라 전체 매출액 중 51%인 3,600억 원을 달성했다.

생활용품 사업의 매출 증대는 그동안 적극적인 신규 투자와 신제품 개발 등에 힘써 온 결과다.

깨끗한나라는 1985년 화장지를 처음 생산한 후 독자적인 기술력을 바탕으로 흡수력과 부드러운 촉감을 강화한 제품을 선보이며 다국적 기업이 장악한 시장에서 국산 제품의 우수성을 알리고 있다. 1997년 첫 선을 보인 깨끗한나라 브랜드는 소비자에게 깨끗한 제품, 깨끗한 환경이라는 이미지를 전달하며 화장지 부문의 대표 브랜드로 성장해왔다. 또한 아기 기저귀 '보솜이', 생리대 '릴리안', 성인용 기저귀 '봄날' 등의 다양한 제품을 소비자에게 제공하고 있으며 AFH_{Away From Home, 집 밖에서 쓰는 생활용품} 부문에서 신시장을 개척하고 사업 확장에 주력하고 있다. 여기에 고품질 제품을 위한 연구개발과 투자를 아끼지 않으며 소비자 감성 욕구를 충족시키는 다양한 마케팅 활동을 이어가 시장 내에서 차별적인 브랜드로 인정받고 있다.

이러한 노력의 결과로 해외 시장에서도 깨끗한나라 생활용품은 품질을 인정받고 있으며 아기 기저귀 '보솜이'는 중국, 홍콩, 대만, 싱가포르 등의 국가에서 큰 인기를 끌고 있다. 생리대 '릴리안' 역시 중국 상하이 백화점, 홍콩 드러그 스토어에서 해외 소비자들에게 각광받고 있다.

지속 성장 비결은 품질과 고객 만족

깨끗한나라가 국내 유일 종합 제지 메이커로 성장할 수 있었던 것은 품질을 바탕으로 한 고객 만족을 최우선 가치로 두었기 때문이다. 최병민 회장은 직접 소비자 평가나 불만 등을 파악하는 데 힘써 이를 제품 개발에 반영할 정도로 고객 만족을 강조하고 있다. '연구개발 및 투자를 기반으로 한 품질 향상과 고객 만족이 바로 기업 성장과 함께한다'는 그의 경영 철학을 평소 실천하고 있는 것이다. 이와 같은 경영 철학이 깨끗한나라가 세계 최고의 생산 라인을 갖추고 고품질 제품을 생산하여 국내외 시장에서 지난 51년 동안 탄탄하게 성장할 수 있었던 비결이다.

깨끗한나라는 1990년대 후반 1,000억 원이 넘는 자금을 과감히 투자하여 제지 최신 설비를 도입하였고 신제품을 위한 연구개발에도 투자를 아끼지 않고 있다. 2015년 100% 펄프로 만든 프리미엄 화장지 시장의 성장에 대응하기 위해 최신 공법을 적용하여 도톰한 두께감과 부드러움을 극대화한 화장지 제품을 생산하기 위해 설비를 신설하여 기존 대비 생산 능력을 50% 향상했다. 또한 2017년 말 준공 예정으로 약 200억 원 규모의 PAD 공장을 짓고 있으며 앞으로도 보다 좋은 품질의 제품을 고객에게 전할 예정이다.

깨끗한나라의 또 하나의 강점은 적극적으로 신시장을 개척해 나간다는 점이다. 제지 사업은 일찍이 해외 진출을 하였고, 생활용품 사업도 최근 중국이 두 자녀 정책을 시행하면서 육아 용품에 관심이 높아졌다는 점에 착안해 기저귀, 아기 물티슈 등 관련 시장 개척에 박차를 가하고 있다. 또한 미래를 내다보고 빠르게 발전하고 있는 인도 시장 개척을 준비하고 있다.

깨끗한나라는 이름 그대로 어디에 내놓아도 부끄러움 없는 깨끗한 제품을 고객에게 제공하기 위해 청결한 공장 관리 시스템을 고집하고 있다. 제지 제품은 인쇄적성, 지함적성, 강도 등에서 세계 최고의 품질 수준을 유지하고 있으며 이것을 바탕으로 미국 식품의약국 안전성 검사를 통과해 고객에게 안전한 제품을 제공하고 있다는 것을 입증했다.

생활용품은 지속적인 제품 개발을 통해 매년 신제품을 출시하여 고객 선택의 폭을 넓히고, 고객이 만족할 때까지 품질 개선 활동을 거쳐 제품을 리뉴얼 출시하고 있다. 특히 국내 최초 미국 코튼 마크를 취득한 100% 순면 생리대 순수한면과 자연 섬유 천연 코튼, 피부 보습·보호 효능이 뛰어난 천연 올리브 추출물을 함유해 민감한 아기 피부를 보호하는 아기 기저귀 보솜이 프리미엄 천연 코튼 등 고객의 건강을 생각한 제품을 선보이며 큰 사랑을 받고 있다.

깨끗한나라는 고객이 만족하는 제품을 제공한다는 자부심을 가지고 아기부터 시니어까지 고객의 라이프 사이클 속에서 꼭 필요한 제품들을 생산, 판매하고 있다. 특히 깨끗한나라 제품들은 인체에 직접 접촉하는 화장지, 생리대뿐만 아니라 민감한 아기 피부에 직접 접촉하는 기저귀이기 때문에 피부 트러블과 같은 문제가 발생하지 않도록 품질을 엄격히 관리하고 있으며, 더 나아가 보다 나은 제품을 개발하기 위해 노력하고 있다. 이처럼 고객의 삶이 편리하고 깨끗해지는 과정에서 깨끗한나라는 함께 성장해왔고 앞으로도 글로벌 기업으로 세계인의 삶 속에서 함께 성장할 것이다.

총장

—

김영식

백석예술대학교

학력

1979   부산대학교 법과대학 졸업
1987   서울대학교 행정대학원 행정학 석사
2000   미국 피츠버그대학교 교육학 박사

경력

1997~2003   교육부 대학교육정책관, 고등교육지원국장,
            평생직업교육국장, 부산시부교육감,
            대전시부교육감, 기획관리실장
2004   교육인적자원부 차관
2005   몽골국립대학교 명예교수(Honorary Professor)
2006   한국대학교육협의회 7대 사무총장
2008   한국외국어대학교 교육대학원 석좌교수
2010   세계미래포럼(WWF) 원장
        중앙공무원교육원 교육정책자문위원회 부위원장
2011   한국국제대학교 총장
2014   한국자유연맹 부총재
        백석문화대학교 총장
현재   APEC 국제교육협력원(IACE) 이사장
        APEC 교육자네트워크(ALCoB) 세계 총재
        부산공적개발원조(ODA) 의장(초대)
        백석예술대학교 총장
        숙명학원 이사

상훈

1987   대통령 표창
2006   황조근정훈장
        몽골 우정훈장
2014   한국경제를 빛낸 인물(매일경제)
        대한민국 경제리더 대상(중앙일보)
2015   대한민국 최고의 경영 대상(매일경제)
2016   대한민국 명품브랜드 대상
        TV조선 경영 대상

백석예술대학교
BAEKSEOK ARTS UNIVERSITY

문화 예술 전문 인재 양성하는 백석예술대학교

백석예술대학교는 다양한 전공 분야의 문화 예술 전문 인재 양성을 위해 노력하고 있다. 현재 9개 학부과, 33개 전공을 개설하여 다양한 교육 과정을 학생들에게 제공하고 있다.

백석예술대학교에서 가장 인기 있는 학부는 음악학부이다. 음악학부는 실용음악전공, 교회실용음악전공, 뮤지컬전공, 국악전공, 공연기획전공, 클래식음악전공, 극작전공신설 등 세부 전공으로 구성되어 있다. 또한 실제 관련 현장과 동일한 환경에서 학생들이 직간접적으로 공연 상황을 체험할 수 있도록 현재 실무에서 사용하고 있는 최신식 장비와 시스템을 구비하여 활용하고 있다. 따라서 이론과 실기 그리고 실무를 학생들이 완벽하게 소화하여 졸업과 동시에 관련 제반업계로 진출할 수 있는 미래의 예술 전문가 양성을 목표로 하고 있다.

특히 실용음악전공은 음악학부 내에서도 가장 인기 있는 전공으로 보컬전공의 경우 2017학년도 수시 모집에서 138 대 1 입시 경쟁률을 보이는 등 해마다 가장 높은 입시 경쟁률을 보이고 있다. 교육 과정은 크게 보컬 트랙, 기악 트랙, 작곡 트랙으로 나뉘며, 세부 전공으로 보컬, 건반, 기타, 베이스 기타, 드럼, 관악

백석예술대학교 입학식 모습

기, 작·편곡, 싱어송 라이터, 뮤직 테크놀로지 등을 두어 전국 최고 수준의 시설에서 전문 음악인으로서 요구되는 기술과 능력을 교육받고 있다.

교회실용음악전공 역시 보컬, 건반, 기타 베이스, 드럼, 작·편곡 등 다양한 교육 과정과 우수한 교수진을 바탕으로 기독교 대학의 글로벌 리더를 배출하기 위하여 꾸준한 노력을 계속하고 있다. 또한 2016 서울시청 크리스마스트리 점등 행사, 2016 청계천 크리스마스 페스티벌 등 다양한 공연 및 행사에 참여하고 계속적인 공연 및 활동을 진행하고 있다.

이러한 학교와 학생의 노력으로 2014년 '유재하 가요제' 대상

수상, 2015년에는 극동방송 주최 '전국복음성가경연대회' 대상, 동상, 장려상 수상, 2016년에는 C채널 기독교방송에서 주최한 '가스펠스타C' 시즌 6에서 은상, MBC에서 주최한 '버스커즈 버스킹'에서 최종 우승 등 이외에도 많은 경연 대회에서 두각을 나타내고 해마다 좋은 결과를 내고 있다. 또한 그룹 '빅스'의 켄이재환, 그룹 '구구단'의 나영 등 학생들의 방송 연예계 진출도 활발히 진행 중이다.

백석예술대학교는 세계 무대에 진출할 수 있는 뮤지컬 배우를 양성하고자 뮤지컬전공을 신설했으며 국내에서 명성이 높은 뮤지컬 관련자 위주로 교수진이 구성되어 있다. 강신주뮤지컬 전공장 교수는 뉴욕 프라미스 극장에서 공연된 한인 뮤지컬 〈His Life〉에서 주연인 세례 요한 역을 맡았으며 교내에서 보컬 크로스오버를 맡고 있다. 학생들을 대상으로 1 대 1 상담 및 트레이닝과 진로 교육을 진행하고 있다. 뮤지컬 〈마리아 마리아〉, 〈화랑〉 등 약 2,000회를 제작 및 공연한 최무열공연기획 전공장 교수는 교내 뮤지컬 오디션 및 뮤지컬 연주 수업을 담당하고 있다.

이 밖에 오나라 교수드라마 〈용팔이〉, 영화 〈댄싱퀸〉 출연, 뮤지컬연기수업 담당, 구원영 교수2011년 제17회 한국 뮤지컬 대상 여우조연상 수상, 2007년 제1회 더뮤지컬어워즈 여우조연상 수상, 뮤지컬연기수업 담당 등 현재 뮤지컬 분야에서 활발히 활동하는 쟁쟁한

백석예술대학교의 오케스트라 공연 모습

교수진들이 미래의 뮤지컬 스타들을 교육하고 있다.

음악학부 뮤지컬전공은 2009년도부터 현재까지 뮤지컬 〈페임〉, 〈풋루스〉, 〈그리스〉, 〈유린타운〉 그리고 〈하이 스쿨 뮤지컬〉, 〈갓스펠〉 및 〈헤어스프레이〉 등을 백석아트홀에서 공연했다. 또한 국가보훈처 주최 광복 70주년 기념행사에도 재학생들이 참가하여 강남역 M스테이지에서 플래시 몹 공연을 선보였다. 학교를 벗어나 대외적인 무대에서 학생들이 그동안 배운 것들을 실제로 공연할 수 있도록 다양한 무대 공연 기회를 제공함으로써, 학생들의 성취도를 이끌어내고자 백석예술대학교 교직원들은 최대한의 노력을 기울이고 있다.

백석예술대학교 외식산업학부 수업 모습

　국악, 공연기획, 극작, 클래식음악전공에서도 전문 예술인 양성을 위해 최신의 교육 시설과 양질의 교육 과정을 제공하고 있으며 교내뿐 아니라 대외적인 연주회 등 다양한 공연 활동을 지원하고 있다.

　이 밖에도 디자인미술학부, 외국어학부, 사회복지학부, 경영행정학부, 관광학부, 외식산업학부, 유아교육과, 항공서비스과에서도 각종 국내외 대회에서 입상하는 등 꾸준한 성과를 내고 있으며 기독교 대학의 글로벌 리더로서의 도약을 위해 최선의 노력을 다하고 있다.

이웃과 함께하는 대학

백석예술대학교는 대한민국의 유명 강사들을 초청하여 수준 높은 인문학을 강연하는 '백석인문학산책'과 다소 어려울 수 있는 클래식, 재즈 등의 공연을 쉬운 해설과 함께 진행하는 '스토리가 있는 음악 쉼터'를 시행하고, 방배노인복지관과 함께하는 늘 푸른 대학 과정, 서초구 공모 사업의 일환으로 시행하는 서초시민대학을 주최하는 등 지역 사회와의 소통에 적극적으로 임하고 있다.

특별히 지난 2016년에는 중국 광저우 화남이공대에 방문하여 현지 교민 및 외국인 유학생들을 대상으로 K-POP과 우리 전통 음악을 알리는 '광저우 음악회'를 개최하는 등 국내를 넘어 세계로 나아가고 있다.

해외로 나아가는 대학

이미 국내 기업들로부터 호평을 받고 있는 백석예술대학교 졸업생들은 이제 그 영역을 해외까지 펼쳐가고 있다. 백석예술대학교는 학생들이 마음껏 꿈을 펼치도록 국제 MOU로 글로벌 인

백석예술대학교 외국어학부 수업 모습

재 양성에 매진하고 있다.

지난 2011년 미국 먼로대학Monroe College과 학점 인정 교류 협력을 체결하면서 시작된 해외 대학과의 MOU는 2014년 실용음악의 세계적 명문인 미국 버클리음대Berklee College of Music와의 MOU에 이어 중국 텐진외국어대, 숭국 화남이공대 등과 잇달아 MOU를 성사시켰다.

버클리음대는 백석예술대학교의 실용음악 교육을 높이 평가하면서 백석예술대학교와 교류 협력 협약을 체결했다. 이 협약은 음악 교육 프로그램 개발과 학생들의 폭넓은 해외 경험에 큰 도움을 주고 있다. 버클리음대는 매년 백석예술대학교에서 입학

설명회를 개최한다.

버클리음대 제이슨 입학처장은 "세계 각국에서 버클리음대로 모이는 국제적인 학생들과 함께 음악 활동을 하게 된다면, 한국에서는 경험할 수 없는 문화 교류 및 글로벌 역량 강화의 기회를 가질 수 있을 것"이라고 설명하면서 백석예술대학교 학생들의 입학을 강력하게 희망했다.

텐진외국어대의 경우 백석예술대학교 졸업생 10명을 대상으로 하는 관광학부 특별반도 구성하기로 하는 등 어학연수 프로그램에 이어 실제 입학 특전까지 마련해 유학과 해외 문화 체험의 길을 열어놓았다.

2016년 MOU를 체결한 중국 화남이공대는 재학생 6만 명의 종합대학으로 중국 화남 지역에서 가장 규모가 큰 대학이다. 양 대학은 상호 학점 취득 및 장학금 지원 등 폭넓은 교류 협력의 길을 모색하는 중이다.

이 밖에도 백석예술대학교는 매년 하계 방학을 이용하여 학생들의 해외 문화 연수를 지원하고 있다. 2016년의 경우 160여 명의 학생들이 미국, 일본, 중국 등으로 전공과 관련된 기관에 방문하였고 이는 매년 그 범위를 확대할 계획이다.

공직자 출신 총장의 열정

김영식 백석예술대학교 총장은 고향이 거제도다. 지금이야 거제도를 모르는 사람이 없고, 거가대교로 육지와 연결되어 있지만 그가 살던 때만 해도 거제도는 잘 알려지지 않은 외딴 섬이었다. 그곳에서의 생활은 어렵고도 궁핍했다. 형편이 안 돼서 고등학교 진학을 포기해야 했을 정도였다. 그렇게 시간을 보내던 중 거제도 내에서 개인이 운영하던 한 사립 고등학교에 입학했는데 이 학교가 바로 거제고등학교다.

1980년 대우그룹이 인수하면서 거제고는 이제 명문고의 반열에 올랐으나 김영식 총장이 다니던 당시만 해도 그 위상은 지금과 달랐다. 어렵사리 고등학교를 마친 김영식 총장은 대학 진학은 꿈도 꾸지 않고 곧바로 말단 공무원인 5급_{지금의 9급} 시험에 도전했다.

공무원이 된 후 첫 발령지는 부산이었다. 그곳에서 김영식 총장은 인생을 바꾼 사건을 경험했다. 대학에 다니는 친구와 저녁을 먹던 중 친구가 던진 "직장 다녀봐야 별수 없네"라는 말이 그의 가슴에 사무쳤다. 대학에 가지 못한 서러움이 복받친 김 총장은 다음 날 출근해 사표를 내겠다고 선언했다. 직장을 그만두려

백석예술대학교 입학식에서 연설하는 김영식 총장

는 이유가 대입 시험 준비라는 말을 듣고 상사였던 과장은 오전 근무만 하고 오후에는 공부를 하도록 배려해줬다. 하지만 대입 시험이 2달밖에 남지 않은 상황이었다. 김 총장은 결국 사표를 제출했고 죽을 각오로 공부한 끝에 이듬해 부산대에 입학했다.

대학에 진학했지만 김 총장의 꿈은 여전히 공무원이었고 이번에는 공무원 시험의 꽃인 행정 고시에 도전했다. 1979년 행정 고시에 합격하고 그는 거제도로 금의환향하는 버스 안에서 자신과의 싸움에서 이겼다는 감격에 젖어 펑펑 울었다. 우여곡절 끝에 중앙부처 공무원이 된 김 총장은 보건복지부를 거쳐 교육 파트에서 공직 생활을 했고 교육부 차관까지 역임했다.

김영식 총장은 공직 시절과 대학 총장이 되고 난 후의 생활이 크게 다르지 않다고 얘기한다. 조찬과 각종 회의, 행사 등 5분 단위로 시간을 쪼개어 쓰다가 밤 11시나 돼서 귀가하던 당시의 스케줄에 비하면 오히려 지금은 조금 여유가 있다. 하지만 각종 지식과 정보 습득을 게을리할 수 없는 것은 마찬가지다. 학습 모임만 일주일에 평균 두 차례이며 조찬 포럼까지 있는 날이면 여전히 아침부터 저녁까지 바쁜 하루를 보낸다.

김영식 총장은 우리 청년들에게 도전과 열정을 즐기라고 조언한다. 그는 "내가 사는 세상이 전부는 아니다. 밖으로 나가 보면 얼마나 넓은 세상이 있는지 경험할 수 있다. 눈을 크게 뜨고 멀리, 넓게 보면 자신이 가진 능력과 소질, 끼를 발휘할 기회는 얼마든지 있다"고 말했다.

김영식 총장이 백석예술대학교 학생들에게 해외 취업을 권장하는 것도 같은 이유다. 학교 바깥으로 나가 보면 넓은 세상이 펼쳐진다는 것이다.

오경수

제주특별자치도개발공사

학력
1982 고려대학교 경영학과 졸업
2007 동 대학교 경영대학원 국제경영전공 석사
2014 동 대학교 정보보호대학원 정보보호정책학과 박사과정 수료

경력
1981 삼성물산 관리부 대리
1986 삼성그룹 회장비서실 차장
1995 삼성그룹 미주 본사(뉴욕) 기획실 부장
2000 삼성그룹 시큐아이 대표이사
2004 한국정보보호산업협회 협회장
2005 롯데정보통신, 현대정보기술 대표이사
2011 국가정보화전략위원회 위원
     한국소프트웨어산업협회 협회장
2012 한국정보처리학회 학회장
2015 고려대학교 정보보호대학원 겸임교수
     한국소프트웨어산업협회 명예회장
     한국정보보호산업협회 협회장 명예회장
현재 제주특별자치도개발공사 사장

상훈
2010 동탑산업훈장

제주특별자치도개발공사
JEJU PROVINCE DEVELOPMENT CO.

감귤 주스, 사랑 품고 도민 속으로~

입춘이 지난 지 2주가 다 돼 가는데도 늦겨울 한파의 시샘은 가실 줄을 몰랐다. 하지만 지난 2월 15일. 점심을 훌쩍 넘긴 시간. 따스한 햇살이 내리쬐는 것이, 언제 그랬냐는 듯 완연한 봄날이다.

점심을 함께한 어르신들이 마을 사랑방에 모여 도란도란 이야기를 나누고 있었다. 약속이나 한 듯 어르신들 옆에는 따스한 봄날의 색감을 머금은 주홍빛 감귤 주스가 한 병씩 자리를 잡고 있다.

제주특별자치도개발공사_{JPDC, Jeju Special Self-Governing Province Development Corp., 이하 제주개발공사} 직원들과 제주희망협동조합이 이날 제주시 조천읍 대흘2리 노인복지회관을 찾았다. 어르신들은 무겁게 들고 온 물건을 보더니 "아이고, 감사하게… 또 왔네!"라며 반긴다.

제주의 감귤, CSR 옷을 입다

제주개발공사가 도내 소외·취약 계층에게 감귤 주스 나눔 사업을 추진한 것은 2016년 12월부터다. 제주도민의 복리 증진을

감귤 주스에 흐뭇해하는 노인복지회관 어르신들

위해 설립된 공사가 감귤 주스 사업을 '사회 공헌CSR, Corporate Social Responsibility'의 영역으로 끌어들인 것이다.

이 사업에는 제주개발공사뿐 아니라 사회복지공동모금회 제주특별자치도지회와 제주사회적경제네트워크가 함께한다.

단순한 사회 공헌을 넘어 지역 사회 조직들과 혁신적인 협업체계를 구축했다는 점도 화젯거리다. 기업공사의 자원에 사회 경제조직의 전문성, 공동 모금회의 공익성이 더해지면서 공기업 주도의 지역 상생 모델이 탄생한 것은 물론 공익형 일자리 창출과 감귤 가공 산업 활성화 등 1석 3조 이상의 효과가 기대되고 있다.

제주개발공사는 이번 나눔 사업을 통해 도내 아동 양육 시설과 지역 아동센터, 한 부모 가족 시설, 장애인 생활 시설, 노인 주거 복지 시설, 경로당과 자활센터 등 608개소 7만여 명에게 1 년간 감귤 주스 1.5리터짜리 126만 1,984개를 공급하게 된다.

제주도민의 기업 JPDC, 글로벌 창의기업으로 우뚝

'제주의 자원으로 가치를 창출해 도민에 기여한다'는 소명을 안고 1995년 설립한 제주개발공사가 제주의 성장과 발전을 선도 하는 명실상부한 '글로벌 창의 기업'으로 자리매김하고 있다.

제주개발공사는 최근 공기업 기업 윤리와 사회적 책임을 한층 더 강조하며 제주 산업의 성장과 도민의 복지 향상을 위한 공기 업으로서의 위치를 굳건히 하고 있다. 특히 매년 당기순이익의 50% 이상을 도민 사회에 환원하는 사회 공헌 활동을 강화하며 공기업의 모범 사례로 인정받고 있다.

제주개발공사는 지난 1995년 제주도민의 복지 증진을 위한 각종 수익 사업들을 효율적으로 추진하기 위해 제주특별자치도 가 출자한 지방 공기업이다. 오랜 전통을 자랑하는 만큼 수익 사 업 발굴 및 사업화 부문에서 성과를 이뤄내 제주도민들을 위한 복지 향상에 많은 기여를 해왔다.

제주개발공사의 전경

　제주개발공사의 주요 활동 무대는 천혜의 제주 자연으로부터 얻은 자연 자원을 토대로 한 분야이다. 먹는샘물 '제주삼다수' 사업, 감귤 가공 및 음료 사업, 주택·개발 사업 확대 등을 통해 제주 지역 사회 발전을 선도하고 있다.

　2016년에는 제주개발공사가 제주의 성장 발전을 이끄는 글로벌 창의 기업으로 발돋움하기 위한 밑바탕이 다져진 한 해라는 평가를 받고 있다.

　우선 미래 비전 실행을 위한 관리 체계를 구축하고 경영 전략에 최적화된 경영 시스템이 마련됐다.

　'제주의 자원으로 가치를 창출해 도민에 기여 한다'는 공사의 미션을 설정하고, '제주의 성장 발전을 이끄는 글로벌 창의 기업'으로서 2020년까지 매출 5,000억 원, 순이익 1,000억 원을 달성해 1조 기업의 기반을 마련한다는 '비전 2020' 등 중장기 경영 전략도 수립됐다.

특히 제주개발공사에서는 중장기 경영 전략을 바탕으로 2016년 4월 전략 실행형 조직으로 재설계하는 작업을 마무리 짓고, 직원 수도 440명에서 780명까지 늘렸다.

직원 수가 늘어났다는 것은 공사 인력 증가라는 단순한 수치적인 가치뿐 아니라 채용 프로세스 확립을 통한 지역 일자리 창출 효과로까지 이어지면서 도민의 기업으로서 제 역할을 하게된 것을 의미한다.

전사적인 혁신 경영의 성과는 곧바로 공사에서 추진하고 있는 각종 사업에 대한 성과로 이어졌다.

2016년 전체 매출액은 2,523억 원으로 선년 2,332억 원 대비 8% 상승하는가 하면, 순이익도 633억 원으로 전년 591억 원 대비 7% 늘었다.

또한 주력 사업인 먹는샘물 사업 분야에선 생산 목표 관리 체계 강화, 도내 물류 상생 협력 추진, 영업 전담 조직 강화, 채널별 거래 조건 개선 등 전략적 영업 활동과 더불어 도내 유통을

직영 체제로 전환하면서 삼다수 사업 이익률과 브랜드 가치가
동반 상승하는 효과를 거뒀다.

제주의 명품이 세계의 명품, '제주삼다수'

제주개발공사 매출액의 대부분은 제주삼다수 판매액이 차지
한다.

이처럼 제주삼다수가 잘 팔리는 이유는 무엇일까. 우선 제주
삼다수는 뛰어난 물맛을 자랑한다. 맛있는 물의 지표로 평가받
는 O-index 지표값이 8.2로 그만큼 국내외 여타 샘물에 비해 깨
끗한 맛을 자랑한다.

2016년 3월 발표된 '2016대한민국브랜드스타'에서 제주삼다
수는 생수 부문에서 11년 연속 부동의 1위를 차지했다. 제주삼
다수는 먹는샘물 PET 제품의 시장 점유율에서도 44%를 넘어 고
객 선호도 1위, 고객 만족도 1위를 기록하며 명실상부한 대한민
국 대표 '국민 먹는샘물'로 자리 잡고 있다.

제주삼다수는 만들어지는 과정부터 타 샘물의 추종을 불허한
다. 한라산 중산간 지역의 지하 420미터 화산암 대수층에서 물
을 뽑아 올리기 때문에 무엇보다 깨끗함을 자랑한다. 까다로운

깨끗한 시설에서 생산 중인 제주삼다수

평가 기준으로 소문난 미국 식품의약국과 일본 후생성의 수질 검사를 통과해 세계적인 고품질 샘물임을 증명하고 있다.

특히 제주삼다수를 직접 마셔보면 '목 넘김이 부드럽다'는 반응이 나오는데, 이는 제주삼다수가 화산 지대에만 존재하는 천연 자원인 송이Scoria층을 통과해 만들어지는 물이기 때문이다.

또한 송이층에는 미네랄이 풍부해 빗물이 송이층에 스며드는 동안 우리 몸에 유익한 각종 미네랄이 녹아들어 건강에도 좋은 물이 만들어진다. 아울러 항균성 또한 높아 별도의 여과 처리가 필요 없을 정도로 깨끗한 물이 만들어져 식수로 최고의 품질을 갖추게 되는 것이다.

나아가 제주삼다수에는 기능성 미네랄로 알려진 '실리카' 성분과 함께 당뇨병에 효과가 있는 것으로 알려진 '바나듐' 함량이 높은 것으로 분석되고 있다.

반대로 물맛에 악영향을 주는 황산이온과 질산성질소, 유해 무기물질 등은 타 먹는샘물에 비해 가장 낮아 그만큼 우수한 샘물이라는 증명이 이어지고 있다.

제주개발공사에서는 이 같은 원재료 물이 뛰어난 제주삼다수의 물맛을 천연 상태 그대로 제품화하기 위해 지하수의 오염원 차단에 각별한 노력을 기울이고 있다.

잠재 오염원 조사나 실시간 수질 감시 등 자체 모니터링을 하는 한편 수질에 대한 신뢰도를 높이기 위해 매년 미국 식품의약국, 일본 후생성에 검사를 의뢰해 수질 안전성을 지속적으로 검증받고 있다.

'사회 공헌' 분야 공로 인정받다

제주개발공사는 당기순이익의 50% 이상을 도민 사회에 환원하는 사회 공헌 활동을 하는 공기업으로도 유명하다.

창립 이래 현재까지 약 2,000억 원을 도민 사회에 환원한 제주개발공사는 제주 지역의 소외된 이웃 및 취약 계층에게 사회 복지 시설 등을 지원해 도민 복지 향상에 기여한다는 목표로 활발한 활동에 나서고 있다.

2016년만 하더라도 제주도민의 살림살이로 쓰일 예산으로 제주도에 170억 원을 배당금으로 지급했고, 기부금 25억 원, 공익 사업 68억 원 등 총 263억 원을 사회에 환원했다.

제주개발공사에서는 '삼다수 봉사대'를 운영해 기존의 단순 물품 전달 위주의 봉사에서 벗어나 현장에 찾아가 직접 도움을 주는 노력 봉사에 나서고 있다. 2005년 첫 활동을 시작한 삼다수 봉사대는 2012년 소외된 이웃에게 2,800만 원 상당의 혜택을 나눴으며, 2013년 4,000만 원, 2015년 6,500만 원, 2016년 3,000만 원으로 봉사 활동이 꾸준히 이어지고 있다.

봉사 활동의 범위도 다양화시켜 화재 사고 발생 시 긴급 구호 물자 전달, 숲길 정화 활동, 단수에 따른 식수 지원, 대학 수학 능력 시험 수험생에 대한 삼다수 및 감귤 주스 제공, 사랑나눔 김장축제 등을 매년 지속적으로 펼쳐나가고 있다.

제주개발공사는 장학·학술 지원에도 나서 여러 학생들에게 꿈과 끼를 펼칠 수 있는 다양한 기회를 제공하고 있다.

우선 제주 지역 대학생을 대상으로 3개국_{캐나다, 영국, 호주}에 10주간의 어학연수를 보내주는 프로그램인 '해외 인턴십' 제도를 운영해 제주 지역 대학생들의 국제 마인드 함양 및 경쟁력을 갖춘 글로벌 인재 육성의 기초 토대가 될 수 있도록 돕고 있다.

또한 삼다수장학재단 운영을 통해 매년 지역 인재들로 선발된 학생을 대상으로 고등학생의 경우 100만 원, 대학생은 450만 원의 장학금을 전달하고 있다. 2006년부터 2016년까지 664여 명의 학생이 혜택을 받았다. 2017년에는 고등학생과 대학생 103명에 2억 5,350만 원을 지급하고 있다.

수도권 지역에 유학 중인 제주 출신 대학생들을 위한 기숙사인 탐라영재관 운영도 제주개발공사의 전폭적 지원 아래 성공적으로 정착하고 있다. 탐라영재관은 서울시 강서구에 위치한 지하 4층, 지상 11층 건물로 남학생 156명, 여학생 140명의 수용이 가능한 곳이다.

특히 제주개발공사에서는 제주 출신 수도권 대학생들의 주거 복지 실현을 위한 쉐어하우스 형태의 소규모 지방 학사 시범 사업도 추진해 화제가 되고 있다.

제주개발공사는 2016년에만 소외 계층 및 지역 꿈나무 지원 등을 위해 26건, 15억여 원을 집행하며 도민의 복지 증진을 위한다는 공사의 설립 소명을 다하고 있다. 2005년부터 2016년까지 기부금 집행 누적 실적은 총 312건에 금액만 102억 2,800만 원에 이른다.

특히 2015년부터 공사 최초로 사회 공헌 심의위원회를 구성하고 운영해서 사회 공헌 사업 예산 집행 과정에서 자칫 불거질 수 있는 공정성과 투명성을 확보하고 있다.

이와 함께 제주개발공사는 매년 불우 이웃 돕기 성금을 기탁하는 것은 물론 신장병 환자, 장애인 보호 시설 등에 대한 지원도 아끼지 않고 있다.

이에 제주개발공사는 기업 혁신과 사회 공헌 활동을 인정받아 2016년 행정자치부장관 표창과 국무총리 표창을 받으며 우리 사회의 진정한 공기업 모델로 자리 잡고 있다.

제주개발공사 오경수 사장은 "사회 공헌 사업은 제주도민의 요구 사항과 공사의 역할이 일치되도록 도민 사회의 의견을 적극 반영해 추진하겠다"며 "'삼다수의 주인은 제주도민'이라는 인식에 걸맞게 지역 환원 방안을 수립해, 도민들에게 실질적인 혜택이 돌아갈 수 있도록 최선을 다해 추진하겠다"고 말했다.

사장
—

장재원

한국남동발전

학력

1980 서울대학교 전기공학 학사
1996 미국 런셀러폴리테크닉대학교 전력계통공학 박사

경력

2009 한국전력공사 계통기획실 실장
2011 한국전력공사 전력연구원 원장
2012 한국전력공사 송변전운영처 처장
2013 한국전력공사 인천지역본부 본부장
2014 한국전력공사 송변전건설처 처장
2015 한국전력공사 전력계통본부 본부장(상임이사)
현재 한국남동발전 사장

KCEN 한국남동발전

Clean & Smart Energy Leader

발전의 리딩 회사, 한국남동발전

한국남동발전이하 남동발전은 정부의 전력 산업 구조 개편 정책에 따라 2001년 4월 2일 한국전력공사에서 발전 부문이 분리되어 출범한 발전 전문 회사다. 지난 2014년 경남 진주시에 둥지를 튼 본사를 중심으로 삼천포발전본부, 영흥발전본부, 분당발전본부, 여수발전본부, 영동에코발전본부 등 5개의 본부로 구성되어 있다. 총 종업원은 2016년 말 기준 2,280명이다.

지난 2014년 발전 용량 870메가와트인 영흥화력 6호기의 상업 개시, 2016년 340메가와트급 여수 1호기의 상업 운전 시작으로 남동발전은 국내 화력 발전 회사 최초로 총 시설 용량 1만 메가와트 시대를 열었다.

남동발전은 혁신 활동과 끊임없는 노력으로 2013년 1,160억 원, 2014년 3,832억 원, 2015년 6,012억 원으로 최고 당기순이익 달성을 매년 갱신하며 지속적인 흑자 경영의 토대를 구축했다. 2016년에는 대내외 여건이 어려웠지만 고강도 자구 노력 끝에 매출액 5조 936억 원, 당기순이익 5,311억 원을 거둬 당기순이익 부문에서 8년 연속 발전사 1위를 달성하며 안정적인 수익 구조를 유지하고 있다.

특히 기업과 현장의 경쟁력이 떨어지지 않도록 업무 프로세스를 최적화하고 시스템화함으로써 2016년에는 창사 이래 최저 부채 비율 달성이라는 성과를 거두었고, 2년 연속 무차입 경영을 실현할 수 있었다.

이는 경영자 정보 시스템 기반 아래 재무성과 창출을 위한 고강도 자구 노력이 있었기에 가능했다. 이 같은 노력들로 인해 남동발전은 시장에서 공기업 혁신의 아이콘으로 떠올랐다.

이 외에도 발전 리딩 회사로서의 면모는 곳곳에서 나타난다. 발전 회사의 핵심 경쟁력은 외국에서 수입하는 발전 연료인 유연탄의 조달단가를 최저 수준으로 낮추는 것에 있다. 이런 측면에서 남동발전은 세계적인 경쟁력을 갖추었다. 스마트퓨얼센터 e-SMART Fuel Center를 통한 글로벌 네트워크 활용 시스템적 연료 조달로 2016년에만 시황 대비 약 6%에 이르는 1,161억 원을 절감할 수 있었다. 이는 타사 대비 726억 원을 절감한 수치로 국내 최고 수준의 연료 조달 역량을 엿볼 수 있는 사례이다.

발전 설비 신뢰도 역시 국내 최고 수준이다. 석탄 화력 발전의 경우 복합 설비 대비 가동시간이 많고, 설비가 복잡해 고장 발생 확률이 높은데 남동발전은 2016년 고장 방지 특별 대책을 시행함으로써 창사 이래 최고의 고장 예방 실적을 달성했다.

서울 삼성동 코엑스에서 열린 제51회 납세자의 날 행사에서 장재원 사장(오른쪽 2번째)이 은탑산업
훈장을 수상했다(2017년 3월 3일).

2016년 남동발전의 0.041% 고장 정지율은 발전 5사 중 최저 수
준이다. 더불어 비 계획 손실률 6년 연속 개선, 피크 기간 고장
정지율 82% 개선, 고장 정지 시간 5년 연속 개선 등의 성과를 거
뒀다.

이 같은 성과를 인정받아 남동발전은 2016 정부3.0 평가 국무
총리 표창, 정부 및 국회 8개 부문 표창, 정부 동반성장 실적 평
가 5년 연속 최고 등급, 공공기관 정보보안실태 평가 1위와 같은
다양한 대외 수상의 실적을 거두기도 했다.

소통과 공감의 리더 장재원 사장

2016년 11월 남동발전의 CEO로 부임한 장재원 사장은 업계에서 소통과 공감의 리더로 불린다. 1980년 서울대 전기공학과를 졸업하고 한국전력에 입사한 이래 30년간 줄곧 전기 분야에 종사하면서 미국 런셀러폴리테크닉대에서 전력 계통 분야 박사 학위를 취득하는 등 전기 분야에서 전문성을 키워왔다.

한전 재직 시절부터 격의 없고 부드러운 성품으로 부하 직원들로부터 두터운 신망을 얻고 있다. 특히 수시로 현장을 찾아 직원들과 소통을 시도하고, 새로운 의사 결정에 있어 소통을 통한 공감을 이끌어내는 리더십을 가졌다는 평가를 얻고 있다.

장재원 사장 특유의 소통 경영은 남동발전에서도 예외가 아니다. 2016년 취임 이후 직원들의 이야기를 직접 들을 수 있다는 판단에 따라 그는 5개 발전 본부를 수시로 방문하고 있다. 특히 취임 후 당초 본사에서만 이뤄지던 월간 경영 회의를 발전 본부 순회 형태로 진행함으로써 현장과의 거리감을 한층 좁힐 수 있었다.

자신이 직접 준비한 책을 직원들에게 선물하는 이벤트를 통해 회사 생활의 어려움 등에 대한 직원들의 이야기에 직접 귀를 기

장재원 사장이 직원들과 대화를 나누고 있다.

울이고 있다. 여기에 그동안 매주 처·실장 등 간부 중심으로 진행된 '허심탄회' 소통 시간에도 적극 동참해 일방적 의사 전달 형태의 회의가 아닌, 직원들과 수평적인 대화 및 의견 교환의 자리를 만드는 데 힘쓰고 있다. 그는 앞으로도 직원들과 지속적이면서도 나양한 형태의 소통 기회를 만들어나간다는 계획이다.

그의 소통 행보는 내부에서 그치지 않고, 외연을 넓혀가고 있다. 대표적인 사례가 바로 지난 2월 남동발전이 실시한 국민시찰단이다. 남동발전은 수도권 전력 사용량의 25%를 공급하는 국내 최대 석탄 화력 발전소인 영흥발전본부에서 업계 최초로 '국민시찰단'을 운영했다.

국가 보안 시설인 석탄 화력 발전소는 그동안 일반 국민들의 접근이 제한되어 있었다. 하지만 남동발전은 업계의 상식을 과감히 타파하고 국민 100명을 모아 발전소 내부 곳곳을 공개했다. 이날 행사는 일반 국민에게 석탄 화력 발전소의 생생한 모습과 그들이 궁금해하는 관련 정보를 과감히 제공함으로써 석탄 화력 발전에 대한 국민들의 이해도를 높일 수 있는 기회가 됐다.

국민과의 '소통'을 통해 석탄 화력 발전소의 필요성과 사업의 당위성을 국민들과 함께 '공감'할 수 있는 기회로 삼고자한 것으로 바로 장재원 사장의 아이디어다. 그는 국내 석탄 화력 발전의 환경 설비와 운영 시설이 세계 최고 수준임에도 국민들로부터 공감을 얻지 못하는 난제를 해결하기 위한 고민 끝에 특유의 소통 리더십을 발휘해 국민들과 직접 소통할 수 있는 국민시찰단을 제안, 성공적인 결과물을 만들어냈다.

경영 방침에서도 장재원 사장 특유의 리더십이 잘 묻어난다. 그는 2017년 초 '함께하는 창의와 열정의 KOEN'이라는 경영 방침을 선포했다.

이는 개인과 특정 그룹 중심이 아닌 직원 모두 창의와 열정을 갖고 함께 힘을 모아 에너지 산업 역할 확장과 변화를 주도하고, 미래 에너지 프레임 설정을 통해 시장을 선도하자는 취지이다.

장재원 사장이 직접 고른 책을 직원들에게 전달하며 환하게 웃고 있다.

취임 당시 '동주상구同舟相救, 같은 배에 탄 사람들이 배가 전복될 때 서로 힘을 모아 구조한다' 정신을 되새기며 함께하는 남동발전을 강조한 장재원 사장의 리더십이 돋보이는 대목이다.

장재원 사장은 청렴한 공기업상 확립을 위해서도 노력을 아끼지 않고 있다. 각 처실별 청렴결의대회를 비롯한 청렴 캠페인 활동, 청렴 마일리지 제도 인센티브 확대, 생애주기별 맞춤형 윤리학습 시스템 운영, 청백리 포럼 발대식 등을 통해 직원들이 회사가 청렴이라는 가치를 얼마나 강조하는지 깨닫도록 유도하고, 이를 통해 직원 스스로 항상 조심하는 몸과 마음가짐을 갖도록 이끌어가고 있다.

직원들의 기 살리기에도 적극적이다. 역동적인 조직 문화 조성을 위해 정기적으로 직원과 CEO의 대화 기회를 마련하고 있다. 1인 1동호회 갖기 정책을 통해 직원들이 업무 외에도 다양한 활동을 통해 건강한 직장 생활이 가능하도록 독려하고 있다. 그리고 무엇보다 일과 가정의 조화를 위해 시간 선택제 일자리 창출 지원 사업인 '도담도담패키지'를 적극 시행해 출산과 육아로 어려움을 겪는 직원이 가정에 좀 더 충실할 수 있도록 돕고 있다.

이에 남동발전은 2016년 공기업 중 유일하게 일·가정 양립 우수 사례로 선정돼 고용노동부장관상을 수상했고, 여성가족부 가족친화인증 재인증, 대한민국 일하기 좋은 100대 기업 종합대상 수상 등의 성과도 거뒀다.

장재원 사장, 남동발전의 미래를 준비하다

남동발전은 장재원 사장 취임 후 글로벌 에너지 패러다임의 변화에 대비해 발 빠르게 다가올 미래를 준비하고 있다.

그는 취임 1달여 만인 2017년 1월 '넘버 원 에너지 회사'를 향한 제2 창업을 선포하고, 미래를 대비한 중장기 전략과 연계해 '선택과 집중'의 제2 창업 과제를 도출했다.

이 과정에서도 장 사장의 소통 경영은 눈에 띈다. 그는 제2 창업 과제 도출을 위해 직접 참여한 대토론회를 개최, 발전 산업의 미래를 대비한 대응 방안 논의, 전사 역량을 집중해야 할 과제 도출 등의 활동을 개진했다.

이 결과 조직 구성원, 오피니언 리더 및 경영진들의 의견 수렴을 통한 제2의 창업 과제를 도출할 수 있었다. 장재원 사장의 지휘 아래 전 임직원은 에너지 신사업 확대, 발전 산업 내실화를 위한 창업 과제를 수행하게 된다.

에너지 신사업 확대에 따른 창업 과제로 대단위 신재생 에너지 복합단지 개발, 신재생 에너지 핵심 기술 선점, 분산형 전원 비즈니스 최적화 모델 개발 등에 집중할 계획이다. 발전 사업 내실화를 위해서는 석탄 화력 친환경 설비 보강, 고효율 발전소 전환, 가스 복합 확대에 따른 전원 포트폴리오 개선, 해외 사업으로 발전 사업 다각화 등의 과제를 이행한다.

장재원 사장은 이미 구체적인 로드맵을 그리고 있다. 먼저 향후 3년간 1기가와트 규모의 해상풍력과 대단위 신재생 복합단지를 개발하고, 나아가 해외 발전 사업도 지속적으로 개발해나갈 계획이다.

본업인 화력 발전에 대한 경쟁력 강화를 위해 앞으로 7,000억

일반 국민 100명을 선발해 시행한 제1차 국민시찰단 행사에서 장재원 사장이 인사말을 하고 있다 (2017년 2월 24일).

원 규모의 설비 투자로 미세먼지 감축을 위한 설비 개선을 대대적으로 추진하고, 석탄 화력에 치우친 전원 구성을 신재생 에너지 가스 복합으로 점차 확대할 계획이다.

오는 2025년까지 신재생 설비 비중 35% 확대에 대한 실행 방안도 계획 중이다. 노후 설비 성능 개선, 소내 전력 절감 등을 통한 발전 효율 향상, 바이오매스 혼소를 통한 석탄 사용량 절감 등의 대책을 이미 진행하고 있다. 이는 국내 발전 회사 중 신재생 에너지 확대를 향한 가장 발 빠른 행보로 장재원 사장 부임 이후 추진력이 배가되고 있다.

이에 장재원 사장은 에너지 신산업 전력 분야에서 10대 프로 젝트를 추진 중이다. 이 일환으로 2017년 2,100억 원을 투입해 태양광과 풍력 등 에너지 신산업에 투입하고 있으며, 한국전력 및 타 발전사들과 함께 학교 태양광 발전 설치 사업과 에너지 효 율 사업에 별도 법인을 만들어 출자하고 있다. 또한 신재생 에너 지 발전과 연계한 ESS 보급 사업 확산에도 박차를 가하고 있다.

남동발전은 지난 2015년 국내 최초로 풍력 발전 연계 ESS 설 비_{영흥 풍력단지}를 도입한 이래, 2016년에 풍력을 연계한 ESS 보급을 확대하는 등 ESS 보급 확산의 선두 주자로 자리 잡았다. 장 사 장은 이 같은 추세에 힘입어 2017년에는 태양광 발전을 연계한 ESS 설비까지 확충한다.

특정 단위 지역에서 전력 생산과 소비가 함께 이루어지도록 신재생 분산전원 및 ESS로 구성된 마이크로그리드 사업을 추진 중이다. 도서 지역 유류 발전기를 신재생 설비로 내제하는 계통 독립형 마이크로그리드 사업인 에너지 자립섬 조성 사업_{조도, 거문도,} _{추자도}에는 국내 발전사 중 유일하게 참여하고 있다.

계통연계형 마이크로그리드 사업으로는 창원 두산엔진 공장 을 모델 사업장으로 하는 산업단지 마이크로그리드 사업과 대구 테크노폴리스 신도시 마이크로그리드 사업을 추진하고 있다.

신재생 분산전원으로 구성되는 마이크로그리드 사업은 대용량 집중 발전 방식에서 탈피하는 미래 지향 전력 사업이다. 대용량 발전소 건설 및 송전선로 확충에 따른 사회적 합의 비용과 시간을 절감하고 송전 손실을 줄여 친환경 에너지 자립을 지향하는 내용이다. 장재원 사장은 이를 미래 전력 산업이 나아갈 길이라고 확신하고 있다.

또한 대규모 해상 풍력단지인 탐라 해상 풍력 발전단지 건설을 필두로 용량 1기가와트 이상의 각종 해상 풍력 프로젝트를 진행해나갈 계획이다.

그는 또 삼천포 1·2호기 부지와 영흥본부 사업 부지 등 남동발전만의 차별화된 역량이자 자원을 활용할 수 있는 다양한 방안을 직원들과 함께 모색함으로써 최적의 미래 성장 동력을 유치할 수 있는 방안 마련에 적극 나서고 있다.

남동발전의 미래를 고민하는 순간에도 장재원 사장은 지역과의 상생을 위한 관심의 끈을 놓지 않고 있다. 남동발전은 본사가 이전한 경남 지역 경제 활성화를 위해 진주 지역에 1조 1,100억 원을 투입해 지역 대학과 연구소, 중소기업, 지자체와 협업으로 발전 산업 신기술 개발에 기여하는 '남가람 에코파워토피아 프로젝트'를 진행하고 있다.

또한 2017년에는 '함께하는 사람, 따뜻한 사회'의 슬로건으로 대학생 봉사단을 구성해 임직원들과 함께 국내외 다양한 공헌 활동을 펼칠 계획이다. 기후 변화와 미세먼지 등으로 인한 국민들의 환경적인 관심을 고려해 'KOEN 그린 숲' 프로그램도 운영해 환경적인 책임도 강화한다.

지금까지 석탄 화력 발전 중심의 사업 구조로 최고의 실적을 달성해온 남동발전. 환경 이슈 등으로 인해 결코 우호적이지 않은 경영 환경 속에서 장재원 사장을 필두로 남동발전 전 구성원이 함께 만들어가는 에너지 신산업 중심의 미래를 기대해본다.

사장
—

정창길

한국중부발전

끊임없이 혁신하는 1등 발전 공기업

한국중부발전_{이하 중부발전}에게 2016년은 의미 있는 한해였다. 정부경영 평가에서 B등급으로 3단계 급상승했고 국민권익위원회 주관 공공기관 청렴도 평가에서 최우수 기관으로 선정됐다.

세계 최초로 보령화력 3호기 6,000일 장기 무고장 운전을 달성했으며 서울화력은 35년 10개월의 국내 최장기 무재해 기록을 경신했다. 국산화 발전소 신보령화력 1호기는 최초 병입에 성공했으며 신규 화력 발전소 건설이 사실상 불가능한 국내 발전 산업의 환경 속에서 신보령, 서울복합, 신서천, 제주LNG복합 건설 사업의 성공적 추진이 이뤄졌다.

국내 신산업과 해외 사업 분야에서는 약 377억 원의 순이익을 올렸다. 또한 국내 전력 그룹사 최초로 해외 수력 발전인 왐푸수력을 준공했다.

2017년 역시 창사 이래 최대 규모 건설 사업의 차질 없는 수행과 미세먼지 등 환경 문제 해소를 위해 최선을 다할 계획이다.

현재 신보령 1·2호기와 서울복합, 신서천, 제주복합 등 4곳에서 4,040메가와트 규모 발전소 건설 사업을 추진 중이다. 이는 현재 운전 중인 발전소 설비 용량의 절반에 해당하는 대규모

인도네시아 땅가무스 수력 발전소 주변 지역 4개 초등학교에서 사회공헌 활동 중인 한국중부발전

건설 사업이다. 건설 사업이 완료되면 설비 규모 등 여러 면에서 중부발전은 한 단계 업그레이드 될 전망이다.

중부발전은 미래 성장 동력인 에너지 신산업도 추진한다. 태양광, 풍력, ESS 등 에너지 신산업 분야에 대한 투자를 전년 대비 57% 늘어난 3,412억 원으로 확대하고 중부발전의 최대 강점인 해외 사업 분야에서도 기존 화력 발전 사업 외에 신재생 에너지 사업 개발에 매진하여 250억 원 규모의 순이익과 함께 국내 기업의 해외 동반 진출에도 역할을 다할 계획이다.

중부발전은 발전 산업 수출, 발전한류의 선구자로서 국내 발전 회사 중 가장 먼저 해외로 진출했다. 보령 3호기 6,000

일 무고장 운전 실적에 기반한 탁월한 발전 설비 운영 능력과 우수한 인력을 바탕으로 큰 성과를 거두고 있다.

인도네시아 찌레본 석탄 화력 발전 사업은 2015년 인도네시아 내 발전소 중 운영 실적 1위를 달성했다. 상업 운전 이후 4년 8개월 만인 2017년 3월 투자비 770억 원이 전액 회수되었다. 또 탄중자티 석탄 화력 O&M 사업은 4년 연속 운영 목표를 초과 달성했다. 국내 전력 그룹사 최초의 해외 수력 사업 성공 사례인 인도네시아 왐푸 수력 발전 사업과 태국 나바나콘 복합 화력 발전 사업 등 다양한 해외 사업을 성공적으로 수행, 2016년 발전사 최고의 해외 사업 순이익약 253억 원을 달성했다.

중부발전은 인도네시아 찌레본 2단계 석탄 화력 발전 사업, 베트남 반퐁 석탄 화력 O&M 사업, 미국 볼더 태양광 사업, 인도네시아 땅가무스 수력 발전 사업 등 후속 사업을 다수 개발 및 건설 중이며, 건설, 기자재 등 진 분야에서 국내 우수 기업과의 동반 진출을 추진하고 있다.

선행 사업 성공 경험을 기반으로 수력, 태양광, 풍력 등 다양한 분야의 해외 에너지 신사업 개발을 추진 중이며 특히 온실가스 감축 사업 적극 개발을 통한 해외 배출권 확보에 집중하고 있다.

선진 전력 시장의 전원 전망에서 예측되듯이 원자력 및 복합 발전은 일정 부분 성장이 전망되지만, 화력 발전 산업은 규모가 축소될 것으로 예상되며 미래 에너지 증가 수요의 대부분은 신재생으로 충당될 것으로 전망된다. 중부발전은 이 부분을 인지하고 있으며, 단순한 에너지 신산업으로써 신재생이 아닌 향후 생존권 및 에너지 시장 선점의 관점에서 신재생 시장을 바라보고 있다.

중부발전은 이를 위해 풍력 615억 원, 태양광 437억 원 등 총 2,307원을 투자하여 풍력 30메가와트, 태양광 19메가와트 등 신재생 설비 735메가와트를 확보하였다. 2017년에는 총 1,539억 원을 투자하여 184메가와트의 설비를 확보할 계획이다. 2017년은 향후 3년간 신재생 설비 1.6기가와트를 신규 확보하기 위한 시발점이 되는 해로 완도 신지풍력, 폐철도 태양광, 신보령·서울 연료 전지 발전 사업에 집중 투자하여 설비를 확보할 계획이다. 또한, 매봉산 풍력단지 리파워링 사업, 제주한림해상풍력 공동 개발 사업 등 중기 신재생 개발 사업도 노력할 계획이다. 현재 개발 검토 중인 대형 풍력·태양광 에너지, 해양 에너지에 대해서도 적극적으로 사업을 확대함으로써 미래 에너지 시장 선점을 위해 지속적으로 노력할 계획이다.

중부발전은 2017년 국내 발전사 중 최대 규모인 4개 프로젝트, 총 발전 용량 4,040메가와트의 건설 사업을 수행한다. 서울복합화력은 국내 최초의 화력 발전소인 서울화력 부지 위에 새로운 형태의 에너지 복합 공간을 짓는 것으로 2018년 11월 재탄생될 세계 최초 도심지 지하 발전소다. 현재 지하 구조물 설치 공정이 진행 중이다. 서울의 유일한 전력 공급 시설로 국가 비상전력을 공급하는 중추적 역할을 수행하고 한강과 연계된 복합 문화 벨트가 형성됨으로써 지역 주민의 문화 예술 체험 및 여가 공간으로 조성될 계획이다.

신보령화력 1·2호기는 국내 기술로 개발한 한국형 1,000메가와트급 화력 발전소를 실증하는 사업으로 세계 최고 성능 실현을 목표로 약 2조 8,000억 원의 사업비가 소요되는 국책 과제다. 기존 초임계압 발전소보다 높은 세계 최고 수준의 기술로 1호기는 2017년 6월, 2호기는 9월에 준공될 계획이다.

신서천화력은 기존 운영 중인 서천화력 1·2호기를 최신 고효율 발전소로 대체하는 사업으로 현재 기초 공사가 진행되고 있으며 2020년 9월 준공 예정이다. 신서천화력은 총 건설비의 30%를 환경 설비에 투자해 최첨단 탈황·탈질 설비와 옥내저탄장 등을 설치하여 엄격한 환경 기준을 적용한 친환경 발전소로 건설된다.

제주LNG복합은 제주 지역 전력 수급을 감안하여 긴급하게 수행되는 사업으로 제주 지역 최초로 클린 에너지인 천연가스를 연료로 한 발전 사업이다. 2018년 6월 발전소가 준공되면 제주 지역 전력 공급의 20%를 담당하여 전력 수급 안정과 에너지 자립에 중요한 역할을 담당하게 된다.

2016년 6월 14일 정부에서 발표한 공공기관 기능 조정 방안에 포함된 에너지 공공기관 상장 계획에 따라 중부발전은 향후 유가 증권 시장에 상장될 예정이다. 주식 상장 시 투자 재원 확보를 위해 구주매각 외에 신주모집도 병행할 계획이며 전체 주식의 20~30%만 상장하여 민영화가 아닌 혼합 소유제_{정부 등 공공 지분 최소 51% 이상 유지}의 형식을 유지할 예정이다.

중부발전은 2019년에 상장될 것으로 예상되지만 향후 상장 시 기업 가치 제고를 위해 부채 비율 160% 이하 준수 등 투자비 집중 시기의 재무 구조 악화를 방지하고 투자자들을 보호하기 위해 지속적인 재무 구조 개선을 위해 노력한다. 또한 정부 및 한국거래소 등 관련 기관과는 상장 절차 및 세부 추진 계획 등을 협의 중이다. 정부 신용등급과 동일한 Aa2_{Moody's}를 유지하고 있으며 향후에도 안정적 재무구조를 유지하고자 노력할 방침이다.

중부발전은 'K-장보고 프로젝트'도 진행 중이다. 이는 중부발전이 해외 발전 사업을 활용해 국내 중소기업을 포함한 협력 기업을 돕는 해외 동반 진출 프로그램이다. 해상왕 장보고의 뜻을 이어 글로벌 강소 기업을 많이 배출하자는 의미에서 K-장보고 프로젝트라 명명하고 있다.

K-장보고 프로젝트는 성장 정체 상태인 국내 전력 시장의 한계를 극복하고자 2008년부터 협력 기업과의 해외 진출을 본격 추진하며 시작됐다. 2016년 12월 현재 인도네시아, 태국, 미국 등지에서 6개 발전 사업장을 성공적으로 운영 중이다. 이를 기반으로 2010년부터 협력 기업 누적수출액 2,500억 원을 달성할 것으로 예상된다. 특히 2016년 7월에는 협력기업 CEO 등 50여 명으로 구성된 'K-장보고 무역촉진단'을 파견해 인도네시아, 태국 등지의 중부발전 해외 발전 사업장의 구매를 독려했다. 2017년 2월에도 20개 협력 중소기업을 말레이시아와 유럽에 시장 개척을 위해 파견했다.

중부발전은 2017년 인도네시아 찌레본 2호기 건설을 본격 착수함에 따라 협력 기업들이 향후 3~4년간 약 1억 3,000만 달러 _{약 1,470억 원} 수준의 추가 수출을 할 수 있을 것으로 예상한다.

중부발전은 보령으로 본사를 이전함에 따라 발전 회사 특성

지역 경제 활성화를 위해 보령 중앙시장에서 사회 공헌 활동 중인 정창길 사장

을 살린 사회 공헌으로 지역 경제 발전에 기여하고 있다. 보령
화력본부에서 발생된 온배수를 활용한 수산 종묘 배양장을 운
영하고 있는데 연간 70만 미의 치어 방류로 어민 소득 증대에
기여하고 해양 생태계 변화를 최소화하는 등 지역 사회에 보탬
이 되고 있다.

또 중소기업 성과 공유금을 활용한 중소기업 및 에너지 빈곤
층 지원 사업도 시행 중이다. 보령 지역 4개 중소기업과 에너지
빈곤층 100가정, 13개소 대상으로 창호 단열 등 에너지 효율화
사업을 펼쳤다.

중부발전은 온실가스 및 미세먼지 감축 등 친환경 경영에도

앞장선다. 2016년 11월 4일 파리협약이 발효됨에 따라 정부는 2016년 12월 6일 '제1차 기후 변화 대응 기본 계획'과 '2030 국가 온실가스 감축 기본 로드맵'을 확정 발표했다. 이 중 발전 부문은 BAU 대비 19.4%를 감축하는 것이 목표다.

중부발전은 연료 전환, 신재생 에너지 확대, 효율 개선, 외부 감축 사업 추진 등으로 2030년까지 BAU 대비 25.7%의 온실가스를 감축할 계획이다. 보령 1·2호기를 LNG로, 제주 3호기75메가와트는 바이오중유로의 연료 전환을 실시하고 제주상명풍력21메가와트 준공, 군산바이오발전소200메가와트 건설이 예정돼 있다. 보령화력 3~6호기는 레트로피트Retrofit를 통한 효율 개선을 추진하고 보령화력 CCUS 설비10메가와트를 이용한 재이용 사업 및 스케일업 Scale-Up 연구도 지속한다. 카프로와의 온실가스 외부 감축 사업도 실시한다.

미세먼지 감축과 관련해서는 2025년까지 운영 중인 석탄 화력을 세계 최고 수준의 환경 설비로 바꾼다. 주기기 및 환경 설비 성능 개선에 약 1조 4,700억 원을 투자하여 환경 설비를 세계 최고 수준으로 교체할 예정이며 이는 정부의 미세먼지 대책보다 5년 앞당긴 계획이다. 이로써 대기오염 물질 배출량을 2015년 3만 5,600톤에서 2025년 4,400톤으로 약 88% 감축할 계획이다.

건설 중인 신서천화력, 신보령화력에 최신 환경 설비 설치 및 개선을 위해 약 3,000억 원을 투자한다. 기존 설계 대비 대기오염 물질 배출량을 약 67% 감축하게 된다.

트럼프 행정부의 친 석유 및 가스 에너지 정책에도 불구하고 신재생은 이미 기존 발전원과 비교하여 자체적인 가격 경쟁력을 갖춘 것으로 중부발전은 파악하고 있다. 10년 전에 비해 대규모 태양광 발전 단가가 70% 하락하였으며 캘리포니아의 경우 이미 그리드 패리티Grid Parity, 신재생 에너지 발전 단가와 기존 화석 에너지 발전 단가가 같아지는 시기를 달성했다. 세계적인 에너지 트렌드로 볼 때 화력은 경쟁력을 잃어가는 반면 신재생은 가격 경쟁력을 기반으로 이미 주 에너지원으로 성장 중이며 실제 신재생 사업은 인프라 확대를 통한 일자리 창출 및 에너지 독립성이라는 트럼프 정책에 충분히 부응하는 효과가 있다는 것이다.

중부발전은 세계에서 가장 큰 신재생 시장 중 하나인 미국을 신재생 사업의 중점 국가로 선정하여 미국 현지 법인인 KOMI-PO 아메리카America를 통하여 미국 시장에 대한 전략적이고 지속적인 개발과 투자를 할 예정이다. 트럼프 행정부의 정책으로 미국 내 기존 에너지 및 관련 인프라 사업이 호황기를 맞이할 것으로 전망되며 이는 미국 내 사업 기회의 확장으로 나타날 것으로 예상된다.

중부발전은 2017년도 안전을 최우선으로 한다. '안전은 사람의 생명, 품질은 설비의 생명, 청렴은 조직의 생명'이라는 슬로건을 전 직원이 마음속에 새기며 안전, 품질, 청렴을 회사의 기초로 한다.

부실한 기초 위에서 좋은 경영 성과를 내려고 노력하는 것은 다 부질없는 일이다. 중부발전은 안전한 일터 조성을 위해 경영진의 안전 현안 설명회, 안전 예산 무삭감 원칙 등 참여와 소통의 안전 최우선 경영 활동으로 신 안전 문화 운동을 펼치고 있다.

고품질 명품 발전소 구현을 위해 기자재 구매, 발전 설비 정비 검사의 지속적인 표준화 시행과 직원들의 역량 개발 교육 강화 및 혁신 활동을 위해 보상 체계를 강화한다. 또한 개정된 ISO 9001 품질 경영 시스템으로 인증 전환을 통해 체계화된 품질 문화를 징착한나.

지속적인 청렴 조직 및 윤리 문화 확산을 위해 다양한 청렴 윤리 교육으로 청렴 윤리 의식을 고취시키고 비위 사건에는 '원 스트라이크 아웃'으로 무관용 원칙을 적용한다. 또 익명 신고 시스템 활성화 등 처벌보다는 예방에 중점을 두는 활동으로 규정된 기준을 철저하게 준수하고 체질화할 방침이다.

병원장

—

최원준

건양대학교병원

학력
1988   고려대학교 의과대학 학사
1996   동 대학원 석사
1998   동 대학원 박사
2006   캐나다 캘거리대학교 연수

경력
1989   고려대학교부속 구로병원 일반외과 전공의
1996   고려대학교부속 구로병원 일반외과 임상강사
1998   고려대학교부속 안산병원 일반외과 임상강사
2000   건양대학교병원 일반외과
2003   건양대학교병원 일반외과 부교수
2011   건양대학교병원 일반외과 교수
2013   건양대학교병원 제2진료부원장
2015   건양대학교 의과대학장
현재   건양대학교병원장
       건양대학교병원 일반외과 교수

건양대학교병원
KONYANG UNIV. HOSPITAL

시민의 병원이라는 사명, 혁신의 원동력이 되다

2000년 환자의 건강과 행복을 위해 개원한 건양대학교병원은 중부권 최초로 임상 병리 자동화 시스템을 구축하고, 처방 전산화 프로그램을 도입하는 등의 차별화 전략으로 개원 초부터 지역 주민에게 큰 호응을 얻고 있다. 건양대학교병원은 대학병원이라는 높은 장벽을 없애기 위해 가장 먼저 환자들이 편안하게 병원을 이용할 수 있도록 고객 만족 서비스 향상에 심혈을 기울였다. 이 덕분에 환자 수도 많이 증가해 '가족 같은 사랑으로 신뢰받는 세계적 수준의 의료원이 된다'라는 비전 아래 참된 의술을 펼칠 수 있게 되었다.

열정이 있는 행복한 의료원, 고객 중심의 신뢰받는 최상의 진료, 혁신과 도전을 통한 창의적 연구, 참된 인성을 갖춘 인재 양성, 이웃 사랑을 실천하는 봉사와 헌신한나는 핵심 가치를 실천하고 있는 건양대학교병원은 비약적인 발전을 거듭하며 지역 주민의 건강을 책임지는 대표 의료기관으로 성장했다.

'환자 중심의 병원'이라는 초심을 강조하며 안전을 최우선으로 중증 질환 치료 역량 제고와 질환별 세분화 및 전문화로 환자가 믿고 찾을 수 있는 병원 만들기에 주력하고 있다. 아울러 의료 서비스 향상을 위해 새 병원 설립을 추진하는 등 중부권의 대표적인 의료기관으로 발전해나가고 있다.

지방 대학병원의 패러다임을 선도하다

건양대학교병원이 17년이라는 비교적 짧은 역사에도 불구하고 큰 성장을 이룬 원동력은 '신뢰 구축'이다. 지역에 위치한 대학병원이라고 해서 지역 환자들이 당연히 지역 병원을 이용할 것이라는 기대는 할 수 없다. 따라서 환자들이 신뢰와 믿음을 갖고 지역 병원을 찾을 수 있도록 질 높은 의료 서비스를 제공해야 하고, 중증 환자들의 치료 성공률도 높여야 한다. 또 환자들이 꼭 필요로 하는 부분을 찾아 해소하는 노력을 기울이고 있다.

이를 위해 지난 2013년에는 지역 대학병원 최초로 국제의료기관 평가JCI 인증을 획득하고 의료 서비스의 질을 향상시키는 작업들을 끊임없이 해왔다. 지금까지의 국내 의료 환경은 낮은 의료수가 정책으로 병원마다 무한경쟁을 야기해 병원들이 첨단 장비와 시설로 무장해왔다. 물론 이러한 것도 중요하지만 이제 병원 경영의 새로운 패러다임은 환자 안전과 의료의 질 향상이 되었다. 건양대학교병원은 환자 안전 프로그램을 꾸준히 개발하

건양대학교병원 개원 16주년 기념식

고 더욱 안전한 의료 시스템을 구축하는 데 모든 역량을 기울이고 있다. 또한, 최근 정밀 의학을 필두로 한 중증도 높은 진료 역량을 갖추기 위한 시스템도 마련하고 있다. 이렇듯 건양대학교병원은 지방 대학병원의 패러다임을 선도해 나가고 있다.

고객의 욕구를 충족시키다

건양대학교병원 최원준 병원장은 무엇보다도 환자 안전을 최우선 목표로 삼고 의료의 질 향상과 쾌적한 의료 환경 조성, 진료 체계 개선 등을 통해 최상의 서비스를 제공하고자 노력해왔다. 이 결과 보건복지부나 건강보험심사평가원에서 실시하는 여러 평가에서도 좋은 성적을 거두었다. 폐암, 유방암, 대장암 등 암 적정성 평가에서 '최고' 등급을 받았으며, 각종 의료질 평가에서도 모두 1등급을 받아 수도권 대형 병원과 비교해 건양대학교병원 의료 서비스의 질이 결코 뒤지지 않다는 것을 입증하였다. 2016년에는 보건복지부로부터 '권역응급의료센터'로 승격 선정되어 운영에 들어갔으며, 병원 경영 측면에서도 큰 성장을 이루었다.

최 병원장이 이러한 성과보다 더 중요하게 생각한 측면은 병원에 각 질환별 전문 분야의 의사가 없어서 지역 환자들이 서울로 올라가는 불편함이 없어야 한다는 것이었는데 이를 일정 부분 해소시켰다는 것이다. 건양대학교병원은 2016년부터 각 진료과별로 소아 분야를 담당할 의료진을 영입해 현재 소아외과, 소아정형외과, 소아완과, 소아정신건강의학과, 소아이비인후과 교수 등이 전문적인 진료를 담당하고 있다. 국내 소아 분야의 전문 의료진은 매우 부족하고 병원의 입장에서도 소아 진료에 선뜻 투자를 하기 어려운 것이 사실이다. 하지만 비록 환자가 적어도 꼭 필요한 진료 분야가 있다면 대학병원이 이를 해결해야 할 의무가 있다고 생각했다.

이 외에도 신생아 중환자실을 확장해 지역의 미숙아 등 고위

건양대학교병원 권역응급의료센터 개소식

험 신생아 집중 치료를 위한 광역단위 지역센터로서 역할을 톡톡히 해내고 있으며, 뇌 병변이나 발달 지연 아동의 재활 치료를 위해 낮 병동 개념의 소아 재활센터도 운영하고 있다. 이는 새로운 진료 영역을 구축하고 지역 의료 서비스의 폭을 넓힌 것으로 지역민들에게는 큰 의미가 있있다.

공공 의료의 역할을 수행하다

건양대학교병원은 2016년 보건복지부로부터 '권역응급의료센터'로 승격 선정되어 운영에 들어갔다. 약 82억 원의 예산을 투입해 기존 응급실 공간을 대폭 확장하고 전문 의료진의 증원과 최첨단 의료 장비를 갖추고 2016년 9월 개소했다.

단순히 기존 응급실의 규모를 확대한 것이 아니라 권역응급의료센터로서의 역할을 충실히 수행할 수 있도록 의료 시스템을 갖춘 것이다. 따라서 언제 어떠한 중증 응급 환자가 오더라도 신속하게 응급 환자의 생명을 살릴 수 있는 지역 최상위 응급 의료 기관이라고 할 수 있다.

특히 몇 년 전 메르스와 같은 국가적 집단 감염병 사태가 발생했을 때를 대비해 감염 관리 시스템도 철저히 갖추어져 있다. 선별 진료소를 통해 모든 응급실 출입자에 대해 관리가 이뤄지고 있으며, 중증도 및 질환 종류에 따라 진료 구역도 구분되어 있다.

무엇보다도 응급 환자를 신속하게 치료하여 생존율을 향상시킬 뿐 아니라 관내 소방서와 보건소, 의사회, 의료기관 등과 유기적인 협력 관계를 형성해 응급 의료의 질을 향상시키는 데 선도적인 역할을 담당하고 있다.

또 국가적인 재난 사태 발생 시에는 '재난 거점 병원'으로서의 역할도 수행하게 된다. 지역 시민들의 건강을 지킨다는 사명을 가지고 주도적으로 공공 의료의 역할을 수행하고 있다.

최첨단 의료 시스템으로 한발 앞선 행보

건양대학교병원은 중부권 최초로 IBM의 인공지능 '왓슨'을 기반으로 한 '왓슨 포 온콜로지Watson for Oncology'를 중부권 최초로 도입했다. '왓슨 포 온콜로지'는 의사들이 근거에 입각해 치료를 할 수 있도록 지원하기 위해 개발된 시스템으로, 세계적인 암센터 '메모리얼 슬론 케터링MSK'에서 학습 과정을 거쳤다.

클라우드 기반 플랫폼으로 방대한 분량의 정형 및 비정형 데이터를 분석해 의사들이 암 환자들에게 데이터에 근거한 개별화된 치료 옵션을 제공할 수 있도록 지원하는 것이다. 2016년 전 세계적으로 약 4만 건에 달하는 종양학 논문이 의료 학술지에 발표돼 매일 122개 분량의 새로운 논문이 발표되는 것으로 집계됐다. 의료 지식이 급증하면서 인간의 능력으로 따라갈 수 있는 한계를 넘어서고 있는 만큼 의사들은 자연어 처리가 가능한 왓슨 포 온콜로지를 활용해 학습된 데이터에서 특정 환자 개개인에게 필요한 유관 임상 정보를 신속하게 추출할 수 있게 될 전망이다.

최 원장은 "왓슨 포 온콜로지는 엄청난 양의 개별화된 데이터를 분석하고 이를 실제 임상에 활용할 수 있을 정도로 종합 제시해, 의료진들이 세계 수준의 입증된 의료 서비스를 환자들에게

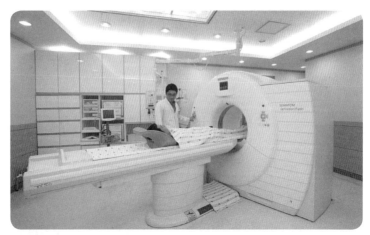

건양대학교병원에 설치된 128채널 듀얼 CT

제공할 수 있게 해줄 것"이라고 말했다.

왓슨 포 온콜로지를 통해 추구하는 목표는 증가하고 있는 암 관련 지식에 좀 더 쉽게 접근하는 것으로, 결국 암 환자에 제공할 수 있는 최적의 의료 서비스를 찾아낸다는 것에 큰 의미가 있다.

건양대학교병원의 발 빠른 시도가 불러일으킬 변화가 앞으로 어떤 결과로 이어질지 관심이 집중되고 있다.

대한민국 의료의 새로운 이정표를 만들다

건양대학교병원은 2020년 5월 개원을 목표로 새 병원 건립 준비가 한창이다. 현재 국내 굴지의 설계 회사와 연계하여 본격적인 설계 작업 중이며 빠르면 2017년 11월쯤 기공식을 가질 예정이다. 새 병원은 단순히 병상 수를 늘린다는 차원이 아니라 모든 시설과 구조를 환자 편의에 초점을 맞출 계획이다. 건양대학교병원이 위치한 대전 서남부 지역만 해도 의료 서비스에 대한 시민들의 요구도가 전반적으로 증가하였다. 따라서 새 병원은 정밀 의료 서비스를 필두로 '건강 검진'의 개념이 아닌 '건강 증진과 예방' 차원의 제반 시스템도 갖춘다. 아울러 그동안 여러 여건상 시행하지 못했던 호스피스 병동이라든지 회복기 재활센터 등 다양한 의료 서비스를 제공하게 된다. 특히 IT 시대에 걸맞은 최첨단 시스템을 구축하고 로봇 수술, 초정밀 인공지능을 활용한 의료 서비스까지 검토하고 있다. 이러한 방향성을 가지고 지역의 대표 거점 병원의 역할을 수행해 환자들이 굳이 수도권 병원으로 가지 않아도 만족할 만한 의료 서비스를 제공받을 수 있도록 할 것이다.

국내 톱 10을 향한 질주

건양대학교병원의 가장 큰 장점은 발전 가능성이 충분하다는 점이다. 탄탄한 의료진과 장비 측면에서만 봐도 건양대학교병원은 전국 최고 수준에 이르고 있다. 시설, 장비는 물론 최첨단 의료 시스템과 의료 서비스까지 모두 최고의 수준으로 끌어올려 2020년까지 '국내 톱 10 병원 진입'이라는 비전을 실현하겠다는 것이 의지다.

"고객들이 지역에서 가깝고 편리하게 방문해 안전하게 치료받아 건강을 되찾을 수 있도록 '잘 낫는 병원'이 되도록 건양의 모든 구성원들이 더욱 정진할 것입니다. 지역에 깊숙이 뿌리내린, 대전시민, 세종시민, 충청도민의 병원이라는 사명감을 가지고 고객들의 행복과 건강을 위해 최선을 다할 것입니다."

최원준 병원장의 말을 해석해보면 환자를 돌보고 병원을 변화시키며 만족감과 자랑스러움을 갖는다는 얘기다. 그 말의 이면은 사랑과 열정이다. 사랑에서 발로되는 열정이 없다면 환자를 치유하기 위해, 병원을 발전시키기 위해 밤낮없이 애쓸 수 없을 것이다. 최 원장의 에너지의 원천은 곧 사랑이다. 가족 같은 사랑을 바탕으로 세계적 수준의 의료 서비스를 제공하는 병원World

건양대학교병원 제2 병원 조감도

Class Quality with Love, 즉 건양대학교병원의 비전은 '사랑'과 상통하고 있다. 건양대학교병원은 지금 최원준 원장과 의료진들의 사랑을 에너지로 삼아 국내 톱 10 병원을 향한 비상을 시작했다.

—

곽상욱

오산시

학력

1987 단국대학교 영문학과 졸업

2010 동 대학교 대학원 행정학 박사

경력

오산대학교 비서행정학과 외래교수

오산청년회의소 회장

오산교육발전 학부모협의회 공동대표

제4회 전국동시지방선거 열린우리당 오산시장 후보

오산시 무상급식실현운동본부 공동대표

오산자치시민연대운영위원장

현재 오산시장(민선 5 · 6기)

상훈

2011 전국기초단체장 매니페스토 우수사례 경진대회 우수상

2012 전국기초단체장 매니페스토 공약이행 평가
우수상(출산교육 분야)

대한민국 CEO리더십 대상(시민중심경영 부문)

대한민국 글로벌CEO(글로벌교육경영 부문)

2012~2014   전국기초단체장 공약이행 및 정보공개평가
최고등급(SA등급)

2013 전국기초단체장 매니페스토 우수사례 경진대회
최우수상(청렴 분야)

2014 전국기초단체장 공약평가 공약 대상

2015 대한민국 가치경영 대상(지자체 부문)

대한민국 소통경영 대상(지자체 부문)

전국기초단체장 매니페스토 우수사례 경진대회
최우수상(청렴 분야)

2016 대한민국 창조경영 대상(사회적책임경영 부문)

대한민국 혁신경영 대상(리더십경영 부문)

한국의 미래를 빛낼 CEO(리더십경영 부문)

한국매니페스토 주관 민선 6기 공약실천계획 평가
최우수등급

전국기초단체장 매니페스토 우수사례 경진대회
최우수상(주민참여 분야)

City of Education Osan

시민이 행복한 미래 도시

'활기찬 변화, 행복 도시 오산'을 표방한 곽상욱 오산시장은 22만 오산시민을 위한 시정을 펼치며 공직자 청렴도 향상, 공교육과 평생 교육의 보편적 창의 교육 기반 구축, 문화 관광형 전통 시장 구축, 세교 2지구 신도시급 공공 디자인 적용 등으로 변화를 추진하며 시민들의 삶의 질 향상에 노력하고 있다.

곽 시장은 시민 중심, 시민 우선, 시민 시장이라는 시정 슬로건을 기치로 문턱을 낮추고 시민 목소리에 귀 기울이며 시민이 주인이 되고 시민과 함께하는 시정을 펼치고 있다. 그 결과 외부 기관 청렴도 4년 연속 우수 등급, 청렴도 평가 전국 최초 2년 연속 전국 1위, 전국기초자치단체장 매니페스토 경진대회 전국 최초 청렴분야 최우수상, 대한민국 평생학습 대상, 오색시장 대통령 표장 등을 받았다. 이 밖에 오산천 생태 하천 복원 사업, 죽미령UN초전기념 평화공원 조성 등 시민의 삶의 질 향상을 위해 매진해왔다.

오산시는 동서남북 균형 개발을 통한 35만 시민 시대를 준비하고자 운암뜰 복합 개발을 추진하고 내삼미동 경제 관광 융·복합 타운을 조성하여 안전 산업 클러스터로 조성하고 있다. 또 국

민안전처 대규모 안전 체험관 공모 사업에 선정돼 복합 안전 체험관 건립을 유치하였다

대한민국 대표 교육 도시로서 오산시는 지역 특화 사업으로 꿈 찾기 멘토 스쿨, 직업 체험 '미리내일학교'를 운영하고 있다. 관내 직업 체험처 발굴 및 학부모 진로 코치단 양성, 진로 진학 상담 교사단과의 협력 체계 구축 등 전국 최고의 자유학기제 시행으로 교육부총리상을 수상했다.

시민과 소통하며 신뢰받는 청렴 도시

오산시는 600여 공직자의 청렴 의식 고취와 청렴도 향상을 중점 시책으로 추진하고 민선 5기에서 역점적으로 추진한 시민 감사관 제도를 지속적으로 운영하며 민생 관련 불편 사항을 적극적으로 해결하는 등 행정에 대한 시민들의 신뢰를 회복하기 위해 노력하고 있다. 그 결과 국민권익위원회에서 시행하는 공공기관 청렴도 평가에서 4년 연속 우수 등급을 받았으며 전국 최초 2년 연속 청렴도 평가 전국 1위를 수상함으로써 청렴 도시로 자리매김하였다.

곽상욱 시장은 공직 부조리 근절 및 청렴 문화 확산을 위해 공

꿈 찾기 멘토 스쿨의 수업 모습

직자 청렴 문화 현장 체험과 소통 문화를 강조하고 수평적 파트너십을 기반으로 한 일자 자리 배열을 도입해 조직 문화를 개선했다. 부패 방지와 투명 행정을 위한 신고센터를 운영하는 등 다양한 시책을 발굴하였고 청렴 역량 강화 교육 및 공직자 사기 진작 시책을 운영하고 있다.

한국매니페스토가 전국 220여 개 지방자치단체를 대상으로 언론, 단체 홈페이지, 단체장 공약 이행 보고서 등의 자료를 취합해 평가하는 공약 이행 및 정보 공개 평가에서 곽 시장은 2012년부터 2014년까지 3년 연속 최우수 등급으로 선정됐다. 또 2014년 법률소비자연맹에서 4년 주기로 평가하는 지방자치단체장 공약이행 평가에서도 대상을 수상했다.

곽 시장은 시민의 편에서 소통하고 시민이 참여하고 시민이 신뢰하는 시민 중심의 시정을 펼친 결과 2012년 12월 대한민국 CEO리더십 대상시민중심경영 부문을 수상하였으며 경기도교육청이 지정한 혁신 교육 사업을 지역 실정에 맞게 추진한 결과 2015년 4월 대한민국 가치경영 대상지방자치단체 부문을 수상하였다. 시민과의 약속을 지키는 시민 중심 정책을 추진한 결과 곽 시장은 2015년 7월 제3회 기호 참일꾼상을 수상했다.

곽 시장은 22만 시민의 사회안전망을 구축하는 한편 다문화 시대를 맞아 전국 최초로 '화상 통역 서비스'를 도입하여 다문화 가정 처우 개선에 앞장섰다. 이 공로로 창조경영 대상사회책임경영 부문을 2016년 4월 수상하였고 탁월한 리더십과 진취적인 경영 혁신, 창조적인 경영 마인드를 바탕으로 국가의 경쟁력 강화에 기여하고 대한민국 발전에 기여한 공로로 그해 5월 대한민국 혁신경영 대상을 수상했다.

곽 시장은 또 오산시를 교육 특화 도시로 탈바꿈시키며 위상을 한 차원 높였다. 시민 전체를 대상으로 하는 혁신 교육과 평생 교육을 제공해 학교 안에서는 학생에게 혁신 교육을, 학교 밖 시민에게는 평생 교육이라는 이원적 교육 체계를 도입해 보육에서 학교 교육, 평생 교육으로 이어지는 생애 단계별 맞춤 프로그램을 완성했다.

더불어 배우고 성장하는 학습특별시

곽상욱 시장은 2010년 7월 오산 시장 취임 이후 지속적으로 공교육과 평생 교육의 기반을 구축하는 다양한 시책을 추진해왔다. 시민 참여 학교는 시 전역을 체험학습장으로 삼아 학교, 학부모, 학생들이 함께 배우고 체험하고 가르치는 역동적인 학습 시스템으로 학생들은 역사, 환경, 문화 등의 내용을 학부모 자원봉사자와 함께 현장에서 배울 수 있다. 학부모 참여자들은 학습 동아리를 꾸려 공부하고 시는 학부모들이 원하는 강좌를 지원하고 있다.

시민 참여 학교는 19개 탐방 학교 형태로 운영된다. 5명 이상이 신청하면 원하는 시간과 장소에 강좌를 제공하는 '런앤런 Run&Learn'을 시민 참여 학교와 연계해 진행하고 있다. 이러한 노력의 결과 오산시는 2013년 대한민국 대표 브랜드 교육 도시로 선정되었으며 2014년 대한민국 평생학습 대상 수상, 2015년 교육부 평생 학습 도시 선정 등 대한민국 대표 교육 도시로 인정받게

청소년들이 직업 체험을 할 수 있는 미리내일학교

되었다.

오산시는 2011년 경기도교육청과 혁신 교육 지구 MOU를 체결하면서 '학생과 학교 현장 중심의 학교 문화를 만들자'라는 교육 철학을 가지고 혁신 교육 사업을 추진했다. 특히 오산 혁신 교육 사업 중 토론 문화 활성화 사업은 대표적이라 할 수 있다.

이를 위해 2015년부터 중앙선거방송토론위원회, 솔브릿지국제대, 오산중학교와 토론 문화 활성화를 위한 MOU를 체결해 토론 사업과 관련된 협조 체계를 구축하며 기반을 다졌다. 또한 학교 선생님들이 토론 수업 연구를 위해 자발적으로 연구회를 조직할 수 있도록 여건을 마련해주고 토론 연구 수업을 지원하

였으며 학생들에게 다양한 토론 체험을 할 수 있도록 토론축제
를 진행해왔다.

다양함이 어우러진 문화 관광 도시 육성

오산시는 전통 시장인 오색시장을 활성화하고자 아케이드,
공용 주차장, 화장실 신축, 시장 바닥 도색, 가로등 설치, 간판
정비, 상설 무대, 고객 지원센터 등에 188억 8,300만 원의 예산
을 투자해 오색시장 시설 현대화 사업을 추진하고 있다. 더불어
문화가 접목된 맘스마켓 특화 거리 조성, 주말 상설 공연, 세일
데이 전통 시장 가는 날 행사 등 구체적이고 직접적으로 시장에
필요한 프로그램을 실시하는 등 지역 경제를 살리고 전통 문화
를 계승하고자 노력하고 있다.

이런 결과로 2013년 전국우수시장박람회 대통령 표창, 2014
년 전국 7대 우수전통시장 선정 등의 성과를 거뒀다. 2015년에
는 시장 고유의 특성을 활용한 지역 내 역사와 문화를 바탕으로
주변 관광 자원과 연계해 문화, 관광, 쇼핑이 어우러진 문화 관
광형 시장 사업 대상으로 선정되어 3년간 국비 포함 총 18억 원
을 지원받고 있다. 이로써 오색시장이 문화와 전통이 어우러진

전국 대표 시장으로 자리매김한 오색시장

경쟁력 있는 시장으로 육성돼 전국 대표 시장으로 자리매김하게
됐다.

오산시민의 삶이 담겨있는 오산천 복원도 진행 중이다. 오산
천은 오산시의 심장이며 역사이고 도심을 가로지는 대표 하천으
로 상류 지역의 산업화로 오염되어 시민들이 외면하는 상황이
다. 오산시는 오산천을 건강 하천으로 만들기 위해 2017년까지
국비 포함 총 857억 원을 투입해 생태 하천 복원 사업 계획을 수
립하여 추진하고 있다.

오산천 생태 하천 복원 사업을 위한 필수 요소인 상류 지역 수
질 관리를 개선하고자 끊임없이 노력한 결과 기흥저수지가 중점

자전거를 주제로 한 오산천 두바퀴축제

관리 저수지로 지정되도록 하였으며 기흥저수지 녹조의 주원인
인 기흥·구갈 레스피아 총인$_{T-P}$ 방류 수질이 0.2ppm으로 강화되
도록 하였다. 또한 동탄하수처리장 방류수질을 5급수 이하에서
3급수 이하로 개선하였다.

오산천은 문화체육관광부 주관 2015년 '국민 여가 캠핑장 공
모 사업'에 선정되어 국비 포함 10억 원의 예산을 지원받았다.
그 결과 시민의 캠핑 여가 문화 장소로 재탄생했으며 이 곳에서
오산시민은 낭만과 추억이 가득한 체험학습, 물놀이, 미니 동물
원 등 다채롭고 유익한 여가를 즐길 수 있게 됐다. 또한 오산천
에서는 자전거를 주제로 '오산천 두바퀴축제'를 개최하여 시민들

에게 건강의 소중함과 오산천의 변화하는 모습을 보여주는 자리를 마련했다.

한편 오산시 공무원정책연구동아리팀이 경기도 창조오디션에 응모하여 혁신상을 수상함으로써 도비 49억 원을 확보했다. 이 예산으로 반려 동물과 함께하는 인성 에듀 타운 '오독오독'을 조성하게 된다.

쾌적하고 건강한 도시 환경

오산시 세교 2 지구는 임대주택 비율이 46.2%로 타 시·군에 비하여 높아 사회복지 비용 지출이 상대적으로 많다. 이 때문에 지방 재정 운영에 어려움이 있어 오산시는 이를 해결하고자 지속적으로 경기도, 국토교통부에 건의한 결과 현재 46.2%에서 27.9%로 다른 신도시 수준으로 하향 조정을 승인받아 변화를 추진하고 있다.

또한 정부 핵심 주거 정책 사업인 행복주택 1,130세대 도입을 국토교통부로부터 승인받아 젊은 계층에게 우선 공급함으로써 세교 신도시의 주거 환경 개선 및 도시 재생을 촉진하고 있다. 개발 사업 활성화를 위해 LH와 업무 협약을 맺었고 2018년 분

수도권 남부 교통의 중심 허브 계기가 될 오산역 환승센터

양을 목표로 하고 있다.

　오산시는 오산역 주변의 만성적인 도심 교통 혼잡을 해결하고 전철, 택시, 열차, 버스를 한 장소에서 이용하는 원 포인트 시스템을 도입하고자 복합 환승센터도 건립 중이다. 국비 포함 537억 원의 예산을 투지하고 있으며 2014년 11월 20일 기공식을 했고 2017년 10월 완공이 목표다. 오산역 환승센터는 오산시가 수도권 남부 교통의 중심 허브로 도약하는 계기가 돼 지역 경제 활성화에 크게 기여할 것으로 기대된다.

　2015년 5월 준공된 신장동주민센터와 함께 7월 개원한 건강 생활 지원센터는 98억 2,900만 원의 예산이 투입됐다. 세교 지

오산IC 주변 경관 디자인 변경

역 주민들의 고혈압, 당뇨, 비만 등 만성질환 예방 관리, 임산부
관리 등의 보건 의료 서비스를 제공하는 곳으로 보건소 이용에
불편을 겪고 있는 지역 주민의 보건 의료 서비스에 크게 기여하
고 있다.

오산시는 UN초전기념관을 포함해 죽미령 일원에 2017년까
지 UN초전기념평화공원을 조성할 예정이다. 스미스부대가 한
국 전쟁에 참전했던 것을 기념해 '스미스 메모리얼 파크'를 조성
하고 '알로하평화관'을 건립해 재난·전쟁 안전 체험을 위한 가상
현실 체험 공간, UN 참전국 역사·문화 시설을 마련한다.

유엔군 첫 전투지인 죽미령에 평화 공원을 건립하는 것은 한국 전쟁 당시 유엔군의 고귀한 희생과 정신을 되살려 자유와 평화의 의미를 널리 알리는 것뿐 아니라 그 정신을 오늘에 되살려 관광, 문화, 교육에 활용한다는 의미를 담고 있다.

죽미령 UN초전기념평화공원이 완공되면 2020년에 연간 수만 명이 찾아오고 그로 인한 경제유발 효과로 오산시 지역 경제 활성화에 큰 도움이 될 것으로 예상된다.

미래를 준비하는 명품 도시 건설

오산시는 2035년 도시 구조를 재구성하여 인구 35만의 활력 넘치는 도시로 탈바꿈할 예정이다. 이를 위해 도시 기본 계획을 수립하고 세교 신도시 개발과 교통망 확충, 도시 미관 향상 등을 추진 중이다. 동시에 오산시의 관문 및 랜드 마크로 자리매김할 운암뜰 복합 개발을 2018년까지 추진하고 내삼미동 경제 관꿩 융·복합 타운 조성을 통한 안전 산업 클러스터 추진 등 명품 도시를 건설하고 있다.

또한 오산시는 종합 상황 관제 시스템을 구축하여 자연 재난 종합 상황을 관측하고 감시 및 관제한다. U-시티통합센터도 운영하는데 5개 기관이 연계 서비스를 추진해 사회적 약자 지원 및

아이편 어린이집을 방문한 곽상욱 시장

시민들의 안전 확보를 추진한다.

　오산시는 소외계층의 생활 속에서 일어나는 불편 사항을 신속하게 처리하고 시민 곁으로 다가가는 밀착 행정을 추진하고 있다. '1472 살펴드림' 운영은 물론 지역 사회와 함께하는 '사랑의 집 고쳐주기'도 확대 추진한다. 또한 복지 사후 서비스를 도입하여 그물 복지망을 구축하였으며 어르신들의 삶의 질 향상을 위한 노인 종합 복지관과 실버케어센터를 운영하고 어르신들의 활발한 사회 참여를 추진하고 있다.

　장애인의 생활 안정 도모 및 이동권 확보를 통해 삶의 질을 향상시키고자 오산시는 다양한 시책을 추진 중이다. 장애인 종합 복지관을 개관하고 중증 장애인 택시 요금 할인 카드 지원, 장애인 자립 기반 조성을 통한 복지 향상 등을 추진하고 있다.

오산시는 시민들과 함께 꿈을 키우며 시민들에게 정보 제공과 평생 학습의 장을 제공함으로써 교육과 문화의 다양한 체험학습 장으로 활용될 수 있도록 오산시 6개동에 공공 도서관을 구축했다. 특히 2014년 4월 개관한 꿈두레도서관은 문화 강좌와 평생 교육·초청 강의 등을 추진하며 문화 도서관으로 운영되고 있다.

시장
—

권영세

안동시

학력
1976   영남대학교 법학과 졸업
1978   경북대학교 행정학과 대학원 수료
2011   미국 코헨대학교 명예 경영학 박사

경력
1977   행정고시 합격(21회)
1979~1990   경상북도 기획계장, 법무담당관
1991~1992   내무부 지방행정국, 지방기획국
1994   영양군수
1995   대통령비서실 행정 · 정무수석실
1998   대통령인수위원회
1999   안동시 부시장
2002   행정자치부 문화시민운동중앙협의회 운영국장
2004   소방방재청 정책홍보 본부장
2006   대구광역시 행정부시장
현재   안동시장(민선 5 · 6기)

상훈
1993   대통령 표창
2005   홍조근정훈장
2013   한구을 빛낸 창조경영인(상생경영 부문)
       한국박물관협회 특별공로상

안동시

경북 중심 도시, 한국 정신문화의 수도 안동

2016년 2월 경북도청과 교육청이 안동으로 이전하며 경북의 새로운 중심으로 우뚝 선 안동시. 권영세 안동시장은 '더 큰 안동, 더 좋은 미래'라는 비전을 앞세워 안동시민의 역량을 결집시키고 있다.

도청 소재지라는 성장 동력이 마련된 만큼 이를 기반으로 행정, 경제, 문화 등 실질적 중심 도시 역할을 할 수 있는 기반을 갖춰가는 한편 하회마을, 유교책판 등 세계적으로 가치를 인정받고 있는 안동 문화를 발판으로 삼아 세계적 문화 관광 도시로의 비전을 열어가고 있다.

안동의 정신적 가치를 기반으로 21세기 정신문화를 이끌어가기 위한 인성 교육도 활발하게 전개하고 있다. 권영세 시장은 2017년 새해 화두로 '꿈은 붕새처럼 크게 가지고, 생활은 개미처럼 부지런해야 한다'는 붕몽의생鵬夢蟻生을 제시했다. 경북 중심 도시로서 우뚝 서기 위한 꿈과 비전을 공유하며 민생 현장을 직접 발로 누비며 지역 발전을 이끌겠다는 의지의 표현이다.

도청 신도시 효과로 경제 활기

경북도청 신도시는 10.96제곱킬로미터에 걸쳐 2010년부터 2027년까지 3단계로 나누어 추진되고 있다.

1단계 행정 타운 조성은 2015년 마무리돼 2016년 2월 경북도청과 경북교육청이 안동으로 이전하면서 새로운 도청 시대를 맞고 있다. 2단계는 2022년까지 주거용지와 상업 업무 시설용지, 테마 파크, 의료 시설, 복합 물류센터 등 도시 활성화에 중점을 두고 추진한다. 3단계는 2027년까지 대학, 레저, 산업단지를 조성해 인구 10만 명의 신도시로 조성하겠다는 목표로 추진하고 있다.

권영세 시장은 신도시 활성화 일환으로 130여 개의 유관기관 및 단체 유치를 위해 총력을 기울이고 있다. 경북경찰청이 2018년 청사를 준공하고 농협중앙회 경북 지역 본부와 경북개발공사 등도 청사 건립에 들어가는 등 107개 기관 및 단체가 신도시로 이전하였거나 이전을 계획하고 있다.

도청 이전과 함께 각종 도 단위 행사가 이어지면서 안동 지역 호텔도 호황을 맞고 있다. 각종 회의와 심포지엄, 체육 행사 등 예년에 비해 두 배가 넘는 행사가 열렸고 행사 참여 인원도 15만

경북도청 신청사 전경

명에 달했다.

아파트 건립도 활기를 띠고 있다. 2016년 연말 분양에 들어간 안동 지역 한 아파트는 1순위 경쟁률이 최고 21대 1을 기록하는 등 도청 이전으로 인한 기대 심리가 크게 작용하고 있다. 건립 중인 곳도 7곳 2,061세대에 달하고 사업 승인 신청을 검토한 곳이 8곳 2,766세대에 이른다.

관광객도 늘었다. 2016년 신도청 청사를 보기 위해 방문한 관광객이 70만 명을 넘어섰고, 인근 하회마을과 도산서원, 봉정사 등도 예년에 비해 관광객이 10% 이상 증가하고 있다.

신도청 중심 도시에 걸맞게 전국을 두 시간 권역으로 묶는 교

2020년 개통 목표인 중앙선 복선 전철화 사업

통망 구축 사업도 한창이다. 2020년 개통 목표인 중앙선 복선 전철화 사업이 속도를 내고 있다. 사업이 마무리되면 서울~안동을 80분 남짓에 오갈 수 있게 된다.

2016년 말 개통된 상주~안동~영덕 고속도로는 열십자형 동서남북 고속도로망 구축을 완성했다. 동해뿐 아니라 낯설던 서해안의 갯벌 문화를 접할 수 있는 통로가 되고 있다.

안동 중심의 국도 공사도 활발하게 추진되고 있다. 포항~안동 간 국도 4차로 확장 사업을 비롯해 안동~봉화 법전 간 선형 개량 공사, 안동~영덕 국도 선형 개량 공사, 국도 대체 우회 도로 등을 통해 도청 소재지 안동의 접근성을 높여가고 있다. 이

밖에 도청 신도시와 원도심을 직접 연결하는 직행로 건설을 통해 상생 발전의 토대를 구축할 계획이다.

높아지는 국제 위상

안동시가 국제적으로 자매결연이나 우호 협력 관계를 맺고 있는 곳은 모두 6개국 9개 도시다. 일본 사가에 시와 카마쿠라 시, 중국 평정산 시와 제남 시, 곡부 시, 이스라엘 홀론 시, 미국 시더래피즈 시, 그리스 코린트 시, 페루 쿠스코 시 등이다.

근래 사드 갈등으로 다소 소강기를 보내고 있지만 중국과의 교류가 가장 활기를 띠고 있다. 그동안 중국 공산당에 의해 배척되던 유교 사상이 시진핑 주석 등장과 함께 '공자孔子' 바람을 일으키면서 안동이 주목받고 있다. 중국 산동성의 성도成都 제남 시가 가장 적극성을 띠고 있다. 공자의 고향으로 유교 문화를 매개로 제남 시측에서 먼저 교류를 희망해와 2014년 12월 우호 협약을 체결했다. 안동에서 열리는 '21세기 인문가치 포럼'과 제남 시에서 열리는 '니산포럼'을 통해 활발한 교류를 이어가고 있다.

9개 국제기구를 통한 글로벌 네트워크도 국제 도시 안동의 위상을 높여주고 있다. 안동에 본부를 두고 유네스코 민간 자문기구로 등록된 세계탈문화예술연맹IMACO은 62개국 142개 단체가 가입해 활발한 활동을 펴고 있다.

2016년 프랑스 파리에서 열린 NGO 포럼, 에티오피아에서 열린 유네스코 정부 간 회의 등에서 활동상을 알렸다. 장기적으로는 유네스코 산하 NGO 포럼 이사와 세계 무형 유산 등재 여부를 심사하는 보드 멤버로 가입해 활동 영역을 넓혀갈 계획이다. 2017년 11월에는 라오스에서 총회를 개최한다.

유네스코 세계 유산 등재는 한 지역 또는 국가의 문화적 우수성과 역량을 보여주는 척도로 문화 올림픽으로 비유될 만큼 등재 노력도 치열하다.

안동은 2010년 하회마을이 세계 유산으로 등재된 데 이어 유교책판이 세계 기록 유산으로 등재돼 인류 무형 유산만 등재되면 세 가지 카테고리를 가장 완벽하게 보유한 최초의 도시가 된다. 유네스코 3대 카테고리의 완성은 '안동국제탈춤페스티벌'의 모태가 된 '하회별신굿탈놀이'의 인류 무형 유산 등재로 도전한다.

이미 안동시는 세계탈문화예술연맹 창립을 주도했고 하회별신굿탈놀이 등 한국의 탈춤을 묶어 인류 무형 유산으로 등재하기 위한 노력을 펴고 있어 머지않아 그랜드슬램을 달성할 수 있을 것으로 기대하고 있다. 봉정사와 도산서원, 병산서원도 세계

국가무형문화재 제69호 하회별신굿탈놀이

유산 등재를 눈앞에 두고 있다.

안동시는 천만 관광객 시대를 열기 위한 다양한 관광 인프라 구축에 역점을 두고 있다. 경북 북부 중심 숙박 휴양 거점 지구인 안동 문화 관광단지를 확장해 교육·연수 시설, 루지 체험장, 순환 모노레일, 자연사 박물관 등 조성을 추진한다.

안동·임하댐을 보유한 물의 도시 특성을 살려 지난 2013년 안동 수상스포츠 카누·조정훈련센터를 건립한 데 이어 임하호에는 수상 레포츠 타운이 곧 문을 연다. 임하호 수상 레저 타운에는 캠핑장과 주차장, 등산로 등이 마련돼 다양한 수상 스포츠를 즐길 수 있다.

세계적 축제 반열에 오른 안동국제탈춤페스티벌은 대한민국 대표 축제로서 연간 100만 명 이상의 관람객이 찾고 있다. 축제의 모태가 된 하회별신굿탈놀이는 매주 수요일, 금요일, 토요일, 일요일 등 네 차례에 걸쳐 하회마을에서 상설 공연을 실시하고 있다.

인성을 보듬는 교육, 늘 배움 도시 조성

미래학자 허만 칸은 서구적 자본주의가 쇠퇴하고 유교적 자본주의가 이를 대신할 것을 예측한 바 있다. 안동이 이를 실천하고 있다. 신뢰와 예의, 실천을 중시하는 선비 정신을 기반으로 물질적 풍요에 비해 퇴락한 도덕 윤리와 인성을 바로 세우는 전진 기지 역할을 하고 있다.

그 중심에 도산서원선비문화수련원과 한국국학진흥원, 경상북도독립운동기념관, 병산서원, 예움터 등이 있다. 2016년에만 안동에서 13만 명이 넘는 정신문화 전도사를 양성해냈다.

지난 2002년 첫 연수생 224명을 배출한 도산서원선비문화수련원은 2016년 10만 5,000명의 연수생을 배출했다. 이곳에서는 선비 문화를 직접 보고 체험하며 스스로 느낄 수 있는 맞춤형 프

도산서원선비문화수련원에서 열리는 퇴계 종손과의 대화

로그램이 진행된다.

수련생도 다양해지고 있다. 학생이 전체 참석자의 80.7%로
가장 높은 비율을 차지하고 있으며 기업인도 6.7%에 이른다. 기
업인들의 참여가 늘어나는 것은 성과주의 경영에서 벗어나 인문
과 인성을 중시하며 책임 경영과 윤리 성영의 해법을 찾기 위한
노력의 일환으로 보인다. 그야말로 유교적 자본주의를 전하는
산 교육장이라 할 수 있다.

하회마을에 위치한 병산서원과 화천서원도 서원스테이를 통
해 안동의 정신을 전하고 있다. 한국국학진흥원은 현대식 교수
법이 가미된 퓨전 교육장이다. 경북선비아카데미를 비롯해 할

매·할배의 날 공무원 전도자 육성, 21세기 신 인재 청년 선비, 국학 아카데미, 여성 및 오피니언 리더 과정, 경북 정체성 함양 연수 등 다양한 프로그램이 마련돼 있다.

살맛 나는 경제, 희망찬 농촌

정부는 신종플루와 메르스 사태를 거치면서 신종 감염병에 대비해 백신을 국가 기간산업으로 육성한다는 전략이다. 안동은 이에 맞춰 백신 산업 육성에 선제적이고 과감한 투자를 통해 미래 먹거리 산업으로 키워가고 있다.

지난 2012년 SK케미칼에서 풍산 바이오 산업단지 안에 연간 1억 4,000만 도즈 규모의 독감백신을 생산할 수 있는 시설을 구축했다. 이어 혈액 제제를 생산하는 SK플라즈마 안동 공장을 준공해 2018년부터 상업 운전을 목표로 식약청 허가 수순을 밟고 있다.

또한 '국립백신산업지원센터 건립안'이 정부 예비 타당성 조사를 통과해 1,000억 원 이상 투자되는 동물세포실증지원센터가 2021년 안동에 건립될 계획이다.

2016년 12월에는 경북바이오벤처프라자 안에 국제기구인 국

SK플라즈마 안동 혈액제제 공장 기공식

제백신연구소(IVI) 안동 분원을 유치해 글로벌 백신 산업 클러스터 활성화의 전환점을 마련했다. 국제백신연구소는 우리나라에 본부를 둔 최초의 국제기구로 백신 생산 기술 기반과 백신 효능 평가 플랫폼 구축을 통한 원천 기술 확보, 기업 지원 서비스 등의 역할을 하며 백신 생산을 촉진한다.

안동시는 바이오 산업단지 확장과 함께 SK케미칼 제3 백신 공장 등 백신 관련 기업을 유치하고 안동대 등을 통해 전문 인력까지 양성해 백신 산업의 메카가 되겠다는 포부다.

세계의 산업 형태가 어떤 방향으로 변해도 포기해서는 안 될 필수 자산인 농업 경쟁력 확보를 위해 안동은 전체 예산의

14.6%를 투입하고 있다. 안정적 쌀 생산 기반 구축과 고품질 브랜드 쌀 생산을 통해 농업 소득을 올리고 농촌의 다양한 자원을 토대로 6차 산업을 적극 육성하고 있다.

귀농·귀촌 희망자에 대한 지원과 농업인 종합 교육관 건립을 통한 농업 교육 체계화, 채소와 특용 작물에 대한 안정적 생산 지원 및 축산 기반도 함께 구축해가고 있다.

생강 생산 전국 1위 명성이 소득으로 이어질 수 있도록 경북 생강출하조절센터도 건립한다. 밭작물이 많은 지역의 특성을 살려 한국로봇융합연구원 분원 설치와 로봇 작업 시험단지 조성을 통해 밭작물 생산성도 높인다.

고품질 종자 공급으로 생산성을 향상시키기 위한 영남권종자 종합처리센터도 유치한다. 농산물 해외 시장 개척과 수출 역량 강화, 기후 변화에 대응하는 작목 개발도 빼놓을 수 없다.

사람이 최우선인 그린 · 안전 · 복지 도시

안동시는 인간을 최우선으로 고려한 도시 환경과 안전한 복지 도시를 조성하기 위해 다양한 노력을 전개하고 있다.

도로 포장 등으로 빗물이 스며들지 못하는 불투수 면적이 늘어남에 따라 투수 포장, 침투 도랑, 나무 여과 상자, 침투 저류조, 식생체류지 등 물 순환 도시 조성을 위해 410억 원을 투입한다.

명륜동, 운흥동에 이어 태화동 일원도 292억 원을 들여 하수도 정비 중점 관리 시범 사업을 추진한다. 시민의 안전과 재산 보호를 위해 우범 지역 CCTV 설치와 LED 가로·보안등 설치 및 교체 사업을 펴고 옥동지구대를 신설해 치안을 강화한다.

복지 서비스도 확대한다. 복지 사각 지대를 줄이기 위해 읍면동 복지 허브센터를 조성하고 건강하고 행복한 노후를 위해 공공 실버 주택 150호와 노인 종합 복지관을 건립한다.

젊은 세대의 안정적 사회 정착을 위해 2019년 준공을 목표로 행복주택 200호 건설도 추진한다. 또 육아 종합 지원센터를 건립해 일과 가정이 양립할 수 있는 환경을 만들고 신생아에서부터 노년까지 생애 주기에 맞는 지원 전략을 수립해 복지 서비스를 향상한다.

시장
—

권영진

대구광역시

학력

1986 고려대학교 영어영문학과 졸업
1990 동 대학교 대학원 정치외교학 석사
1999 동 대학교 대학원 정치외교학 박사

경력

1987 고려대학교 대학원 총학생회 초대 학생회장
2003 한나라당 미래연대 공동대표
2005 서울디지털대 행정학과 교수
2006 서울특별시 정무부시장
2008 제18대 국회의원
2009 한나라당 사교육대책T/F 위원
      대한장애인배구협회 회장
      교육과나눔 이사, 운영위원장
2010 한나라당 서민정책특별위원회 기획단장
2012 새누리당 제18대 대통령선거대책위원회 기획조정단장
      새누리당 여의도연구원 부원장
현재   대구광역시장

상훈

2010 황조근정훈장
      NGO모니터단 선정 국정감사 우수위원
      시민일보 선정 의정대상
2011 여성유권자연맹 자랑스러운 국회의원 선정
2012 경향신문 선정 제18대 국회의정활동 종합 평가 우수의원

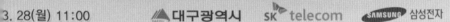

시민과 함께 위기를 기회로 바꾸다

대구광역시_{이하 대구시}에게 2016년은 다사다난한 한해였다. 권영진 대구시장은 송년 기자간담회에서 "2016년은 위기의 순간에 빛난 위대한 시민 정신, 그 위에서 대구시의 미래를 '석전경우'의 자세로 치열하고도 치밀하게 준비하여 위기를 기회로 만든 한 해였다"고 자평하면서 새해에도 시민의 삶을 보듬고 미래를 열어가는 데 전심전력을 다하겠다고 밝혔다.

2016년 대구시는 5대 신성장 산업에서 미래를 찾았다. 사양길에 접어든 전통 산업 대신 친환경 첨단 산업을 융성시킨 것이다. 미래형 자동차 분야에서는 르노삼성, 디아이씨 등의 전기차 생산 기업과 생산 협약을 맺었다. 대동공업, 르노삼성으로 구성된 컨소시엄은 1톤급 전기 상용차 개발 및 생산을 위한 프로젝트에 들어갔다. 디아이씨는 국내 최초 전기 상용차 생산 공장 건립을 위해 투자키로 했다. 대구 국가 산업단지 내에 500억 원을 투자하는 프로젝트로 300명의 고용 창출이 기대된다.

이 밖에 대구시는 국내 최대 전자상거래업체인 쿠팡과도 전기차 보급 협약을 맺었고 국토교통부와는 자율주행차 시범 운행단지 협약을 체결하여 미래형 자동차 선도 도시 조성 기반을 다졌다.

물 산업 분야에서는 국가 물 산업 클러스터 착공과 함께 우수한 기술력을 확보한 롯데케미칼, PPI평화 등 16개 물 기업을 유치하고 중국 시장 진출을 위한 발판을 마련하여 물 산업 중심 도시로 한 걸음 더 다가갔다. 16개 기업 유치를 통해 1,563억 원의 투자와 819명의 고용 창출 효과가 있을 것으로 기대하고 있다. 기업 유치 면적은 15만 2,500제곱미터_{4만 6,140평}에 이른다.

글로벌 의료 허브로의 도약을 위해 조성되는 첨단 의료 복합 단지는 의료 기업 112개사와 국가 지원기관 15개소 등으로 채워지고 있다. 테크노폴리스와 국가 산단에 마이크로그리드 구축 사업을 통해 세계 최초 100% 청정에너지 자족 도시를 향한 계획도 본격 추진할 계획이다.

우량 기업 유치와 일자리 창출로 지역 경제에 활력

대구시는 기업하기 좋은 도시 조성으로 유망 기업 유치에 박차를 가하고 있다. 2016년 42개사로부터 6,500억 원을 유치했다.

대기업은 현대중공업 로봇사업부_{현대로보틱스}와 쿠팡으로 이들의 투자 금액만 2,500억 원에 달한다. 현대로보틱스는 테크노폴

대구시와 국내 최대 전자상거래 기업인 쿠팡(포워드벤처스, 대표이사 김범석)이 대구시청 2층 상황실에서 친환경 첨단 물류센터 건립에 관한 투자 협약을 체결했다(2016년 10월 31일).

리스에 약 8만 제곱미터약 2만 4,000평 부지에 약 2만 6,400제곱미터약 8,000평 규모 공장을 짓는다. 1,500억 원의 투자와 300명의 고용 창출이 기대된다. 지역 로봇 산업 및 연관 산업의 동반 성장을 통해 로봇 산업 메카로 도약하겠다는 방침이다.

쿠팡은 국가 산업단지 내에 약 8만 제곱미터약 2만 4,000평 규모로 첨단 물류센터를 건립한다. 1,000억 원이 투자되며 1,500명의 일자리가 창출될 전망이다. 물류 산업 분야 맞춤형 전문 인력을 양성하고 지역 내에서 생산된 전기 화물차를 사용해 미래형 자동차 산업의 획기적 전환점이 마련될 것으로 기대된다.

이 밖에 역외 우량 기업 15개사가 1,950억 원을 투자하기로 했다. 디아이씨, 거양금속, 한국다이캐스팅 등 전기 자동차 분야 3개사와 미드니, 금강, 진행워터웨이, PPI평화 등 물 산업 관련 기업 12개사다. 이 밖에 AIA생명 대구고객센터, AIO 등과 투자를 협의했다.

대구시는 맞춤형 창업 보육 프로그램을 통해 아이디어 창업의 전주기 지원도 달성했다. 창업기업 자금 문제 해결을 위해 청년 창업 펀드, 성장 사다리 펀드 등 6개 펀드 765억 원을 운영하며 398억 원을 투자했다.

노후 산업단지를 경쟁력 있는 도시 공간으로 재창조하는 재생 사업도 진행 중이다. 서대구는 기반 시설 1단계 공사가 2016년 9월에 착공했고, 제3 산단은 1단계 보상을 12월에 착수하였으며, 염색·성서 1·2차 산단의 재생 사업도 재생 계획을 수립 중으로 2017년 12월에는 재생 사업 지구로 지정할 계획이다.

대구 국가 산업단지의 성공적 분양 및 신규 산업단지 조성도 본격화되고 있다. 1단계 분양을 148개사에 마무리했고 금호워터폴리스 일반 산업단지 고시, 율하 도시 첨단 산업단지 개발 제한 구역 해제 절차에 착수했다.

대구시는 2015~2016년 수도권을 제외한 전국에서 가장 많은

20개의 글로벌 강소 기업을 배출했다. 또한 2016년 기준 수도권을 제외하고 전국에서 가장 많은 수준인 25개의 월드 클래스 300 기업을 보유하고 있다.

글로벌 관광 도시로 우뚝

2016년에는 대구국제공항 개항 이래 최초로 이용객 250만 명을 돌파했다. 저비용 항공사 유치, 커퓨타임 단축, 중국 관광객 무비자 환승 공항 지정 등 대구국제공항 활성화 시책을 지속적으로 추진한 결과다. 국제선 이용객 증가율은 전국 최고인 107%를 달성했으며 이로써 개항 55년 만에 첫 흑자를 거뒀다.

대구국제공항은 국제선 노선을 2014년 초 3개 노선, 주 14편에서 2016년 말 12개 노선 168편으로 대폭 확대했다. 또한 커퓨타임은 기존 22~06시에서 24~05시로 축소했다. 또한 티웨이항공, 제주항공, 타이거에어, 에어부산 등 저가 항공사를 꾸준히 유치하면서, 중국 일변도의 노선에서 일본, 동남아, 대양주까지 노선 다변화에 성공했다.

대구시를 찾는 해외 관광객 역시 2016년 56만 명으로 전년 대비 43% 증가했다. 특히 중화권 관광객은 전년 대비 57% 늘었으

2016 대구치맥페스티벌이 '모이자~ 치맥의 성지 대구로!'라는 슬로건 아래 5일간 두류공원과 평화시장 닭똥집골목 및 서부시장 프랜차이즈거리 일원에서 개최됐다(2016년 7월 27일). 마크 리퍼트 前 주한대사가 매년 참석하고 있다.

며 일본, 동남아 관광객도 11만 명에 달했다.

특히 사드 등의 영향에도 불구하고 비수도권 최초로 의료 관광객 2만 명을 돌파했다. 이는 의료 관광객 유치를 위해 그간 대구시가 기울였던 노력의 결과이다. 대구시는 '메디 시티 대구'로 대한민국 대표브랜드 대상을 2회 연속 수상했으며 해외 환자 유치 선도 의료 기술을 7년 연속 배출했다. 미르치과, 올포스킨피부과, 에필성형외과, 덕영치과 등 4개소는 선도 의료기관 국제 의료 인증JCI도 획득했다.

대구시 주요 관광지 23개소의 방문객은 1,100만 명으로 대한민국 여행주간 3회 연속 전국 1위를 기록했다. '컬러풀대구페스티벌'은 2016년 방문객이 전년 대비 178% 늘며 글로벌 축제로 성장할 수 있는 기반을 구축했다. '치맥페스티벌'은 축제의 재미와 비즈니스가 결합된 콘텐츠 덕분에 외국인 관람객이 전년 대비 133% 늘어나는 등 성공적인 행사로 자리매김했다. 전문가들은 축제 목표가 뚜렷하고 경제적 효과도 우수한 것으로 평가하고 있다. 대구시가 추산한 치맥페스티벌의 생산 유발 효과는 225억 원, 부가가치 유발 효과는 79억 원이며 고용 유발 역시 258명이다.

전통 시장과 골목 상권도 살아나고 있다. 2016년 6월 개장한 서문시장 야시장 등 1전통 시장 1특성화를 추진하고 있다. 서문시장은 야간 쇼핑을 통해 이용객이 1일 5만 명에서 10만 명으로 늘어났다. 대구시는 전국 최초로 전통시장진흥재단을 설립하며 체계적인 활성화를 지원한다.

대구형 시민 복지를 만들다

대구시는 2016년 7월 시민 맞춤형 복지 기준도 만들었다. 소득, 주거, 돌봄, 건강, 교육 등 5대 영역별 최저 기준과 적정 기준 및 성과 목표를 제시했다. 이를 토대로 7대 핵심 과제와 25개 중점 과제, 70개 세부 사업을 도출해냈다. 취약 계층 생활 지원을 위한 '시민 행복 보장 제도'도 확대 시행해 국가 유공자 지원 및 명절 급여를 신설했다.

건강하고 활기찬 노후 생활을 돕기 위해 노인 일자리 및 사회 활동 지원 사업을 1만 8,167명에게 제공했다. 대구형 일자리 특성화 사업을 총 6건 추진했으며 취약 계층 어르신 돌봄 기능 강화를 위해 기억 학교를 8개에서 12개소로 늘렸다.

여성 일자리 확대 및 역량 강화와 관련해서는 경력 단절 여성 일자리 창출이 전년 대비 39.9% 늘었다. 취업 5,936명, 구인 등록 1만 7,115명, 구직 등록 1만 5,317명에 이른다. 일자리 박람회 3회, 찾아가는 취업 서비스 '굿잡버스'를 5회 운영했다. 또한 양성 평등 주간에 전국 최초로 '여성UP엑스포'를 개최했다.

생활 밀착형 정책으로 안전 도시 달성

대구시는 생활 밀착형 안전 정책으로 시민의 안전한 삶을 돕는다. 8개 구·군 CCTV통합관제센터 구축을 완료했으며 안심 귀갓길 세이프 존 구축 사업을 20개 노선에 걸쳐 진행했다. 또한 전통 시장 공용 화장실 안심 벨도 44개소에 설치했으며 안전한 지역 사회 만들기 모델 사업을 서구에서 12억 원 예산으로 추진 중이다. 맥도날드 안전 지킴이 집도 24개소를 지정했다.

교통사고 30% 줄이기를 역점적으로 추진해 2014년 대비 교통사고를 11% 감축했다. 2018년까지 30% 감축도 가능할 것으로 기대하고 있다.

소방차량 화재 현장 도착 골든 타임 개선 활동의 결과로 화재 현장에 5분 이내에 도착하는 확률이 81.5%에 달한다. 광역시 평균인 73.4%보다 훨씬 높다.

또한 스마트 상황 관제 시스템을 구축해 재난 현장의 영상 전송 시스템을 갖췄고 소방 정보화 시스템도 개선됐다. 스마트 상황 관제 시스템은 행자부의 정부3.0 우수 사례로 선정되기도 했다.

대중교통 서비스 향상도 2016년의 주요 성과다. 불합리한 시내버스 노선 조정을 통해 시민 불편을 낮췄으며 시내버스 노동조합과 시와의 협약을 통해 친절한 서비스를 구현했다. 수요 응답형 교통 체계를 실시해 달성 4번 운행 지역 16개 마을에 맞춤형 대중교통 서비스를 공급하고 있다. 또 시내 중심가, 대학가 등 이용 수요가 많은 주요 거점 53개 노선에 대해 막차 출발 시간을 25분 연장했다.

시민과 함께 시정 혁신

권영진 시장은 2016년을 청년 대구 건설의 원년으로 선포하고 청년이 모이고 꿈을 이루는 대구시를 만들기 위해 노력했다. 대구 청년 정책 기본 계획 수립, 청년 네트워크 구성, 전국 최초 청년센터 설립 등의 노력을 기울인 결과 청년 일자리는 1만 1,000여 개로 당초 목표 대비 112%, 청년 창업은 310개사로 당초 목표 대비 129% 초과 달성하는 등의 성과를 달성하였다.

또한 '현장 소통 시장실'을 통해 현장 시정을 추진하였으며 시민 원탁회의를 통해 소통과 협업의 시정을 지속적으로 추진하였고 시민이 필요한 사업을 직접 제안하고 예산 편성에 참여하는 '주민 참여 예산제'와 민원·제안 통합 시스템 '두드리소'를 고도화하여 시민들의 시정 참여를 더욱 확대하였다.

대구시는 2016년도 추진 성과 중 시민, 언론인 등 1,677명이 참여한 설문 조사를 거쳐 치맥페스티벌 세계화, 골든 타임 확보를 위한 스마트 119 상황 관제 시스템 도입 등 10개 시책 사업을 베트스 10 시정 사업으로 선정하기도 했다. 권 시장은 "앞으로

권영진 시장이 제2기 청년위원회 워크숍에서 청년위원들과 기념 촬영을 하고 있다(2016년 3월 19일). 대구시는 2017년을 청년 대구 건설의 원년으로 선포하고, 젊고 역동적인 대구를 만들기 위해 총력을 기울이고 있다.

변화와 혁신, 희망의 길을 흔들림 없이 걸어가겠으며 이 길에 시민 여러분께서도 적극 동참해주시고 성원해주실 것을 부탁드린다"고 말했다.

시장

—

박보생

김천시

학력
2008   경북대학교 행정대학원 행정학 석사, 박사과정 수료

경력
1969   공무원 초임 발령
1991~2002   김천시 새마을과장, 기획감사담당관, 사회산업국장
2004   전국체전유치기획 단장
2005   세계배드민턴 한국대표 단장
       김천시 체육회 회장
2008   전국혁신도시지구협의회 회장
현재   김천시장(민선 4 · 5 · 6기)

상훈
2008   목민관상
2010   지역일자리대책 경진대회 대상
2013   행정 대상
2014   매니페스토 약속 대상
       경제리더 대상
2015   한국을 빛낸 창조경영 대상
       한국의 미래를 빛낼 CEO 대상
2016   한국의 영향력 있는 CEO

김천시가 최첨단 혁신 도시로 환골탈태하고 있다. 김천 혁신 도시 건설로 한국전력기술 등 12개의 공공기관이 대거 이전해오면서 새로운 성장 모멘텀을 수혈받은 덕분이다. 이 같은 호재에 맞춰 김천시는 신규 산업단지 조성, 억대 부농富農 2,000명 육성, 수도산 자연 휴양림, 김천부항댐 산내들 오토캠핑장 개장, 황악산 하야로비공원 조성 등으로 새로운 도약을 준비하고 있다. 더불어 김천시는 광역 교통망 확충을 위해 김천~거제 간 남부 내륙 철도 조기 건설 추진과 김천~전주 간 동서 횡단 철도 구축 등을 통해 행복한 혁신 도시로 거듭나겠다는 희망에 부풀어 있다.

박보생 김천시장은 비전 있는 행정과 열정적인 시정 추진으로 김천시민뿐 아니라 대외적으로도 그 능력을 인정받고 있다. 그는 지난 2014년 6·4 지방 선거에서 3선에 성공했다. 민선 4·5기 시장을 역임한 경험을 바탕으로 행복 도시 김천을 위해 새롭고 다양한 정책을 펼치고 있다. 그 결과 김천시는 정부3.0시책추진 평가에서 2년 연속 우수 기관에 선정됐으며 전국 230개 기초자치단체를 대상으로 한 주민 행복도 조사에서 전국 5위를 기록했다. 이 밖에 투자 유치서비스 만족도 조사 2년 연속 1위, FTA 과실 생산 유통 지원 사업 최우수, 2015 경영 대상, 대한민국 경제리더 대상, 민선 6기 기초단체장 공약실천 평가 최우수상, 정부 저소득층자립정책 자활분야 평가 우수 기관 선정 등 시정 전반에 걸쳐 수없이 많은 상을 받았다.

명품 혁신 신도시로 도약

김천시가 가장 모범적으로 추진하고 있는 시책 중 하나는 '김천 혁신 도시'다. 김천 혁신 도시는 380만 5,000제곱미터115만 평 면적에 기반 조성 사업비 8,676억 원을 투입하여 전국 10개 혁신 도시 중 가장 빠른 공사 진척을 보이고 있다. 1단계는 2014년 말 완료했으며 2단계는 2015년 5월 1일자로 준공했다. 3단계 공사 역시 2015년 12월에 완료했다.

김천 혁신 도시에는 한국도로공사, 한국전력기술, 교통안전공단, 농산물품질관리원 등 12개 기관 5,600여 명이 이전해 근무하고 있다.

김천 혁신 도시에는 2만 7,000여 명이 거주하게 되며 경북의 신성장 거점으로 행복 도시 김천 발전을 견인하는 중추적인 역할을 할 것으로 기대된다. 김천시는 지금까지 인구 감소, 경기 침체 등으로 도시 발전이 정체되었으나 혁신 도시 조성으로 일자리 창출 1만 500개, 경제 효과 1조 원 등의 경제적 파급 효과

행복 도시 김천의 발전을 견인할 혁신 도시 모습

를 기대하고 있다.

　김천시는 혁신 도시로서 원활한 역할을 수행할 수 있도록 하기 위해 그린 에너지 전문 과학관인 녹색미래과학관을 개관 운영하고 있으며, 전국 혁신 도시 가운데 유일하게 241억 원의 예산을 투입해 건립한 산학연유치지원센터가 개소식을 가지고 업무에 들어갔다. 또한 이전 공공기관과 연계한 다양한 연관 산업과 연구단지, 연수원 등 산학연 클러스터 구축에 나섰다. 이로 인해 상당한 인구 증가와 고용 창출을 비롯해 연간 국세 2,000억 원, 지방세 200억 원 등의 세수 효과도 기대된다.

　김천시는 김천 혁신 도시를 중심으로 한 신도심 개발과 더불어 지역의 균형 발전을 위한 도시 재생 사업에 총 300억 원의 사업비를 확보하고 사업 추진에 박차를 가하고 있다. 혁신 도시와 기존 도심을 지역 발전의 양대 축으로 성장시키기 위해 김천역 등 구 도심 주변을 대상으로 노후 공동 주택 환경 개선 사업을 추진하고 있으며 이 밖에도 다양한 도시 재생 사업을 계획하고 있다.

도시 개발에 힘쓴 만큼 김천의 기반 산업인 농업에 대한 투자도 늘렸다. 산지 유통센터 17개소 등 농산물 유통 시설의 확보와 더불어 전국 최초로 농기계 임대 은행 5개소를 운영해 농업에 큰 활력을 불어넣었다. 무엇보다 억대 농부 500명 육성을 목표로 투자한 결과 민선 5기 동안 1,000명이 넘는 억대 농부가 배출되는 등 가시적인 성과를 거뒀다. 현재는 억대 농부 2,000호 육성을 목표로 노력하고 있다. 박보생 시장이 농업을 미래의 유망한 비즈니스로 인식하고 적극적으로 지원해 높은 경쟁력을 갖췄기에 가능한 결과다.

김천시는 또 귀농인 유치를 전략적으로 추진하고 영농 기반과 농촌 생활환경 정비도 꾸준히 추진하면서 쾌적하고 정감 있는 정주 여건을 조성하고 있다. 사이버 활용 체험형 농가 육성, 시설 현대화, 경영 안정 및 영농 기반 확대 자금, 농업 종합 자금, 영농 규모화 자금, 농어촌 진흥 기금 등을 지원하고 가축 재해 보험이나 농업 종합 자금 이자 보전 등으로 농업인의 소득 안정에 힘썼다. 한우, 낙농, 양돈 등 축산 농가 경쟁력도 제고했다.

김천시는 교통·물류의 허브 도시로의 위상을 더욱 공고히 하기 위해 KTX 김천구미역을 유치하여 전국 반나절 생활권의 중심지가 되었고, 교통 중심 도시로 한 단계 더 도약하기 위해 김천~진주거제 간 남부 내륙 철도와 김천~전주 간 동서횡단 철도 등 십자축 철도망 구축에 행정력을 집중해왔다.

이러한 노력의 결과 예비 타당성 조사가 마무리 단계에 있는 남부 내륙 철도김천~거제 사업은 기본 설계를 위한 30억 원의 국비 예산을 확보했고 3차 국가 철도망 구축 계획에 2016 신규 사업으로 반영됐다. 그리고 2차 국가 철도망 구축 계획에서 제외되었던 '김천~문경 간 전철' 사업도 73킬로미터에 1조 3,714억 원을 투입하는 2016 신규 사업으로 반영되었으며, 2차 계획에서 추가 검토 대상 사업으로 분류되었던 '김천~전주 간 동서 횡단 철도'는 108.1킬로미터에 2조 7,541억 원을 투입하는 계획 기간 내 착수 대상 사업으로 반영됐다.

또한 양천~혁신 도시~어모 간 국도 대체 우회 도로 개통, 김천~거창 간 국도 3호선과 김천~선산 간 국도 59호선 확장 등 광역 교통망 확충에 심혈을 기울이고 있다. 김천 혁신 도시와 산업단지의 접근성을 높여 지역 균형 발전의 토대를 구축한다는 복안이다.

일자리와 활력이 넘치는 도시

김천시는 희망찬 미래 행복 도시로 변모하면서 일자리와 활력이 넘쳐나고 있다. 박보생 시장은 특히 김천 일반 산업단지 조성, 명품 혁신 도시 건설, 부농 육성 등에 행정력을 집중해 보다 살기 좋은 도시를 만들어오고 있다.

민선 5기 시절 이룬 다양한 성과도 박보생 시장이 높은 지지율을 유지하는 비결 중 하나다. 특히 일자리 창출 노력이 큰 효과를 거뒀다. KCC, LIG넥스원, 현대모비스 등 대기업 유치와 양질의 일자리 창출에 심혈을 기울인 결과 산업통상자원부 주관 4년 연속 '기업하기 좋은 10대 도시'에 선정되었으며 투자 유치 만족도 2년 연속 전국 1위를 차지하였다.

또한 김천 일반 산업단지 1단계 80만 5,000제곱미터 준공에 이어 2단계 142만 4,000제곱미터 조성 공사를 순조롭게 끝내고, 56개 업체를 유치하였으며 전국 최저가 분양 등으로 기업을 적극적으로 유치하면서 준공 전에 100% 분양되는 성과를 거두었다.

순조롭게 추진 중인 산업단지

　2단계 사업이 순조롭게 추진되어 장차 고용 효과 6,600명, 생산 유발 효과 3조 5,000억 원으로 지역 경제를 더욱 튼튼하게 하고 산업 기반을 확충하게 된다. 김천시는 현재 3단계 조성에 박차를 가하고 있으며 조만간 구역이 확정되면 3단계 조성도 순조롭게 추진될 것으로 예상된다.

　농공단지 노후 공공 시설물 정비, 산업·농공단지 시설물 정비, 투자 유치 기업 고충·건의 사항 지원, 소규모 기업 환경 개선 사업 등도 기업과 우수 인력들의 이목을 끈 김천시의 주요 활동이다. 6급 이상 간부 공무원 1명당 관내 2개 기업을 전담하는 '기업 사랑 119' 프로그램을 통해 기업 운영과 관련된 애로 사항을 적극적으로 해소했고 '김천시 기업 및 투자 유치 촉진 조례 개정'을 통해 고용 보조금과 교육 훈련 보조금의 최대 지급 한도를 1억 원에서 6억 원으로 상향 조정했다.

박보생 시장은 중소기업 경쟁력을 강화하고 육성에도 앞장서고 있다. 경영 컨설팅, 기업 인증 획득, 지역 기업 수출 촉진을 위한 보험료 등 유무형 지원을 아끼지 않았고 공공 근로 사업으로 일자리 창출에 힘을 보탰다. 또 일자리 정보센터를 운영해 구인·구직 상담 및 알선을 적극적으로 추진했으며 매월 마지막 목요일에는 '잡 미팅 데이Job Meeting Day'를 운영해 현장 면접 및 면접 클리닉, 기업 현장 투어 등을 진행했다.

이 밖에도 지역 공동체 일자리 사업과 고용노동부 공모 사업인 '청년 CEO 육성 지역 맞춤형 일자리 창출 지원 사업'을 시행했으며 일자리 취약 계층을 정규직 평균 고용 인원 이상으로 채용한 경우 심사 후 자금을 지원하는 '일자리 취약 계층 고용 지원 사업'과 시간제 근로자를 신규로 채용한 기업에게 지원금을 지급하는 '플렉스타임제Flextime 일자리 창출 사업' 등 다양한 사업들을 성공적으로 진행하고 있다.

스포츠 중심 도시로 우뚝

박보생 시장은 취임 이후 인구 14만 명에 불과한 중소 도시인 김천시가 고부가가치를 창출할 수 있는 새로운 산업을 육성하고 자 골몰했다. 평소 '스포츠 산업은 굴뚝 없는 21세기 고부가가치 산업'이라는 말을 자주 들어온 그는 김천시를 스포츠 산업의 메카로 육성키로 했다. 실제 소득 증대와 여가 시간 증대로 스포츠 레저 산업이 부흥하는 추세고 스포츠는 관광 등 다른 콘텐츠와 결합할 수 있어 경제적 유발 효과도 크다.

김천시의 스포츠 산업 잠재력을 인지한 박보생 시장은 36만 제곱미터 규모의 전국 최고 수준 김천종합스포츠타운을 짓고 각종 국내외 대회 유치는 물론 경기장과 김천시청 소속 선수들을 전국에 널리 알리는 데 나섰다. 김천시는 2000년 종합 운동장 건립을 시작으로 꾸준히 경기장 시설을 늘려 2006년 제87회 전국체전을 유치하기에 이르렀다. 전국체전으로 인해 삼락동 일원에 실내 체육관, 실내 수영장, 테니스장, 인라인롤러 경기장 등이 연이어 건립되면서 전국에서 으뜸가는 종합 스포츠 타운이 조성됐다. 2010년에는 수영다이빙 지상 훈련장과 김천 국제 실내 테니스장을, 2013년에는 국민 체육센터를 건립해 완벽한 경기장 시

전국 최고 수준의 김천종합스포츠타운

설과 부대시설을 갖추었다.

이러한 인프라를 바탕으로 적극적인 마케팅을 통해 전국체육대회, 경북도민체육대회, 경북도민생활체육대회 등을 개최했으며 김천시청 배드민턴실업단, 김천시청 여자농구팀에 우수 선수를 확보해 국제 및 국내 대회에서 우승을 차지함으로써 김천시 위상을 높이고 있다.

2014년 한 해에만 국제테니스연맹ITF대회, 세계군인체육대회수영. 배구. 축구 등 국제 대회 8개, MBC배 전국수영대회, 전국고등축구리그 왕중왕전, 프로배구도로공사 하이패스 홈경기 연간 15경기, 김천전국수영대회 등 전국 단위 대회가 40개로 총 48여 개의 대규모 대회가 개최됐다. 이렇게 각종 체육 대회와 전지훈련으로 김천을 찾는 선수들과 임원, 관람객이 22만 8,000여 명이 넘었고, 233억 원의 경제적 파급 효과를 거두었다.

이렇듯 김천시는 3대 강점인 경기장, 대회 운영 경험, 편리한 교통망이라는 3대 강점을 적극 활용하여 대한민국 스포츠의 중심 도시로 급부상하고 있다. 박보생 시장은 "전국 최고의 경기 시설과 편리한 부대시설이 한곳에 집중된 종합 스포츠 타운 인프라와 경기 운영 노하우, 시민들의 자원 봉사 활동 등으로 김천의 지역 경제 소득 활성화에 견인차 역할을 하고 있다"며 "지속적으로 대규모 대회와 전지 훈련팀을 유치하여 공공 스포츠 시설의 활용도를 극대화시키고 김천시가 대한민국 스포츠의 중심이 되도록 힘쓰겠다"고 밝혔다.

스포츠 중심 도시가 가능했던 김천의 가장 큰 매력은 청정한 환경이다. 김천과 직지천에 수변 공간, 자전거 도로, 산책로 등을 조성해 친환경 생태 하천으로 정비하고, 김천부항댐, 황악산 하야로비공원을 비롯한 무흘구곡 경관가도, 수도산 자연 휴양림과 부항 생태 숲, 남면 오봉저수지 오색테마공원 등 권역별로 관광 인프라 개발을 추진하고 있다. 이들을 직지사, 청암사 등 기존 관광 자원과 연계한 '체류형 관광 휴양 벨트'로 구축할 계획이다. 또한 김천의 숨어 있는 역사와 문화 자료를 발굴하고 스토리텔링화한 감성 콘텐츠를 개발해 새로운 관광 자원으로 개발하고 있다.

이러한 성과를 발판 삼아 경제가 함께하는 희망 김천, 도심이 살아나는 창조 김천, 사람이 중심되는 행복 김천, 역사가 어우러진 문화 김천, 자연과 공존하는 녹색 김천을 건설하는 데 심혈을 기울이고 있다.

박보생 시장은 김천 혁신 도시의 성공적인 조성과 함께 김천 시가지의 혁신적인 재창조를 위해 도시 재생 사업을 최우선 과제로 삼아 김천역 중심으로 젊은이들이 붐비고 활기가 넘치는 문화 창조 거리를 조성할 계획이다. 더불어 도심 전선지중화, 공공기관 북부권 이전, 김천 문화원 신축, 구도심 미니 행정 타운 건설 등을 통해 혁신 도시 건설에 따른 구도심 공동화를 최소화하는 등 도시 경쟁력을 제고할 방침이다.

또한 시민 소통과 화합을 위해 어려운 문제는 지역 주민과 함께 고민하고 자율적인 참여와 인식 확산으로 삶의 질을 개선하고 안전하고 따뜻한 복지 김천을 위해 시민 안전 의식과 복지 서비스도 강화할 방침이다.

박보생 시장은 이러한 시정을 성공적으로 추진하기 위해 원도심 재생을 통한 지역 균형 발전, 안전한 도시를 위한 재난 안전 강화, 지역 경제 활성화 및 서민 생활 안정 도모, 십자축 광역 교통망 확충과 성공적인 혁신 도시 안착, 다양한 계층을 아우르는 문턱 없는 복지 행정, 건강 100세를 열어가는 선진 보건 행정, 역사와 생활이 어우러진 문화 관광 도시 건설, FTA에 대응하는 농업 경쟁력 강화 등 8대 역점 시책을 제시하고 추진 중이다.

서울대 행정대학원 서베이조사연구센터와 중앙일보가 공동으로 지난 2014년 전국 230개 지자체, 성인 2만 1,050명을 대상으로 행복도를 조사한 결과, 김천시는 5위를 차지했고, 경북도 내에서는 1위를 차지했다. 이처럼 김천시는 행정 서비스 수준을 높이고 지역민들의 복지와 행복도 향상을 위한 노력에 최선을 다하고 있다.

박보생 시장은 "1,000여 공직자와 혼연일체가 되어 김천 발전과 지역 화합을 이끌어가는 견인차가 되고, 미래 100년을 만들어가는 초석을 굳게 다지겠다"는 의지를 피력했다.

진천군

학력
1979 서울시립대학교 토목공학과 졸업
1991 영국 노팅햄대학교 졸업
2011 아주대학교 대학원 공학 박사

경력
1978 기술고등고시 합격(14회)
1999 부산국토관리청 진주국도사무소장
2002 대전국토관리청 도로시설국장
2003 서울국토관리청 도로시설국장
2007 국토부 대전지방국토관리청장
2010 국토부 공공기관이전추진단 부단장
2011 행정중심복합도시건설청장
현재 진천군수(39대)

상훈
1998 대통령 표창
2004 근정포상
2012 황조근정훈장
2016 대한민국 최고국민 대상(지역발전 부문)

진천군
Jincheon-Gun

인구 15만 꿈꾸는 명품 기업 도시

충북 진천군은 중부 내륙에 위치해 경부·중부·동서 고속도로 등 3개의 고속도로가 교차하고 청주공항에서 30분, 평택항에서 40분, 서울에서 1시간 거리에 위치한 교통과 물류의 중심지로 전국적으로 각광받는 기업하기 좋은 도시다.

진천군은 2016년 한화큐셀과 1조 7,000억 원대의 투자 협약을 체결하는 등 우수 기업 유치를 통한 지역 경제 활성화로 인구 15만 시대를 꿈꾸고 있다. 군은 충청북도 내 11개 자치단체 중 5년간 인구 증가율 1위를 지켜오고 있으며 전국 82개 군 단위 자치단체 중 2년간 인구 증가율이 기장군, 달성군, 홍성군에 이어 4위다.

이 같은 인구 증가 추세는 우수 기업 유치에 따른 양질의 일자리 제공 효과로 볼 수도 있지만 풍부한 공동 주택 공급과 문화 인프라, 교육기관, 각종 편의 시설 등 정주 여건의 확충 없이는 불가능했다. 송기섭 군수는 2016년 4월 취임 후 기존의 관행과 틀을 깨는 창조적 파괴로 조직과 제도를 일체 정비하고 군정 운영 방침과 비전을 제시하는 등 군정 기틀을 마련하기 위해 쉴 새 없이 달려왔다.

송기섭 진천군수, 차문환 한화큐셀코리아 대표, 이시종 충북도지사(좌부터)가 한화큐셀 셀 생산 공장 증설을 골자로 하는 1조 원대의 투자 협약식을 진행했다(2016년 11월 16일).

송 군수는 생거진천의 정체성에 따라 미래 가치를 '사람 중심의 친환경 미래 도시'로 정하고 '감성을 중시하는 휴먼 시티', '화석 연료 대체율이 높은 솔라 시티', '미관을 중시하는 디자인 시티', '녹색 가치를 중시하는 그린 시티' 등을 진천의 미래상으로 제시하며 '행복 가득한 명품 도시 생거진천 건설'이라는 군정 운영 방침을 실현하고 있다.

진천군은 2017년 2월 한국지방자치학회에서 발표한 '2017 지자체 평가'에서 전국 3위를 차지하는 성과를 기록했다. 평가는 한국지방자치학회 전문가의 평가와 전국 19세 이상 성인 남녀 2

만 2,900명의 설문 조사로 이뤄졌으며 재정력 지표 및 행정 서비스 수준으로 산출한 점수를 토대로 설문 조사 결과를 더해 순위가 정해졌다. 울산광역시 울주군, 전북 완주군에 이어 전국 82개 군단위 기초자치단체 평가에서 종합 3위를 차지한 진천군은 재정력3위과 행정 서비스9위에서 높은 점수를 받아 전국 최상위권으로 평가됐다. 전국 최상위권인 7,155만 원의 인구 1인당 GRDP 지역 내 총생산와 충청권 최고 수준인 69.6%의 제조업 비율을 바탕으로 재정력 부문전국 3위에서 약진이 두드러졌다. 특히 최근 한화큐셀코리아 등 수조 원대의 우수 기업 투자 유치 실적이 재정력 지속성에서 높은 평가를 받은 것으로 알려졌다.

세계적 태양광 산업 중심지로 발돋움

진천군은 세계 태양광 산업의 중심지로 도약할 발판을 마련하기 위한 다양한 사업을 추진 중에 있다. 2016년 11월 진천군은 충청북도 한화큐셀코리아와 산수 산업단지 내 세계 최대 규모의 태양광 셀·모듈 생산 공장 증설을 위한 1조 원대 투자 협약을 체결했다. 한화큐셀은 2016년 진천 공장 1차 시설 공사를 마무리한 데 이어 이번에 추진키로 한 2차 증설 공사가 완료되면 명실공히 세계 최대 태양광 셀·모듈 생산 능력을 보유하게 된다.

한화큐셀과 협력 업체를 포함해 1,000개 이상의 양질의 일자리 창출이 예상되며 공장 증설 투자에 따른 매출 규모 확대로 매년 수십억 원의 안정적인 지방소득세가 추가 확보돼 지역 소득이 증가하는 것은 물론, 지역 사업 추진의 원동력이 될 것으로 기대된다.

송기섭 군수는 취임 이후 한화큐셀 공장 증설을 위한 전력 설비, 용수 확보, 폐수 처리 시설 등의 인프라를 확충하기 위해 국회, 기획재정부, 환경부 등을 수시로 방문했으며 이러한 노력들이 투자 협약으로 이어졌다.

진천군은 산업단지 내 완충 녹지, 주차장 및 도로 부지를 일부 산업 시설용지로 전환해 공장 증설이 차질 없이 추진될 수 있도록 개발 계획 변경 등 행정적 지원을 아끼지 않을 방침이다. 2018년 준공과 함께 공장이 가동될 수 있도록 폐수종말 처리장 증설은 2017년까지, 공업용수 공급은 2018년까지 마무리할 계획이다.

진천군은 2017년 1월에도 한화큐셀과의 협약을 통해 공장 증설에 따른 신규 인력의 약 30%를 지역에서 채용하는 지역 인재 할당제를 실시키로 했다. 한화큐셀은 지역 내 특목고나 거점 대

한화큐셀 진천 공장 전경

학 출신 청년층을 우선적으로 채용하게 되며 진천군은 기업이
원하는 양질의 인력을 공급하기 위해 '파트너훈련센터'를 개소한
다. 대학은 기업에서 필요로 하는 인력에 대한 맞춤형 훈련을 실
시하고 기업에서는 파트너훈련센터 수료생에 대한 우대 채용을
하게 되며 이를 통해 청년 실업 해소와 양질의 일자리 창출로 지
역, 기업, 대학이 동반 성장할 수 있는 계기가 될 전망이다.

진천군은 한화큐셀 공장 증설과 함께 충북 혁신 도시에 들어
선 태양광기술지원센터, 건물에너지기술센터, 글로벌기후환경
실증시험센터, 자동차연비센터 등 연구개발센터와 연계해 관련
기업을 적극 유치하고 에너지 자립형 생거 에코 타운 및 친환경

송기섭 진천군수가 충북 혁신 도시에서 열린 한국에너지공단 자동차 연비센터 준공식에 참석해 축사를 하고 있다(2016년 11월 24일).

에너지 타운 조성을 통해 친환경 에너지 산업의 중심지가 될 수 있도록 노력하고 있다. 특히 생거 에코 타운은 전국적으로도 에너지 자립형 도시 모델로서의 관심이 집중되고 있는 상황이다.

진천군은 2017년 1월 충청북도, GS파워, 한화큐셀코리아와 산업단지 태양광 설치 선도 사업 업무 협약을 체결해 전국 최초로 기업과 자치단체 간 업무 협약을 통한 대규모 태양광 발전 설비가 갖춰진다. 협약에 따라 진천군 산업단지 내 기업체 지붕 및 공공 부지에 총 30메가와트시범 사업 6메가와트, 본 사업 24메가와트급 태양광 발전 시설이 들어서게 된다. 총 사업비는 600억 원에 달한다.

2년간의 사업 기간을 통해 시설 설비가 완료되면 연간 3만 8,000메가와트의 전력을 생산 및 공급할 수 있을 것으로 기대되며 이는 약 1만 가구가 1년간 사용할 수 있는 전력량에 해당한다.

이번 협약에 따라 진천군은 사업의 원활한 추진을 위해 각종 행정적, 정책적 지원에 나서게 되며 태양광 발전 시설 설치를 위한 진천군 소유 건물 및 공공 부지 임대를 지원하게 된다. 또한 태양광 에너지 관련 분야 사업 추진을 위한 정책 개발 지원에도 나서게 된다.

사업 주관사인 GS파워는 한화큐셀코리아와 함께 사업 수행에 필요한 재원 조달, 설계, 시공 등의 업무와 진천군 관내 산업체 에너지 효율화를 위한 에너지 관련 기술 및 사업 지원 등의 업무도 수행하게 되며 충청북도에서는 산업단지 내 태양광 발전 사업 허가 및 산업단지 관리 기본 계획 변경 승인 등의 행정적 지원에 나서게 된다.

2017년 2월에는 산업통상자원부가 태양광모듈연구지원센터의 최종 부지를 진천군 문백면으로 최종 확정했다. 총 사업비 190억 원국비 95억 원, 도비 29억 2,000만 원, 군비 65억 8,000만 원을 투입해 충북도, 충북테크노파크, 한국에너지기술연구원, 한국건설생활환경시험연구원 등과 함께 태양광 모듈 재활용 사업의 컨트롤 타워 역할을 수행하게 된다.

이와 같이 진천군은 '생산-연구-소비-재활용-교육'으로 이어지는 태양광 산업 5대 핵심 툴을 마련한 전국 유일의 자치단체로 태양광 산업을 진천 미래 100년을 책임질 신성장 동력 산업으로 설정하고 다양한 사업을 추진하고 있어 향후 세계적인 태양광 중심 도시로서의 위상이 더욱더 공고해질 것으로 기대된다.

명품 혁신 도시 조성해 인구 15만 조기 달성

충북 혁신 도시는 노무현 정부가 2005년 지방 분권 정책으로 추진한 전국 11개 지방 혁신 도시 중 하나다. 충북 혁신 도시는 인구 4만 2,000명 규모의 계획도시로 진천군에서만 계획 인구 3만 명을 목표로 해 조성 중이다. 2020년까지 충북 혁신 도시 진천군 지역에 건립이 계획된 공동 주택은 11개 블록 1만여 세대로 계획 인구 3만 명을 여유롭게 돌파할 것으로 예상된다.

충북 혁신 도시는 2007년 12월 착공 후 10년 만인 현재 11개 이전 공공기관 중 한국가스안전공사, 소비자보호원, 법무연수원, 한국교육개발원 등 9곳이 둥지를 틀었으며 나머지 2개 공공

혁신 도시 전경

기관도 2018년 말까지 이전을 완료할 예정이다.

송기섭 진천군수는 취임 후 두 달 만인 2016년 6월 미래 지향적 행정 조직 구성을 위해 책임실장제 도입과 미래전략실 신설을 골자로 하는 조직 개편을 단행했다. 진천군 덕산면과 음성군 맹동면에 들어선 중북 혁신 도시 조성 사업을 성공적으로 추진하기 위해 미래전략실 내에 전담팀인 혁신도시지원팀을 신설했다.

혁신도시지원팀은 IT, BT, 태양광 산업의 테크노폴리스 조성을 비롯해 인간, 자연, 문화가 공존하는 혁신 도시 건설, 인구 4만의 자족 도시 기반 마련을 위한 입주민 정주 여건 조성, 혁신도시 이전 공공기관 행정 지원 등을 전담한다.

충북 혁신 도시는 공공주택 분양에 따른 지역 주민의 여가 선 양과 건강 증진을 위한 보건소 및 생활 체육 공원 준공에 이어 2017년 5월 공공 도서관이 문을 열면 이주민의 다양한 여가와 문화 수요가 일정 부분 해소될 것으로 기대된다. 또 공동주택과 연계한 국공립 어린이집, 민간 어린이집을 지속적으로 설치할 계획이며 2018년에는 육아 보육 지원센터를 건립해 일과 육아를 병행할 수 있는 육아 친화적 도시를 만들어간다는 방침이다.

진천군은 이주민들이 가장 관심 높은 교육 여건 확충을 위해 2017년 3월 충북 혁신 도시에 개교한 서전고등학교를 전국적인 명문 학교로 육성하고 있다. 서전고는 KEDI_{한국교육개발원} 정책 연구 학교로 전국 최초 지정돼 기존 자율형 공립고보다 자율성과 전 문성이 더 강화된 형태로 운영될 예정이다. 학생 스스로 선택과 참여를 통한 자율적 교육 과정과 자연계열, 인문계열을 구분하 지 않는 무계열의 학생별 맞춤 교육 과정으로 운영돼 수시로 변 화하는 입시 제도 등 미래 교육 환경 변화에 최적화된 진로 교육 환경을 제공할 것으로 기대되고 있다. 군은 학교가 위치한 충북 혁신 도시 내 국가공무원인재개발원, 법무연수원, 한국과학기 술기획평가원 등 교육 전문 공공기관을 통해서도 전방위적인 인 적·물적 자원의 지원을 추진한다.

진천군은 향후 서전고 기숙사 건립 비용으로 20억 원을 지원할 예정이며 매년 2억 원 이상의 교육 경비를 통해 혁신 도시에 위치한 서전고가 전국적인 명문 학교로 도약할 수 있도록 전방위적인 지원에 나설 방침이다.

이와 같이 다양한 분야에서 지속적이고 짜임새 있는 정주 여건 확충 노력으로 혁신 도시에 이전하는 공공기관 종사자의 조기 정착과 이주민들의 삶의 질 향상을 통해 인구 15만 진천군 건설이 탄력을 받을 것으로 예상된다.

기업하기 좋은 도시 위상 강화

진천군은 교통과 물류의 중심지로 최근 기업하기 좋은 도시로 주목받고 있다. 2017년 1월 대한상공회의소 주관 전국 228개 기초지자체를 대상으로 실시한 선국규제지도조사 결과 기업체감도 부문에서 3년 연속 충청북도 내 1위를 기록했다.

진천군은 2016년 12월 충청북도, 한일단조공업과 진천 덕산면 일원에 공장을 증설하는 투자 협약을 체결한 바 있다. 군은 통상 3주 정도 소요되던 군 관리 계획 변경 결정 및 공장 증설 승인 절차를 투자 협약 후 1주일도 안 돼 마무리하며 공장 증설에 따른 행정적 절차를 간소화했다.

진천군은 11개의 농공·산업단지가 위치해 있으며 3개의 고속도로가 교차하는 등 대한민국 교통과 물류의 중심지다. 기업체 수는 최근 5년간 785개에서 1,048개로 33.5%가 증가했다.

2016년 약 300만 제곱미터약 90만 평 규모의 신척 산업단지와 산수 산업단지가 100% 분양될 정도로 기업 유치에 속도를 내고 있으며 현재 조성 마무리 단계인 송수 산업단지도 50%가 선분양될 정도로 기업들의 러브콜을 받고 있다.

이처럼 진천군이 산업단지 조성과 분양 실적에서 좋은 성과를 거두고 있는 이유는 크게 네 가지로 분석된다. 첫 번째로 접근성이다. 국토 중심부인 중부 내륙에 위치한 진천군은 동서, 중부, 경부 등 3개의 고속도로가 교차하고 청주공항에서 30분, 평택항에서 50분, 서울에서 1시간 거리에 있는 물류와 교통의 중심지로 각광받고 있다. 두 번째는 낮은 분양가다. 수도권에 비해 훨씬 낮은 분양가인 3.3제곱미터당 60~70만 원으로 산단 분양을 하고 있다. 이는 군유지를 활용한 산단 개발 방식이기에 가능한 부분이다. 세 번째는 인근 청주, 안성 등 대도시의 풍부한 노동력을 바탕으로 한 풍부한 노동력이다. 진천군은 현재 2만 5,000명가량이 인근 도시에서 출퇴근하고 있는 것으로 알려져 있다.

마지막은 체계적인 기업 지원 시스템이다. 2016년 송기섭 군수가 미래전략실을 신설해 기존 산단관리팀과 기업지원팀을 통합하고 기업 유치, 공장 증설 관련 행정 업무 창구를 단일화하는 등 행정적 지원에 최선을 다하고 있다.

개발 사업으로 미래 지향 도시 체계 구축

충북 진천군은 2017년 1월 3일 주민등록 통계상의 내국인 인구가 7만 13명을 기록하며 1975년 이후 약 40년 만에 7만 명대를 회복했다.

진천군 인구는 6만 154명이었던 2007년부터 매년 평균 700명가량 증가세를 보이다 2015년부터 2017년 1월까지 약 2년간 5,000여 명 급증했다. 이는 충북 혁신 도시 공동주택 분양에 따른 것으로 분석되며 분양 및 입주가 본격화되는 2017년 하반기 이후부터는 더 급격한 인구 증가가 예상된다.

2020년까지 혁신 도시 진천 지역에 들어서게 되는 공동주택은 1만 126세대로 현재까지는 19.3%인 1,960세대만 입주한 상황이다. 2020년까지 혁신 도시 진천 지역에서만 1만 명 이상, 진천읍 교성 지구 개발 등에 따른 공동주택 건립으로 1만 명 이상의 추가적인 인구 증가가 예상되는 상황이어서 4년 안에 내국인 인구 9만 명 이상, 외국인 포함 인구는 10만 명에 육박할 것으로 전망된다.

또한 혁신 도시 개발 사업이 마무리되는 2020년 이후에는 진천군에서 추진하고 있는 각종 도시 개발 사업, 태양광 특화 산업 육성, 산업단지 분양, 우수 기업 유치 등에 힘입어 인구 10만 명을 훨씬 뛰어넘어 시 승격을 위한 인구 15만 명 달성 시기를 저울질할 수 있는 가시권에 진입할 수 있을 것으로 예상된다.

진천군은 인구 15만 명품 도시 기반 조성을 위해 도시 개발 사업에 적극 나서고 있다. 교성 지구 및 성석 지구 도시 개발 사업과 이월면 일원에 조성되는 명품 신도시 조성 사업이 대표적이다. 명품 신도시는 오송~증평~충주~제천으로 이어진 첨단 지식 산업 벨트의 한 축으로 과학 기술 혁신을 통한 중부내륙권 거점 도시 형성에도 힘을 보탤 것으로 전망된다.

66

송기섭 군수는 기존의 관행과 틀을 깨는
창조적 파괴로 조직과 제도를 일체 정비하고
군정 운영 방침과 비전을 제시하는 등
군정 기틀을 마련했다.

99

시장

—

유 정 복

모든 길은 인천으로 통한다

인천광역시

학력
1976   연세대학교 정치외교학과 졸업
1986   서울대학교 행정대학원 행정학 석사
2009   연세대학교 정치학 박사 수료

경력
1994   김포군수
1998   김포시장(초대)
2004~2014   국회의원(17~19대)
2010   농림수산식품부 장관
2013   안전행정부 장관
2015   전국시도지사협의회 회장(9대)
현재   인천광역시장

상훈
1996   전국 최우수 시 선정(행정자치부)
1998   전국 최우수 자치단체 선정(대통령)
2010   한–EU 최고세계화상(주한유럽상공회의소)
2013   자랑스런 한국인 대상
        한국청년유권자연맹 청년통통 정치인상
2015   대한민국 창조혁신 대상
        한국의 영향력 있는 CEO
        월드코리안 대상
2016   대한민국 경영 대상
        대한민국 경제리더 대상

all ways IΛCHEOΛ
모든 길은 인천으로 통한다

인구 300만 시대 동북아 허브로 도약

인천광역시_{이하 인천시}는 특별·광역시 중 최고의 인구 증가율을 보여왔다. 그 결과 지난 2016년 10월 19일 인구 300만을 돌파함으로써 부산에 이어 36년 만에 탄생한 사실상의 대한민국 마지막 300만 도시가 되었다. 또한 면적에서도 특별·광역시 가운데 1위_{1,062제곱킬로미터}로 올라서는 등 초일류 도시로 도약할 수 있는 전기가 마련됐다.

인천시는 300만 인천 시대의 비전을 '시민이 창조하는 건강한 세계 도시 인천'으로 정하고 3대 미래 가치로 인본, 역동, 청정을 선정했다.

이러한 비전 달성을 위해 모두가 함께하는 활기찬 공동체 도시, 시민과 열어가는 해양 문명 도시, 세계가 찾아오는 글로벌 거점 도시, 자연이 살아 있는 건강한 녹색 도시 등 4대 세부 목표를 세우고 미래를 차근차근 준비하고 있다.

유정복 인천시장 취임 당시 13조 원이 넘던 인천시의 부채가 2016년 말 현재 11조 원대로 약 2조 원이 감축되는 등 재정 건전화 3개년 계획이 차질 없이 추진되고 있다. 2017년에도 이러한 재정 건전화의 기반을 바탕으로 시민 행복 체감 지수를 높이는

인천시 인구 300만 명 돌파 300인 기념 촬영

데 더욱 집중하고 있다.

유 시장은 공동체 복원을 통한 인천 주권 시대를 열어나가고
자 한다. 앞으로의 사회 발전은 지나친 경쟁보다는 배려와 나눔
의 가치가 실천되어야 하는 만큼 지역 특성을 반영한 인천형 공
감 복지 등 따뜻한 공동체를 실현하기 위한 다양한 사업들을 펼
쳐나갈 계획이다.

아울러 원활하게 추진되고 있는 인천발 KTX 및 항공 산학 융
합 지구의 조성을 비롯해 검단 새빛 도시, 국립세계문자박물관,
국립강화문화재연구소 건립 등을 조속히 추진할 예정이다. 또한
인천시가 300만 대도시로서 외형이 커지는 것뿐 아니라 내적으

로도 개혁을 주도해나갈 수 있도록 인천 주권 되찾기를 지속적으로 추진할 예정이다.

민생·교통·문화·해양·환경 주권의 회복을 민선 6기 후반기 인천시의 핵심 과제로 제시하고 이를 실천하기 위해 인천시를 사랑하는 모든 사람과 소통하면서 '가고 싶은 인천, 살고 싶은 인천'을 만들고자 한다.

인천시는 지난 2년간 재정 건전화 및 현안 사업의 가시적 성과 창출, 인천 가치 재창조를 역점 시책으로 삼아 노력해왔다. 그간 인천시를 남북으로 갈라놓았던 경인 고속도로를 48년 만에 인천시민의 품으로 돌아오게 했으며 국내 최초로 기업형 민간 임대주택인 '뉴스테이'를 2015년 9월 도화에 착공하여 원도심 사업 활성화를 추진했다.

인천시는 '인천 가치 재창조'의 일환으로 문학산 정상부 개방을 추진하여 인천시의 진산鎭山이 50년 만에 시민들의 품으로 돌아올 수 있도록 했다. 여기에 지역의 자랑스러운 역사와 문화에 새로운 가치를 부여하고 있으며 시민 통합의 가치 실현을 위해 인천 인물 발굴과 함께 시민 사회 단체와의 교류도 한층 넓혀가고 있다.

재무 건전성 확보로 재도약 준비

인천시는 예산 대비 채무 비율이 39.9%에 이르는 등 재정 위기 단체 지정에 직면하였으나 민선 6기에 접어들어 재정 건전화 3개년 계획을 추진하는 등 건전한 재정 운영을 위해 최선을 다해온 결과 현재 약 2조 원의 부채를 감축했다.

예산 대비 채무 비율은 2017년 말까지 25.5%, 나아가 2018년에는 20.3%로 낮춰 재정 정상 단체로 진입한다는 목표다. 이는 재정 위기로 군·구와 교육청에 전출해야 할 법정전출금 약 1조 3,800억 원을 해소하고도 이루어낸 결과다.

어려운 재정 여건을 조기에 극복할 수 있었던 주요 이유로 정부 지원금의 대폭적인 확대를 빼놓을 수 없다. 2016년엔 2조 8,700억여 원의 역대 최대 규모의 정부 지원금을 확보하였고 2017년 역시 도시 철도 2호선 준공 등 대규모 재정 투입 사업이 감소하였음에도 불구하고 전년 수준의 국고 보조금 확보와 더불어 역대 최대인 5,000억 원 수준의 보통교부세 확보가 예상되고 있다.

2017년 국비 예산은 2016년보다 165억 원 늘어난 2조 4,700여억 원을 확보하였다. 이는 인천도시철도 2호선 등 대규모 재

루원시티 도시 개발 사업 착공

정 투입 사업의 감소에도 불구하고 전년보다 늘어난 수치다. 인천발 KTX 건설 및 국립세계문자박물관 건립, 인천보훈병원 건립 등의 국가 직접 시행 사업과 인천도시철도 1호선 송도 연장, 서울도시철도 7호선 석남 연장 등 국고 보조 사업의 국비 확보액이 늘어난 데 기인한 것이다.

어려운 여건 속에서도 더 많은 국비를 확보할 수 있었던 이유는 시장을 비롯한 모든 공무원들이 국비 확보를 위해 국회 및 중앙 정부 관계자를 만나 설명과 이해를 구하는 등 적극적인 행정을 펼쳐온 결과다.

재정 건전화는 재정의 어느 한 부분만을 개선하는 것이 아닌,

인천시의 전반적인 체질 개선을 통해 장기적인 안정화를 도모하는 작업이다. 민선 6기 들어 인천시는 재정 건전화를 위해 현재까지 주요 자산을 매각한 재원이 약 1조 2,700억 원에 달한다. 2017년에도 북항 부지 매각 등 약 4,060억 원의 재원을 추가로 마련할 계획이다.

세외 수입을 확충하고자 시유재산 공시지가를 현실화하고 매각 예정 토지에 대한 도시 계획 변경을 추진할 계획이다. 또한 정밀 실태 조사 용역을 실시하여 시유재산 중 행정 목적으로 활용하기 어려운 보존 부적합 재산에 대해서는 일괄 매각을 추진할 예정이다.

고액 체납자에 대해서는 신용 정보 제한, 출국 금지, 명단 공개 등 행정 제재뿐만 아니라 예금, 보험금, 매출 채권 등 각종 채권에 대하여 압류 및 추심 조치를 취하고 징수 전담제를 실시하는 등 효율적인 징수 체계를 구축하여 강도 높은 체납 처분을 진행하고 있다.

선진 교통망 구축으로 시민 편의 극대화

인천시는 2016년 2월 친환경 미래 교통수단인 인천국제공항 자기 부상 철도 개통을 시작으로 1973년 수인선 폐선 후 43년 만에 수인선 인천 전 구간을 개통시켰다. 3월에는 인천공항철도 영종역이 추가로 개통되었으며 7월 말에는 인천시 남북 교통축의 중추적인 역할을 수행하게 될 인천도시철도 2호선이 개통되는 등 2016년 한 해 인천시 중심의 철도망 구축에 있어 한 획을 그었다.

인천발 KTX 사업도 2016년 7월 예비 타당성 조사를 통과하였고 관련 사업비 47억 원을 확보하여 2017년 하반기에는 일괄 입찰 방식을 통해 착공에 들어갈 예정이다. 2021년 개통을 목표로 추진하고 있으며 인천에서 서울을 20분대로 단축하는 수도권 광역급행철도GTX-B 구축 사업은 기획재정부에 예비 타당성 조사를 신청하여 2017년부터 예비 타당성 조사 등의 행정 절차를 이행할 전망이다.

또한 도시 철도망 8개 노선의 103.6킬로미터 확장을 위해 서울 7호선 청라 국제 도시 연장 등 8개 노선이 반영된 인천 도시 철도망 구축 계획2016~2035을 2016년 7월 국토교통부에 승인 신청

인천도시철도 2호선 개통

을 한 상태로 향후 국토교통부의 승인을 받아 순차적으로 추진
할 계획이다.

인천시는 2016년 8월 인천시 중심의 도로망 구축 계획을 제
시했다. 시민들이 이용하기 편리한 내부 교통망의 구축을 위해
동서 4축과 남북 4축의 광역 도로망과 2개의 내부 순환망 구축
계획을 발표했다. 광역 도로망의 남북 축에는 수도권 및 외국인
관광객 유치를 위한 영종~강화 도로와 제2 외곽순환 고속도로인
천~김포·안산 구간, 제1 경인 고속도로인천 기점~시인천 구간 등 4개 노선망이 있
다. 동서축의 제1서인천~신월·2·3 경인 고속도로와 인천국제공항 고
속도로를 격자형으로 연결시켜 사통팔달의 교통망을 구축한다

는 방침이다.

2개의 내부순환망으로는 우선 서인천~서운~서창~문학~도화~서인천을 연결하는 제1 순환망을 차질 없이 추진하고 경인고속도로 지하화서인천~신월 구간은 2019년 착공에 들어가 2023년에 개통할 예정이다. 문학~도화 구간은 2017년 예비 타당성 조사를 실시하여 2024년 개통할 예정이다. 제2 순환망은 북인천~노오지~월곶~송도~북인천을 연결하는 순환망으로, 제2 외곽순환 고속도로의 인천~안산 구간과 서창~김포 구간이 국토교통부 민자 사업으로 제안돼 적격성 조사가 진행되고 있으며 2024년 개통 계획이다.

인천시는 42년 만에 시내버스 노선 전면 개편도 단행했다. 송도, 청라, 서창, 영종 등 신도심 지역에 12개 노선을 전환 배치하여 불편을 최소화했다. 그 결과 노선 중복도 21% 개선, 굴곡도 10.7% 개선, 평균 배차 간격을 1.2분 단축하는 효과를 거두었다. 인천시는 두 차례에 걸쳐 노선을 미세 조정하는 등 관련 민원을 적극 해소해나가고 있다. 노선 조정 후 발생한 문제점과 개선 방안을 종합적으로 분석하고 조정 노선의 안정화를 위한 연구 용역을 2017년 2월까지 추진했다. 용역 결과를 통해 파악된 미흡한 부분을 보완할 방침이다.

8대 전략 사업 육성해 경제 도시 입지 강화

인천시는 8대 전략 산업을 육성하고 있다. 지역 주력 산업과 인천시만의 입지적 강점을 살린 첨단 자동차, 로봇, 바이오, 뷰티, 항공, 물류, 관광, 녹색 기후 금융 등의 산업이 그 주인공이다. 이들 산업 육성을 통해 장기적으로 좋은 일자리와 경제적 부를 창출해 미래 먹거리를 만든다는 취지다.

가장 먼저 송도를 글로벌 바이오산업의 거점 지역으로 조성하고 세계 최고 수준의 바이오 의약품 생산 역량의 기반을 갖추게 한다. 뷰티 산업과 관련해서는 인천화장품 공동 브랜드 '어울Oull'을 집중 육성하고 브랜드 경쟁력 강화 및 뷰티 산업 성장 기반을 구축함으로써 지역 중소기업을 육성하고자 한다.

아울러 인천시에서 추진해왔던 미래형 항공 산업 혁신 클러스터 조성 사업이 산업통상자원부 산학 융합 지구 조성 사업에 최종 선정됨에 따라 미래 전략 산업인 항공 산업의 활성화를 도모할 수 있게 됐다. 이를 통해 약 8만 5,000명 규모의 신규 고용 창출 효과가 기대되며 연간 약 40억 달러약 4조 5,000억 원의 경제 효과가 예상된다.

이외에도 관광 산업은 '아오란 기업 치맥 파티' 등을 교훈으

인천 내항 1·8부두 항만재개발사업 공동 추진 기본업무협약 체결

로 중국 단체 관광객 특화 마케팅을 강화하고 주제가 있는 섬 관광을 중점적으로 육성하는 한편, 인천시 대표 산업과 연계한 MICE 행사를 발굴하고 있다. 의료 관광 활성화를 위해 산업 기반을 조성하고 전략 시장별 의료 관광 마케팅 강화를 위해 중국, 태국, 러시아 등과도 협력해나가고 있다. 2015년 11월에는 중국 웨이하이 시에 인천 의료 관광 체험관을 설치하여 의료 관광 정보 등을 제공하고 있다.

인천시는 8대 전략 산업의 성공적인 추진을 위해 지역 자원과 인프라를 최대한 활용할 예정이다. 특히 첨단 자동차, 로봇, 항공 등의 산업은 기술 경쟁력 강화를 위해 지역 연구개발기관 및

청년 일자리 희망버스 개통식

대학 등과 긴밀히 협력하는 것이 중요하다. 또한, 글로벌 수준의 지역 대기업들과도 네트워크를 구축하여 기업의 장기적 성장과 일자리 창출을 포함한 지역 경제 발전이 조화롭게 추진되는 새로운 성장 모델을 구현하고자 한다.

전략 사업 육성은 곧 고용 창출을 위한 포석이다. 인구 300만을 달성한 2016년 10월 말 현재 인천시의 고용률은 61.7%를 기록, 7대 특별·광역시 중 최상위권을 유지하고 있다. 또한 인천시는 고용노동부의 전국지자체 일자리창출 성과 평가에서 민선 6기 들어 2년 연속 일자리 우수 기관으로 선정되었다.

인천시 산업 구조 특성상 대기업보다는 중소 제조업이 주를 이루고 있어 구직자와 기업 수요 간 근로 여건 불일치로 일자리 불협화음이 발생하고 있다. 인천시는 이를 해결하기 위해 지역 여건과 특성에 맞는 지역 맞춤형 일자리 창출 사업을 추진하고 있다. 특히 사회적 이슈가 되고 있는 청년 일자리 문제 해소를 위해 대학 창조일자리센터_{인천대, 인하대}를 지원하고 있으며 채용 설명회 개최 및 기업 현장 탐방, 채용 대행 서비스 등을 추진하고 있다.

인천시는 또한 시민 사회 취약 계층을 위한 다양한 지원 방안을 검토하는 등 새로운 성장 모델과 복지 모델을 균형 있게 추진하려고 한다. 이를 통해 함께 잘사는 시민 사회를 만들어나가고자 하며 인천시의 민생, 교통, 문화, 환경, 해양 등 5대 주권 회복을 완수하여 시민의 행복 체감도를 높이는 데 최선을 다한다는 방침이다. 유정복 시장은 "시민의 시선에서 공유하고 공감하고 공조할 수 있도록 최선의 노력을 나할 것"이라고 말했다.

구청장

—

윤순영

대구광역시 중구

학력

1997   경일대학교 경영학과 학사
1999   중앙대학교 예술대학원 문화예술행정학 석사
2005   대구가톨릭대학교 예술학 박사과정 수료

경력

1988   전문직여성 새대구클럽 회장
1991   분도문화예술기획 대표
2002   민족시인 이상화 고택보존운동본부 상임공동대표
2003   한국여성경제인협회 대구경북지회 전문위원장
현재   대구광역시 중구청장(민선 4 · 5 · 6기)
       대구중구도심재생문화재단 이사장

상훈

2007   대한민국 신뢰경영CEO 대상
2011   다산목민 대상
2010~2016   전국기초자치단체장 공약실천계획평가 SA등급
2013   자랑스러운 자치단체장상 대상인 선정(창의 부문)
2015   올해의 지방자치 CEO
2016   대한민국 글로벌리더 대상(도시관광 부문)
       대한민국 경제리더 대상(지속가능경영 부문)

대구광역시 중구
JUNG-GU, DAEGU METROPOLITAN CITY

근대와 현대가 공존하는 세계인의 문화 관광 도시

　대구광역시 중구는 영남 지방을 대표하는 대구시의 심장부로 주요 관공서와 금융기관, 의료 시설 및 문화 공간이 밀집해 있으며, 서문시장 같은 오래된 전통 시장과 대형 백화점 등 서비스·유통 산업의 중심이 되는 곳이다. 또한 오랜 역사를 지내며 각 시대마다의 정치와 경제, 문화를 형성하는 데 중요한 역할을 담당해왔으며 풍부한 유·무형의 역사·문화 자산을 보유하고 대구시 지역의 절반에 가까운 근대 역사 문화유산을 온전히 보존하고 있는 지역이다.

　1990년대 이후 부도심의 개발로 주거 인구가 급속히 빠져나가면서 도심 공동화 현상이 더해져 20만 명에 이르던 주민등록 인구가 7만 5,000여 명까지 감소되는 등 어려운 시기도 겪었다. 그러나 현재, 대구시 중구는 파괴를 통한 재개발이 아닌 재생을 선택한 도심 개발로 1,000여 개의 골목 자원에 창조적인 디자인과 스토리텔링을 입혀 '근대로의 여행, 대구 중구 골목투어'라는 관광 상품을 개발하고 '방천시장 김광석 다시 그리기 길'을 조성했다. 그 효과로 국내외 관광객의 발길이 끊이지 않으며, 2008년 287명이던 방문객이 2016년에는 150만 명에 육박할 정도의 글로벌 문화 관광 도시 중구로 도약하고 있다.

동성로 공공 디자인 개선 사업을 통한 도심 공동화 해소

'도시의 경쟁력은 도시 디자인'이라는 말이 있다. 도시 디자인이 도시에서 차지하는 중요성을 단적으로 표현하는 용어이다. 2006년 중구는 도심 공동화 및 인구 감소와 함께 동성로를 비롯한 도심 곳곳에 노점상과 노면에 돌출된 배전박스로 인해 시민들의 보행에 심각한 불편을 초래하고 도시 미관과 안전에도 문제가 있었다. 그래서 윤순영 중구청장은 대구시의 대표 거리인 동성로를 살려야겠다는 일념으로 우선 '동성로 살리기'를 구 핵심 사업으로 선정했다.

이에 중구는 거리 환경을 새로 꾸며 보행자 전용 도로 조성을 계획하고 가장 먼저 노점 정비를 위해 구청의 직제를 개편했다. 공공 디자인, 가로 정비, 녹지 업무를 담당하는 도시관리과를 신설하여 기업형 노점은 철거하고 생계형 노점에 대해서는 대체 부지 마련과 가판대를 제작해 노점 특화 거리를 조성했고 노점상 실명제 도입, 도로 점용료 및 대부료 부과로 세수 증대에도 기여했다. 아울러 안전하며 걷고 싶은 쾌적한 도심 환경을 조성하고

자 전봇대 121개 철거와 배전반 67개를 전국 최초로 배전스테이션 방식으로 지하에 매설했다. 이 밖에 상설 야외 공연장과 이벤트 마당 설치를 비롯해 차량 진입 방지 봉, 가로등, 벤치, 가로수 식재, 읍성표식 사인 설치, 간판 정비 사업 등을 추진했다.

그 결과 동성로는 대구시민 모두가 꿈꿔왔던 쾌적하고 걷고 싶은 도심으로 변모하여 주말 유동 인구가 100만에 이르는 보행자의 천국으로 거듭났다. 이제 동성로는 옛 명성을 회복했고 주변 상권도 다시 살아나면서 중구는 활력이 넘치는 도시로 재도약하고 있다. 또한 사업 추진 과정에서 시민 토론회, 시민 의식 조사, 시민 만족도 조사 등을 통해 실질적인 시민 참여를 이끌어 내며, 행정이 민관 파트너십을 구축해 도시를 디자인한 모범 사례로 전국 타 자치단체의 벤치마킹 대상이 되었다.

근대 역사 문화 자원과 골목 스토리 접목한 골목 투어

대구시 중구는 대구시 역사의 중심이다. 삼국시대에 쌓은 우리나라에서 가장 오래된 달성토성과 400여 년의 역사를 가진 경상감영 등 구한말과 일제 강점기를 겪는 동안 쓰리고 아픈 근대 역사의 자취와 특별한 이야기가 흩어져 있었다.

윤순영 중구청장은 대구시 지역 절반에 가까운 근대 역사 문화유산과 6.25 한국전쟁 당시 피난민과 근대 서민들의 삶의 흔적이 고스란히 담겨 있는 1,000여 개의 골목 자원을 활용하여 중구의 역사적 장소와 인물 그리고 길을 서로 연결하는 방안을 모색했다. 그러던 중 2007년 문화체육관광부의 '생활공간의 문화적 개선 사업 기획·컨설팅 공모 사업'에 선정되면서 대구시를 대표하는 역사 문화 공간으로 변신시키는 골목투어 사업을 본격적으로 추진하였다.

근대 문화 골목 디자인 사업은 대구시 고유의 근대 역사 자원과 스토리를 독창성 있게 표현한 사업으로 2007년 7월부터 2009년 6월까지 사업비 14억 원으로 동산동에서 계산동 일원 700미터 구간에 역사 문화 유적을 활용한 도심 골목투어 등 문화 공간을 조성했다. 현재 코스별 생생한 역사와 스토리를 개발하여 5개의 도심문화탐방 골목투어 프로그램 외에 야경투어와 스탬프투어 프로그램을 외국어 및 시각 장애인 해설사 등 82명의 맞춤형 골목 문화 해설사와 함께 운영 중에 있다. 아울러 근대 골목 관련 브랜드 사용 체계를 정립하고자 2016년 9월, 특허청에 근대 골목, 김광석 다시 그리기 길 등 6개 브랜드, 37건의 상표 및 업무표장에 대해 상표 등록을 했다.

외국인 관광객 골목 문화 해설에 따른 외국어 가능 직원 간담회

　그리고 문화재청의 '문화재 야행 프로그램 사업' 선정으로 2016년 8월 26일부터 27일까지 '대구 야행 근대路의 밤' 행사를 개최하여 근대 골목 코스를 활용한 공연과 체험 프로그램, 문화 시설 개방 등 시민들에게 색다른 체험을 제공했다. 나아가 '2017 대구 야행'에서도 청사초롱, 사진 공모, 한복 체험 등 관광객과 주민들이 적극 참여할 수 있는 프로그램을 구 대구제일교회역사 관을 살아 있는 역사 교육장 및 프로그램형 관광 상품으로 활용 한 '근대 골목―노크 1919' 사업과 약령시 축제에 연계함으로써 중구를 찾는 관광객들에게 더욱 다양한 문화와 볼거리를 접할 수 있도록 준비하고 있다.

이와 같은 노력은 2012년 한국관광의 별, 대한민국 대표 관광 명소 100곳, 2013년 지역문화브랜드 대상, 2014년 대한민국 도시 대상, 대한민국 베스트 그곳, 2012·2013·2015년 한국관광 100선, 2015년 열린 관광지, 한국 지방자치경영 대상_{문화관광 부문}, 대한민국 지방자치경영대전 종합부문 대통령상 등의 선정 및 수상으로 이어졌다. 그리고 2017년 한국관광 100선 연속 선정으로 대한민국 대표 관광지로의 면모를 다시금 다졌다.

또한 관광객 편의 제공을 위해 도심 투어용 관광버스인 '청라버스' 운영과 김광석 길 일원에 45억 원을 투입, 12월 완공을 목표로 주차장 공사를 추진하여 부족한 주차 공간을 해소하는 한편 맞춤형 골목투어를 위해 다채로운 관광 콘텐츠와 재방문을 겨냥한 마케팅 개발 등의 관광 사업을 발굴 추진하고 있다.

그리고 도심 재생을 통한 도시 경관 개선을 위해 대구읍 성상 징거리 조성, 경상감영 주변 전통 문화 거리 조성, 종로·진골목 개선, 영남대로 조성 사업 등을 통해 읍성의 주요 경관 요소를 상징화하고 읍성 옛 골목에 대한 경관 트레일을 구축했다. 이어서 2012년 2월과 2014년 8월에 근대문화체험관 이상화 민족 시인의 유작 전시 공간인 계산예가와 에코한방웰빙체험관을 각각 개관했다. 또한 2014년 10월에 개관한 향촌문화관은 개관 1년 만에 유료 관람객 수가 10만 명 돌파를 기점으로 지속적으로 증가하여 2016년에는 11만 2,700여 명이 찾아와 지역 관광 활성화와 도심 재생 사업의 성공적인 롤 모델로 주목받고 있다.

그동안 추진해왔던 순종황제 어가길 및 남산동 가톨릭 성지를 중심으로 추진하는 100년 향수길 조성 등을 마무리하고 대구시 신천변의 동인·삼덕동 일원에 수달 등을 테마로 하는 생태·문화 골목길 조성을 2018년까지 완료하면 중구 전역이 균형 발전을 이루면서 지역 전체가 한 장의 그림엽서로 변모하게 된다. 아울러 도시 활력 증진 개발 사업으로 선정된 남산·누리행복공간 조성, 김원일 소설을 배경으로 한 마당 깊은 집 문학관 조성, 대구 근대골목문화센터 조성 등이 완료되면 중구는 도심 관광의 메카로 우뚝 서게 될 것이다.

전통 시장 활성화 위한 김광석 다시 그리기 길 조성

과거 대구시의 3대 시장 중 하나로 전성기를 누려왔던 방천시장은 시대의 변화에 따라 주변 상권이 침체되어 시장 운용 자체가 어려운 상황까지 이르렀다.

중구는 시장 상권 활성화를 위해 방천시장의 빈 점포를 활용하여 예술 공간 랜드 마크로 조성하고자 2009년 2월부터 6월까지 '별의별 별시장' 프로젝트을 추진했다. 젊은 예술가 30여 명이 상주하여 다양한 현장 학습과 체험 행사를 실시한 결과 1일 200여 명의 관람객이 찾아오게 됐다. 이를 바탕으로 지속적인 상권 활성화 방안을 모색하던 중 문화체육관광부가 주관하는 '문전성시' 사업에 공모하여 문화를 통한 전통 시장 활성화 시범 사업을 추진하게 된다. '문전성시' 사업은 2009년 10월부터 2011년 12월까지 재래시장 침체 극복을 위해 상인, 예술가, 시민이 공동 참여하는 프로그램을 개발하고 상인들을 위한 다목적 문화 공간 조성, 예술 공연과 전시를 통해 방문객 수를 증가시켰다. 아울러 영원한 가객 고故 김광석이 태어나고 자란 방천시장 주변 지역을 김광석 추억의 길로 조성하고 벽화 제작, 야외 공연장 설치, 골목 방송 스튜디오 운영, 김광석 스토리 하우스 조성 등 관광 인프라를 지속적으로 확충했다. 그 결과로 2013년 4만 3,800여 명이었던 관광객이 2016년에는 100만 330여 명으로 증가하여 전국적인 관광 명소로 자리 잡았다.

경제 활성화를 위해 전통 시장과 예술의 만남을 연계 추진한 방천시장 김광석 다시 그리기 길을 조성한 효과로 2013년 향토 자원 베스트 30선, 2014년 대한민국 베스트 그곳, 2015년 한국

김광석의 감미로운 노래를 되새기는 김광석 다시 그리기 길

관광 100선, 한국 공간문화 대상 거리마당상, 2017년 한국관광 100선에 선정됐다.

사람과 자연이 공존하는 친환경 그린 도시

21세기 산업의 발달로 인한 지구 온난화가 급격히 진행되는 가운데 세계는 '저탄소 녹색 성장'이라는 목표를 향해 가고 있다.

이에 윤순영 중구청장은 경제, 문화 등 그 어떤 분야보다 인류의 생존과 직결되는 환경 보존의 중요성을 깊이 인식하고 온실가스를 줄이고자 우리 삶과 밀접한 녹색 생활 실천을 선도적으로 추진하고 있다. 이를 위해 찾아가는 공동주택 녹색 생활 실천 교육, 우수공동주택 경진대회, 새활용업 사이클링 교실, 에코맘 녹색 아카데미, 녹색 아카데미 심화 과정 운영 등 다양한 프로그램을 운영하고 있다. 또한 에코맘 녹색 아카데미 수료자들로 구성된 에코맘 홍보단은 보다 더 성숙한 실천을 유도하고자 각종 행사 시 친환경 녹색 생활 홍보부스 운영 및 각 가정에서의 친환경 생활을 적극 실천 홍보하고 있다.

그리고 환경 의식 개혁을 위해 조기 교육의 중요성을 인지하고 미래의 주역이 될 어린이를 대상으로 한 프로그램에 중점을 두고 추진하고 있다. 늘 푸른 환경 교실, 원어민과 함께하는 환경 교실, 자연과 함께하는 에코 스쿨, 엄마 아빠와 함께하는 지구 사랑 그린 투어를 실시했다. 2016년에는 유치원, 어린이집 원생을 대상으로 찾아가는 환경 교실 등을 운영하여 녹색 생활 실천 의식을 높여 나가는 등 미래의 그린 리더 양성에 앞장서고 있다.

2014년 9월 전국 기초 지자체 최초로 '기후 변화 적응 포럼'을 개최하여 이상 기후와 지구 온난화, 온실가스 등에 효과적인 대응 방안과 실천 과제를 마련하여 자발적인 녹색 환경 보전 실천 문화를 확산했다. 또한 타 기초 자치구에서는 실시하지 않는 환

2016 지구의 날 캠페인

경의 날 행사를 개최하여 주민 환경 의식 고취에도 노력했다. 특히 2016년 6월 3일 개최한 환경의 날에는 지역의 특성을 살려 약령시 한약단체와 연계, 한약재 찌꺼기를 퇴비화했고 이를 동성로에 버려지는 테이크아웃 컵 1,000개에 고추모종을 심어 나누어 주었다. 이를 통해 재활용의 중요성은 물론 도시 농업, 그리고 자투리땅을 활용한 녹색 공간 조성으로 도심 열섬화 방지 및 기후 변화에 적응하는 방향을 제시했다.

신재생 에너지 보급을 위해 대구시 최초로 아파트 베란다 미니 태양광 설치를 지원하여 전기 등 친환경 에너지 절약에 앞장서고 있다. 지구 온도 변화 자료 전시, 전기 발생 체험 등 환경 변화를 공부할 수 있도록 에코 전시실을 설치 운영하고 있으며 공간 일부에는 절전 제품을 전시 판매하는 에너지 슈퍼마켓이 있어 더욱 유용하게 활용할 수 있도록 하고 있다. 온실가스 감축과 폐자원 활성화를 위해 생활 쓰레기 감량 실천과 자원의 재활용 촉진은 물론 RFID 방식 음식물 처리 종량제의 공동주택 확대 추진, 골목 단위 단독 주택 3개 거점 시범 사업 지속 운영으로 남은 음식물 제로화에 도전하고 있다.

이를 더 확고히 추진하고자 2016년 11월에는 우호 협력 도시인 일본 야오 시를 방문하여 녹색 환경 정책과 환경 관련 시설 분야를 견학하고 구에 접목함으로써 미래 100년을 위한 친환경 그린 도심을 만들기 위해 최선을 다하고 있다.

함께 나누고, 더불어 행복하게 살아가는 맞춤형 복지 실현

윤순영 중구청장은 구민 모두의 삶이 건강하고 나눔과 사랑이 넘쳐나는 희망 복지를 펼치고자 행정기관의 퍼주기식 복지 정책을 탈피하여 작은 것에서부터 수혜자가 사랑과 감동을 느낄 수 있도록 주민 의견을 충분히 반영한 복지를 정책 목표로 정했다.

저소득층의 자활 기반 마련과 안전 문제 등을 해결하기 위해 저소득 주민의 자활을 돕고 남는 이윤의 일정 부분을 마을에 환원해주는 동별 맞춤형 복지 사업인 '1마을 1특화 복지 희망 마을 만들기' 사업의 추진뿐 아니라 주민의 자율적 활동으로 아동, 여성 등의 안전과 복지를 위해 각 분야의 전문가 191명으로 구성된 '행복수호대'를 운영하고 있다. 또한 조선 시대 순라복장과 장비를 착용한 어르신들이 밤길 안전 지킴이 역할을 하는 '은빛순라군' 운영을 통해 어르신의 사회 참여를 돕는 중구만의 특수 시책으로 지역 주민을 최우선으로 한 맞춤형 복지를 추진하고 있다.

2001년부터 중구자원봉사센터를 설치해 자원 봉사 기반 및 인프라를 구축했다. 그 결과 2016년 중구 주민의 50%가 넘는 4만 23명이 자원 봉사자로 등록하여 구민이 함께 나누는 기쁨을 누리고 있으며, 전국 최대 자원 봉사 대학과 재능 기부 나눔 은행을 운영 중에 있다. 그리고 주민의 오랜 숙원 사업인 노인 복지관 및 보건소 신축 건물을 2017년 10월경에 개관하고, 2014년 4월과 2015년 7월에 구청 민원실과 남산 4동 행정복지센터에 주민 밀착형 미니 보건소를 설치하여 주민 중심의 건강 서비스를 제공하는 건강 주치의로서 최선을 다하고 있다.

또한 대구시에서 유일하게 여성가족부로부터 2010년에 이어 2015년에 2회 연속 여성 친화 도시로 선정되어 가족 사랑의 날 운영 등 가족 친화 문화 조성을 전개하고 있다. 한편 아동 친화 도시 추진 지방정부협의회에 참여하여 아동 친화 도시로 가는 첫걸음을 내딛고 이제는 아동이 마음껏 꿈을 펼칠 수 있는 도시 만들기에 중구도 함께 동참하게 되었다.

아울러 사회취약계층에 대한 맞춤형 복지체계 구축과 매일 문안제, 행복 드림콜 3119 운영, 독거노인 케어 시스템 운영 등 각종 시책 추진으로 사각지대 없는 균형 잡힌 복지 중구를 만들어 가는 데 혼신의 노력을 다하고 있다. 또한 2016년에 전국 최초로 자활 사업 15년의 사업 성과와 성공 사례를 기록한 《대구 중구 자활 사업 백서》도 발간했다.

지역 특구 활성화와 다양한 일자리 창출로 행복한 도시

대구시 중구는 일자리가 최고의 행복이라는 생각으로 다양한 계층을 위한 일자리 창출에 노력하여 2013년부터 2015년까지 전국지자체 일자리 경진대회에서 3년 연속 우수상을 받았다. 또한 지역의 영세한 소공인들에게 쾌적한 작업 환경 조성과 차별화된 지원으로 업체들에게 높은 만족도와 두드러진 매출 성장 등 지역 특구 활성화에 힘쓰고 있다. 이에 2014년부터 2015

년까지 중소기업청과 소상공인시장진흥공단에서 실시한 '소상공인특화지원센터 성과 평가'에서 2년 연속 A등급을 받았다. 그리고 주얼리 제작 3D 프린터 전문 인력 양성, 주얼리 특구 내 업체에 맞춤형 인력 지원, 첨단 장비, 최신 정보를 제공하는 주얼리 인프라 플랫폼 구축 등의 공로를 인정받아 2016년 '지역산업맞춤형일자리 창출지원사업 평가'에서 멀티형 실버 주얼리 인프라 구축과 상품화 사업이 S등급을 받았다. 또한 약령시 한방골목과 연계해 약재를 이용한 한방약선 요리 양성 교육 등으로 경력 단절 여성들의 일자리 창출을 인정받아 '바이오 헬스 및 로컬 푸드를 활용 일자리 창출 사업'이 A등급을 받는 등 특구 경쟁력 향상을 위해 다양한 시책을 추진하고 있다.

아울러 조선 시대 3대 시장으로 손꼽히던 서문시장과 도깨비 시장으로 불리던 교동시장의 활성화를 위해 2016년 상반기에 야시장을 개장하여 활기찬 야간 도심공간의 운치를 더했다. 또한 15억 원을 투입하여 서문시장에 사후 면세점 조성, 스마트 스탬프 개발 및 볼거리, 즐길거리가 있는 야시장 프로그램을 운영하여 국내외 관광객의 이목을 사로잡는 명품 시장으로의 정착을 위해 최선을 다하고 있다. 2013년 9월에 개점한 향촌동 수제화 전문 마을 기업인 편아지오는 지역 공동체 활성화 및 지역 발전에 이바지한 우수 마을 기업으로 선정되어 마을 기업의 성공 모델이 되었다. 또한 수제화 산업 활성화를 위해 수제화 전시·교육·체험장을 갖춘 향촌수제화센터 조성을 완료, 2017년 5월부터 운영하며 2030 청년 창업자들에 대한 맞춤형 지원으로 더 많은 일자리, 더 좋은 일자리 창출로 경제 기초가 튼튼한 중구 만들기에 최선을 다하고 있다.

효율적이고 창의적인 행정을 위한 전략적 행정 추진

윤순영 중구청장은 '중구는 대구의 미래입니다'라는 구정 슬로건 아래 행정 변화의 주체인 직원들의 글로벌 성장 동력을 조성하고, 효율적이고 창의적인 행정 실현을 위해 핵심 가치 마인드 함양을 통한 실무 역량 강화를 추진하고 있다.

2011년 6월 제안 규칙을 마련하고 창의행정 경진대회를 운영하고 있으며, KMS 도입, 중구 트위터, 페이스북 등 SNS 서비스를 제공하여 블로거 및 일반인을 대상으로 중구를 보다 효과적으로 홍보한 점을 인정받아 2016년 2월 지역에서 유일하게 SNS산업진흥원의 대한민국 SNS산업 대상을 받았다.

아울러 급변하는 행정 환경에 대처하기 위해 핵심 실무자인

간부와 직원 워크숍을 2006년부터 매년 개최하여 당면 현안에 대한 우수 정책 과제를 발굴, 토론 및 보고회를 실시하고 있다. 한편 주민과 공무원의 창의적인 아이디어 제안을 장려하고 개발 내용을 구정에 적극 반영하였다. 그리고 최근 조명받고 있는 주제 등을 선정하여 명사 초청 특별 강연회를 개최하는 한편 창의 지식 공유 아이디어 뱅크 운영을 위해 다양한 분야의 전문가로 구성된 비전전략기획단을 신설하여 당면 현안에 관한 의견 등을 적극적으로 수렴하고 있다. 아울러 안정적이고 신뢰받는 행정 서비스 제공과 위기 대응 능력 향상을 위한 업무의 연속성 관리 체계를 마련하여 2013년 3월 14일 국내 공공기관 최초로 업무 연속성 관리 국제인증 ISO 22301을 획득했다. 또한 2012 역사 문화 창의 도시 국제 포럼 개최 등 다양한 정책 추진으로 효율적 이고 창의적인 행정 추진을 바탕으로 고품격 중구 구현을 도모 했다.

대구시 중구는 2006년까지 도심 공동화 현상으로 '낙후된 중 구', '떠나는 중구'라는 인식이 강했고 인구도 감소 추세에 있었 다. 하지만 윤순영 중구청장은 2006년 7월 취임 후 '도심을 떠나 간 사람들이 다시 돌아오는 중구, 주민이 살고 싶은 중구'를 만 들겠다는 목표를 세우고 언제나 주민의 생각이 정답이라는 생각으로 현장을 누비며 주민들을 만나 소통하며 주민의 편에서 행정 정책을 펼쳤다.

그 결과 2013년을 기점으로 인구가 증가하기 시작하여 지금은 '사람들이 돌아오는 중구', '살고 싶은 중구', '관광객들의 발길이 이어지는 중구'로 인식이 바뀌어간다는 것을 느낄 만큼 관광객들이 늘어나고, 재방문까지 이어지고 있다. 한편 상주 인구도 대도시 중심구에서는 보기 드물게 지속적으로 증가하여 7만 5,000여 명까지 감소했던 인구가 2015년 5월에는 8만 명 선을 회복했다.

윤순영 중구청장은 그 어떤 분야보다 인류의 생존과 직결되는 환경 보존의 중요성을 인지하고 '저탄소 녹색 성장'을 목표로 온실가스 줄이기와 녹색 생활 문화 확산을 위한 교육과 프로그램을 운영하여 도시의 녹색 가치 향상에 힘쓰고 있다.

아울러 미래 신성장 산업인 관광의 활성화를 통해 관광객들이 다시 찾는 맞춤형 도시로 나아가고 차세대 관광 차별화를 위해 추진 중인 사업의 마무리 외에도 효과적이고 실리적인 사업을 발굴하여 우리가 사는 도시 전체가 그림엽서가 되고, 새소리를 듣고 사는 환경 도시를 만들기 위해 노력하고 있다. 한편 향후 200만 중구 관광 시대를 앞당기고 더 좋은 관광 도시로의 모습을 보여 줄 수 있도록 기존의 것은 잘 가꾸고, 새로운 볼거리가 있는 매력적인 도심, 머물고 싶은 관광지가 될 수 있도록 지속적인 관광 인프라 확충과 스토리를 입혀 관광을 통한 지역 경제 활성화의 견인차 역할을 위해 최선의 노력을 다할 것이다.

시장
—

이강덕

포항시

학력

1985   경찰대학교 법학과 졸업
2006   고려대학교 정책대학원 공안행정학석사

경력

2009   대통령 민정수석비서관실 공직기강팀장
2010   부산지방경찰청장(치안감)
        경기지방경찰청장(치안정감)
2011   서울지방경찰청장(치안정감)
2012   해양경찰청장(치안총감)
2013   미국 미주리주립대학교, 일리노이주립대학교 객원연구원
2014   단국대학교 초빙교수
현재   경북 포항시 시장

상훈

2009   홍조근정훈장
2010   대통령 표창

pohang
포항시

경제 체질 개선으로 지속 발전 가능한 도시 변모

"포항은 지금 선택을 해야 할 시점입니다. 새로운 성장 동력을 찾아 바로 행동으로 옮겨야만 합니다. 우리 스스로 새로운 미래를 위해 과거의 습관을 과감히 버리고 변해야 합니다. 포항의 잠재력을 흔들어 깨우고 새로운 에너지를 만들어내야 합니다. 저는 새로운 포항 시대를 열어갈 신성장 동력은 협력과 융합 그리고 서로 간의 연계를 통해서 찾을 수 있다고 생각합니다."

2014년 7월 1일 민선 6기 포항시장으로 취임한 이강덕 시장의 일성이었다. 그로부터 3년, 이강덕 시장은 '함께하는 변화, 도약하는 포항'을 기치로 소통과 화합, 그리고 협업을 시정의 최우선 가치로 내세우며 미래가 풍요로운 지속 발전 가능한 도시 포항시를 만들어 가는 데 주력했다.

기초지방자치단체로는 유례없이 총 43건에 2조 4,765억 원대의 기업 투자를 유치한 데 이어 2017년 국가 예산은 지난해보다 143억 원 증가한 역대 최대 예산인 1조 7,493억 원을 확보해 지역 발전을 위한 큰 동력을 확보했다.

이 시장의 이러한 노력의 결과로 포항시는 민선 6기를 맞아 시민 삶의 질은 한 단계 높아지면서 동시에 안정적인 도시 기반을 마련하기 위해 지속적으로 추진하고 있는 '지속 발전 가능한 도시' 건설을 위한 시책들이 시정 전 분야에 걸쳐 고르게 성과를 거두고 있다.

강소 기업과 첨단 산업으로 탄탄해진 경제

포항시는 지역 경제 살리기와 일자리 창출을 위해 전 행정력을 집중하고 있다. 포스코와 포스텍 그리고 세계적 수준의 첨단 연구개발 인프라를 바탕으로 지식 기반 경제 시스템을 구축하고 다양한 기업 유치를 통해 산업 구조를 다변화하는 한편, 영일만 항과 각종 사회 간접 자본soc 사업을 조기에 완공하여 환동해 물류 거점 도시 기반을 조성한다는 야심찬 구상도 진행하고 있다.

특히 철강 산업 일변도의 산업 구조를 다변화하기 위해 강소 기업을 적극 육성하여 양질의 일자리를 창출하고 이를 통해 포항시가 새롭게 도약할 수 있는 기반을 마련하는 데 주력하고 있다.

여기에 수도권을 연결하는 KTX를 비롯해 사통팔달四通八達의 교통 인프라를 기반으로 민·관·학 협의체 구성을 통해 포스텍 등 세계 수준의 연구 대학과 우수한 인력을 적극 활용한다는 것이 지속 발전 가능한 포항시 성장의 밑그림이다.

포스코의 야경

포항시는 이 같은 계획을 달성하기 위해 2015년 1월 '포항창
조경제혁신센터'를 오픈했다. 포항 지역 강소 기업 육성의 실질
적인 컨트롤 타워 역할을 할 포항창조경제혁신센터는 관_官 주도
형이 아닌 민간 기업_{포스코}이 자발적으로 지역 경제와 국가 경제에
이바지하기 위해 마련한 국내 첫 사례로 큰 주목을 받았다.

포항시는 그동안 포항창조경제혁신센터를 중심으로 포스코와
포스텍, 포항상공회의소 등을 아우르는 산·학·연·관의 유기적
협력 체계를 구축한 데 이어 지역 자원을 효율적으로 연계 및 활
용하고 있다. 또한 이를 기반으로 건강한 산업 생태계를 만들고
지역 경제 활성화를 이끌어갈 지식 기반 경제의 거점 역할을 수

행하는가 하면 포스텍과 포항테크노파크, 포항산업과학연구소 RIST에 있는 기존의 지역 창업 보육센터도 연계 운영하고 있다.

특히 포항창조경제혁신센터의 경우 벤처 창업 활성화와 강소 기업 육성이라는 두 가지 목표 아래 에너지와 소재, 환경, 스마트 팩토리, ICT 관련 분야의 예비 창업자와 사업화 가능성이 유망한 25개 기업들이 입주해 활발한 활동을 펼치고 있다. 입주 기업들은 사무 공간과 창업 활동 시설 무상 지원, 기술 자문, 창업 교육, 시제품 제작, 자금 투자 연계 지원 및 판로 개척을 위한 마케팅에 이르는 창업 전반을 지원받고 있다.

로봇 등 신성장 동력 '기지개'

포항시는 침체 국면을 맞고 있는 철강 산업의 위기를 극복하기 위해 신성장 산업 발굴과 육성에 여념이 없다. 가장 먼저 새로운 먹거리로 주목하는 분야는 로봇 산업이다. 포항시는 우선 영일만 3 일반 산업단지 내에 약 1만 제곱미터약 3,000평 규모로 착공한 수중건설로봇복합실증센터가 2017년 상반기에 문을 여는 것을 시작으로 국민 안전 로봇 프로젝트, 극한엔지니어링 연구단지 조성 등 로봇 관련 대형 국책 프로젝트를 속속 추진하고

포항의 신성장 동력의 하나로 주목받는 로봇 산업

있다.

특히 인공지능과 로봇이 4차 산업혁명의 주역으로 떠오르며 로봇 시장이 향후 급성장할 것이라는 전망에 따라 포항시는 영일만 3 일반 산업단지를 첨단 로봇단지로 조성한다는 계획이다.

이와 함께 지식 기반 경제의 전진 기지 역할을 할 '경북소프트웨어융합클러스터거점센터'가 문을 열고 본격적인 사업에 들어갔다. 앞으로 5년간 국비 100억 원을 포함해 총 380억 원의 사업비로 포항시와 구미, 경산을 잇는 삼각벨트 형태의 클러스터를 조성할 예정이다. 또한 산·학·연 협력을 통해 오는 2019년까지 소프트웨어와 지역 특화 산업을 융합하는 지식 기반 경제의

견인 기지를 조성해 수출 1조 원, 창업 200개와 강소 기업 육성 50개사, 일자리 2만 개 창출을 목표로 달리고 있다.

포항지질자원실증연구센터도 문을 열고 활동해 지질 자원과 해양 연구개발 활동에 본격 돌입했다. 한국지질자원연구원이 만든 첫 지역 조직으로 50여 명의 박사급 직원들이 경북 동해안에 매장돼 있는 가스하이드레이트 등 다양한 광물 자원에 대한 연구를 시작했다.

포항시는 포항지질자원실증연구센터의 정상 가동을 통해 에너지 자원 및 지질 연구개발 기업의 창업과 보육에 대한 지원이 활발하게 이루어져 지역의 연구개발 인프라가 한 단계 업그레이드되는 것은 물론, 포항시가 세계적인 에너지 자원 개발의 연구 중심 지역으로 발돋움해 지역 경제 활성화에 크게 기여할 것으로 기대하고 있다.

특히 2016년 9월에는 미국과 일본에 이어 세계 세 번째로 4세대 방사광가속기가 완공됨으로써 암 치료제나 표적형 치료제의 개발이 가능해질 것으로 전문가들은 평가하고 있다. 이와 관련해 포항시는 경북도와 포스코, 포스텍 등과 전 방위 협업을 통해 헬스케어 시장을 선점할 신약 개발과 함께 철강 산업을 견인할 타이타늄 및 철강 고도화 등을 추진한다는 방침이다.

사통팔달 인프라로 환동해 중심이 되다

포항시는 지난 2015년 4월, KTX 개통에 이어 2016년 5월에는 서울을 연결하는 항공편이 재취항을 시작했다. 이에 따라 도로와 철도, 항공 등 교통 인프라를 확충하면서 오랜 기간 안아왔던 '교통 오지'라는 불명예를 털어내고 동남권 최대의 교통 중심지로 자리매김하고 있다.

2016년 6월 개통된 포항~울산 간 고속도로를 비롯해 오는 2018년에 동해 남부선 포항~울산 구간의 복선 전철화 사업과 포항~삼척을 잇는 동해안 단선 전철 사업, 영일만항 인입 철도 등이 완공되면 전국에서 가장 접근성이 뛰어난 동해권역의 도시가 될 전망이다.

이와 관련해 포항시는 육상과 해상을 아우르는 교통의 중심지로 부상하고 있는 만큼, 긍정적인 효과를 극대화할 수 있는 방안을 마련하고 있다. 포항시는 530만 대구·경북의 유일한 해양 진출 관문이다. 또한 동해안 유일의 국제 종합 항만인 영일만항은 통일 시대를 대비한 북방 진출의 전진 기지로 조성될 수 있다. 이를 위해 포항시는 관련 항만 시설은 물론 국제 여객 부두 조기 건설과 함께 북방파제, 배후 산업단지와 같은 기반 시설 조성에 국가적인 차원의 지원을 요청하고 있다.

교통 접근성이 개선되면서 포항시는 글로벌 해양 관광 도시로 성장하기 위한 차별화된 해양 관광 프로그램도 육성하고 있다. 가장 먼저 기반 시설 정비와 편의 시설 마련에 주력하고 있다. 이를 위해 포항시는 국내 첫 민간 제안 마리나항만 개발 사업인 '두호마리나 복합리조트' 조성을 추진하고 있다. '두호마리나 복합리조트'는 레저 선박이 계류할 수 있는 시설과 방파제, 호안 등 외곽 시설, 클럽하우스와 공원, 상업·숙박 및 주거 시설 등으로 조성될 예정이다.

포항시는 이와 함께 특급 호텔 유치에도 적극 나서고 있다. 최근 중국의 대기업과 그룹 등이 적극적인 투자 의사를 밝히고 있는 환호공원 일대 특급 호텔과 덕성교육재단의 호미반도 관광 단지 조성 사업이 점차 가시화되고 있다.

또한 포항시는 다양한 해양 관광 프로그램을 마련하기 위해 해양 레포츠의 기반 조성을 통한 저변 확대와 대중화에 노력하는 한편, 연오랑세오녀와 호미곶 등 포항시 특유의 스토리와 각종 축제를 바다와 접목시켜 시너지 효과를 낸다는 계획이다.

영일만항 국제 여객 부두 건설 사업의 조속한 추진을 통해 환동해권 크루즈 시대를 열기 위한 준비를 착실하게 하는 한편, 동해안권역을 대표하는 랜드 마크가 될 영일만대교 건설도 2017년 첫발을 내딛게 된다.

문화 예술 · 생활 체육으로 건강한 도시

이강덕 시장은 평소 지역 경제 활성화를 이루고 지탱할 수 있는 힘은 53만 시민의 행복이라고 강조한다. 이를 위해서 사계절 문화와 예술 그리고 스포츠를 즐길 수 있는 여유로운 도시 조성에 발 벗고 나섰다.

포항시는 문화 예술을 창의의 원동력으로 삼는다는 전략을 마련하고 문화 도시 조성 시범 도시 지정을 시작으로 포항문화재단 설립과 연중 문화 예술 공연이 이어지는 문화 도시의 기반을 조성하기 위해 하드웨어는 물론 소프트웨어 개발에 적극 나서고 있다.

우선 그동안 다양한 기획 공연과 특별 테마 공연 등을 통해 시민의 갈증을 해소시켜주던 포항문화예술회관과 중앙아트홀, 포항시립미술관 등의 전시·공연 인프라와 프로그램을 더욱 활성화시켰다.

또한 국내 최대 여름 축제로 자리 잡은 '포항국제불빛축제' 등

스틸아트 작품과 불빛축제

을 명품 축제 브랜드로 육성해서 단순 일회성 축제가 아니라 연간 사람들의 발길이 이어지는 문화 예술 브랜드로 육성한다는 방침이다. 이와 함께 세계 유일의 스틸아트 축제인 '포항스틸아트페스티벌'도 연중 국내외 아티스트 간의 다양한 교류를 통해 하나의 산업으로 발전시켜가고 있다.

포항시는 기대 수명 100세, 국민 소득 3만 달러 시대를 맞아 건강하고 행복한 도시를 만들고자 시민 모두가 언제나 편리하게 체육 활동에 참여할 수 있도록 생활 체육 활성화에도 힘을 쏟고 있다. 해양스포츠아카데미 운영을 시작으로 지역 내 경로당과 노인회관을 직접 방문하는 어르신 건강 프로그램, 시간이 부족한 직장인들을 위한 순회 프로그램 및 소외 계층 대상 프로그램을 통해 남녀노소 누구나 일상을 통해 한 종목 이상의 스포츠를 즐길 수 있도록 권장하고 있다.

평소 생활 체육의 중요성을 강조하고 있는 이강덕 시장은 "도시와 농촌의 시설 편차를 줄이고 공공 체육 시설과 학교 체육 시설을 개방해 이용의 문턱을 낮추는 것도 앞으로 추진해야 할 과제 가운데 하나"라며 "경제적 여건 때문에 스포츠 활동에 소외받는 어린이들과 불리한 신체조건으로 인해 생활 체육에서도 불이익을 받는 장애인, 피부색이 다르다는 이유로 또래들과 어울리지 못하는 다문화 가족, 그리고 상대적으로 체육 정책의 혜택이 제대로 미치지 못하는 노인층 등 소외 계층에 배려가 확산되도록 꼼꼼히 챙길 것"이라고 말했다.

그린웨이 프로젝트로 녹색 도시 탈바꿈

포항시는 시민들과 후손들을 위해 다양하고 경쟁력 있는 친환경 정책들을 추진하고 있다. 특히 포항시는 회색빛으로 대표되는 도시의 이미지를 친환경 도시로 탈바꿈하기 위한 장기 계획의 일환으로 '그린웨이Green Way' 전략을 마련하고 본격적인 녹화

도시에 숲을 늘리고 생명을 불어넣기 위한 포항 그린웨이 프로젝트

사업에 들어갔다.

이와 관련해 포항시는 그린웨이 계획을 실현할 수 있는 3대 축을 마련하고 도심지와 수변 지역, 산림 지역을 엮어 네트워크를 통해 사람이 중심이 되는 도시 재창조를 이루겠다는 전략을 마련했다.

도심지권역의 도시 숲 조성을 포함한 '센트럴 그린웨이Central Green Way'와 해양권역 사업을 포함하는 '오션 그린웨이Ocean Green Way', 상대적으로 녹색 공간이 가장 풍부한 산림권역의 정비와 체계화를 위한 '에코 그린웨이Eco Green Way'를 통해 지속적이고 체계적인 친환경 도시로의 변모를 시도하겠다는 것이다.

'센트럴 그린웨이'는 폐철도 부지와 송도송림의 도시 숲 조성 사업을 시작으로 주요 도로변과 교통섬에 수목과 잔디의 식재 등을 통해 도심 녹색벨트를 확충하고 철강 도시의 이미지를 해소하는 것이 골자다. 공해 방지를 위해 공단 배후에 방재림을 조성하고 형산강의 뛰어난 경관 여건을 활용한 자전거 길을 조성하는 한편, 시가지 소하천 복원으로 자연 하천 기능을 회복하고 있다.

해양권역의 사업들을 네트워크로 연결해 시너지 효과를 내게 될 '오션 그린웨이'는 호미반도 해안 둘레길을 비롯한 동해안 연안의 녹색길 조성과 지역 해수욕장 주변의 특화 숲 조성을 시작으로 해안 경관과 어우러지는 조형물 및 해양 공원 조성, 백사장 복구 등을 추진하게 된다.

'에코 그린웨이'로는 오어지 둘레길과 내연산 치유의 숲, 형산강 상생 문화 숲길 조성 등을 비롯해 포항·영덕·청송 지역 산림 경관을 이용한 산림 종합 휴양단지와 호미곶 산림 레포츠단지, 운제산의 삼림욕장 조성 등을 계획하고 있다.

시장
—

이완섭

해뜨는 서산

서산시

학력
1987 한국방송통신대학교 행정학과 행정학 학사
1994 연세대학교 행정대학원 행정학 석사
2011 숭실대학교 대학원 IT정책경영학, 공학 박사

경력
2008 행정안전부 지식제도과장
2009 행정안전부 지방성과관리과장
서산시 부시장(부이사관, 8대)
2011 행정안전부 상훈담당관
현재 서산시장(8 · 9대)

상훈
2002 근정포장(대통령)
2012 지역농업발전선도인상(농협중앙회)
2013 행정 대상(전국지역신문협회)
2014 도전한국인상(행정혁신 부문, 도전한국인운동본부)
매니페스토 약속 대상 최우수상(한국매니페스토 실천본부)
올해의 지방자치 CEO(한국공공자치연구원)
2015 대한민국 창조경제 대상(자치경영 부문, 대한상공회의소)
대한민국 SNS산업 대상 최우수상
　　(리더십 부문, SNS산업진흥원)
2016 대한민국 소비자 대상
　　(소비자행정 부문, 2016대한민국소비자대상위원회)
대한민국 미래경영 대상
　　(지방자치 부문, 한국소비자경영평가원)
지역신문의 날 CEO 대상(전국지역신문협회)
한국의 미래를 빛낼 CEO
　　(브랜드경영 부문, 월간조선 · 미래창조과학부)
한국 지방자치경영 대상 최고경영자상(한국공공자치연구원)

해뜨는 서산

21세기 환 황해권 물류 · 관광 허브 도시

21세기 환 황해권 물류·관광 허브 도시로 급성장하고 있는 서산시는 '해 뜨는 서산 행복한 서산'이라는 비전과 함께 활력 넘치는 산업 경제 도시, 문화가 어우러진 국제 관광 도시, 삶이 풍요로운 농·축·수산 도시, 희망차고 건강한 교육 복지 도시, 편안하고 안전한 생태 환경 도시 건설을 위해 모든 행정 역량을 집중하고 있다.

이완섭 서산시장은 우선 공무원 행정 혁신 운동인 하이파이브 5S·5품 운동을 직접 고안했으며 타성에 젖은 업무 행태나 불합리한 행정 관행 등을 과감하게 탈피하는 등 창의적 행정을 선도하며 시민 만족의 다양한 성과를 창출해내고 있다.

이러한 행정 혁신 운동을 기반으로 최근 서산시는 하늘 길, 철길, 도로 등 사통팔달 교통 인프라 구축을 통해 역동적이고 미래 지향적인 발전을 이어가고 있다. 또한 국가 항만인 서산 대산항을 중심으로 해외 수출물동량의 지속적 증가와 2017년 중국 여객선 취항, 오토밸리, 인더스밸리 등 대규모 산단 분양 마무리와 함께 서산 솔라 벤처단지 조성으로 매년 기업 유치 목표를 초과 달성하는 등 환 황해권 물류 허브 도시로서 자리매김하고 있다.

서산시는 관광 산업을 집중 육성하고자 해미읍성축제를 글로벌 축제로 도약시키고 차별화된 관광 상품 개발 및 마케팅을 강화하고 있다. 다양한 먹거리, 볼거리, 즐길거리 등 매력적인 관광 자원과 고유의 문화 콘텐츠 개발로 품격 높은 국제적 문화 관광 도시를 만드는 등 관광 산업의 롤 모델이 되고 있다.

이완섭 시장은 이외에도 시민과 함께하는 자원 순환형 강소 도시 구축으로 쾌적한 도시 환경을 조성하고 여성과 소통하는 여성 친화 도시 신규 지정, 통합형 현대화 보건소 신축, 농업의 6차 산업화를 위한 농산물공동가공센터 및 우량 혈통 송아지 생산 기지 준공, CCTV도시안전통합센터 구축, 찾아가는 평생 학습 맞춤 운영 등의 다양하고 차별화된 시책을 펼쳐가고 있다.

활력과 희망이 넘치는 산업 경제 도시

서산시는 육로를 주로 이용했던 과거의 교통 체계를 벗어나 중국과 최단 거리라는 이점을 적극 활용한 바닷길, 하늘 길, 철길을 적극 추진하고 있다.

정부의 고속도로 건설 5개년 계획에 대산~당진 간 고속도로 신설 사업이 최종 확정되어 대산읍 화곡리~당진시 용연동 서해

안 고속도로 남당진 분기점까지 24.3킬로미터4차선 구간에 건설 비용 6,502억 원을 투입해 2026년 개통을 목표로 사업이 활발히 진행 중이다. 이는 향후 서산 지역 산업 물류 증대 및 교통 체증 해소 등에 기여할 것으로 기대된다.

또 서산 대산항 국제 여객선의 2017년 취항이 확정되어 대산 항~중국 영성 시 용안항 간 화물과 여객의 운송이 가능해졌다. 이는 충청권 최초 국제관문항 개통이라는 역사적 의미가 있으며 파급 효과는 충남도 내 관광 수입 570억 원과 생산 유발 700억 원, 고용 유발 1,400여 명으로 예상된다.

서산시는 1980년대 말 석유 화학 산업을 시작으로 본격적인 산업화가 진행됐다. 최근에는 현대오일뱅크, 한화토탈, LG화학, 롯데케미칼 등 굴지의 석유 화학 기업이 입지하고 국내 3대 석유 화학단지로 변모하였을 뿐 아니라 현대파워텍, 동희오토, SK이노베이션, 현대위아 등 특화된 자동차 산업 집적화를 이루어내 산업 간 시너지 효과가 나타나고 있다.

최근에는 대규모 산업단지인 오토밸리와 테크노밸리 그리고 인더스밸리가 대부분 분양 완료되었으며 추가로 대산 3 일반 산업단지를 본격 조성하는데 현재 공정률 50%로 2017년 12월 완공을 앞두고 있다.

이마저도 약 52만 5,000제곱미터_{15만 9,000평}가 조기 분양되어 명실공히 기업하기 좋은 도시임을 입증해주고 있다.

또한 태양광 분야 유망 중소기업 육성을 위한 한화케미칼의 투자를 이끌어내 서산테크노밸리 내 서산솔라벤처단지도 차질 없이 준공하여 현재 12개 중소기업이 가동 중이다.

서산시는 2016년 한 해 민간 및 각 분야 전문가를 포함한 기업유치T/F팀을 운영하고 투자 기업 유치를 위한 국·도비 재원 확보에 집중했다. 또한 산단 진입 도로 개설 및 오토밸리 직장 어린이집 준공 등 기업의 입주 여건 개선 및 애로 사항 해소로 총 42개의 기업을 유치, 목표 대비 210% 초과 달성이라는 성과를 이루어냈다.

역사와 문화가 어우러진 국제 관광 도시

전국 지역 축제가 1만 5,000건이 넘는 상황에서 서산시는 지역만의 특수성과 차별화된 콘텐츠를 반영하는 대표 브랜드 축제를 개발하고 축제를 통해 지역의 관광 자원 및 특산물을 집중 홍보함으로써 시 이미지 제고와 지역 경제 활성화를 추진하고 있다.

해미읍성축제의 전통 의상 패션쇼

　　2017년 서산~중국 용안항 간 국제 여객선 취항 확정에 따라 요우커들의 대거 방문이 예상되는 상황에서 대중국 축제 홍보를 강화하고 외국인 관광객에게 맞는 볼거리, 즐길거리 콘텐츠를 개발하여 해미읍성축제가 글로벌 축제로 안착할 수 있도록 했다.

　　해미읍성만의 차별화된 소재를 바탕으로 성 밖 현대 시대와 성 안 과거 시대로의 시공간을 초월하는 시간 여행을 통해 성 내에서 펼쳐지는 역사적 소재와 사건, 옛 문화 활동을 재현함으로써 관광객들에게 다양한 체험 활동을 선물했다.

　　특히 세계문화관광홍보사절단MGBQ 팸 투어를 운영하여 해미읍성축제 및 주요 관광지 투어를 통해 서산 관광 자원의 우수성을 전 세계에 홍보하였고, 세계 80개국 전통 의상 패션쇼를 공연해 해미읍성축제의 전통성을 훼손하지 않으면서 색다른 볼거리를 제공하였다.

축제의 양적 성장뿐 아니라 질적 성장을 위해 '서산 해미읍성 역사체험축제 발전 방안 학술 포럼'을 개최하고 축제의 심도 있는 분석을 통해 미래지향적 가치 창출과 발전 방안을 모색하고 있다. 서산 해미읍성 역사체험축제는 2016년 세계축제협회IFEA World가 주최하는 '피너클어워드세계대회'에서 7개 부문금상 5개, 은상 2개을 수상하는 한편, 2016 대한민국 대표브랜드 대상문화관광축제 부문을 수상했다.

서산시는 관광 자원과 연계한 볼거리, 쇼핑거리, 먹거리를 9경 9품 9미로 선정하여 지역 농축특산품의 우수성을 널리 알리고 관광 상품화했다. 서산시가 자랑하는 9경은 해미읍성, 서산 용현리마애여래삼존상, 간월암, 개심사, 팔봉산, 가야산, 황금산, 서산한우목장, 삼길포항으로 이곳을 다시 찾고 싶은 곳으로 만들고 있다.

9품으로는 6쪽 마늘, 생강, 갯벌 낙지, 6년근 인삼, 뜸부기 쌀, 달래, 팔봉산 감자, 황토 알타리 무, 감태를 선정했고 9미로는 꽃게장, 어리굴젓, 게국지, 밀국 낙지탕, 서산 우리 한우, 우럭 젓국, 생강 한과, 마늘각시, 영양굴밥을 선정해 관광객의 입맛을 사로잡고 있다.

또한 서산시 관광 활성화를 위해 G마켓, 옥션 등 오픈마켓을 활용한 국내 온라인 마케팅을 본격 추진해 인터넷에 익숙한 젊은 층 관광객 유입을 창출하였고 서산시특별홍보관 개설로 관광 콘텐츠의 우수성을 홍보하는 온라인 채널을 구축했다.

서산시는 중국과의 지리적 위치에 따른 접근성 용이와 관광 자원 연계성 등을 홍보하여 관광 서산시의 이미지를 제고시키고 중국 쿤밍 지역 현지 여행사를 대상으로 세일즈 콜을 실시해 중국 관광객의 방문 확대를 지속적으로 유도하고 있다.

지속적인 관광객 유치 노력으로 서산시 관광객 수는 2014년 66만 8,827명에서 2015년 238만 4,038명, 2016년 244만 2,853명으로 늘어났다.

풍요로운 농축수산 도시

최근 농수산물 시장 개방의 가속화와 과잉 생산, 소비 부진 등으로 농가의 판로 확보가 어려운 현실임에도 불구하고 서산시는 수출을 통해 외화 획득은 물론, 농민들에게 '할 수 있다'라는 자신감을 심어주고 있다.

2015년 미국 서부 지역에서만 개최했던 농특산물 판촉 행사를 2016년에는 동부 지역까지 확대하여 약 1년여의 치밀한 준비 끝에 9월부터 10월까지 약 2개월간 개최했다. 이완섭 시장이 직접 판촉 행사에 참가하여 서산시의 의지와 먹거리에 대한 신뢰성을 적극 어필함으로써 성공적인 행사가 됐다.

미국 뉴욕, 뉴저지, 로스앤젤레스, 오렌지카운티의 주요 마켓과 LA한인축제 부스에서 어리굴젓 등 9개 업체 24개 품목으로 2억 8,200만 원의 매출을 올려 2015년 대비 150% 성장했다. 또한 미국 지역 판촉을 위한 협력적 파트너 확보를 위해 현지 수입 유통업체와 MOU를 체결하고 캘리포니아 오렌지카운티한인회 및 뉴욕 퀸즈한인회와 상호 교류 협력 MOU를 체결하는 등 수출 확대 기반을 다변화하였다.

서산시는 우수한 개량 송아지를 생산해 농가에 공급하고자 2016년 8월 서산시 운산면에 한우 200두를 사육할 수 있는 생산 기지를 구축하였다. 이를 통해 혈통 한우 보전과 지속 공급으로 한우 농가 생산성을 향상시키고 한우의 경제적 가치를 한 단계 높이는 '서산 한우 개량 사업'에 박차를 가한다는 방침이다.

미국 동부 지역 농특산품 판매 확대

　혈통 등록 송아지 값은 일반 송아지 값보다 10%가량 높아 두당 25만 원의 추가 이득을 얻을 수 있으며 관내 보유 한우_1,050농가,_ _3만두_를 전량 개량할 경우 매년 34억 원의 축산 농가 소득 창출이 기대된다.

　서산 농업의 6차 산업 활성화를 위한 오랜 숙원이었던 '농산물공동가공센터'가 인지면 일원에 준공됐다. 이로써 농가의 농산물 가공에 대한 애로 사항을 해결하고 농식품 가공 기술 또는 사업 아이디어는 있으나 가공 시설을 갖추지 못한 창업 농업인이 가공 시제품 및 판매용 제품을 생산할 수 있게 됐다.

　또한 농업인 창업 및 가공 기술 지원, 농특산물 이용 전략 식품 시제품 개발 및 기호도 조사, 공동 가공품 브랜드 개발 및 지적 재산 권리화 등의 사업을 적극 추진하고 있다.

안전하고 청정한 생태 환경 도시

최근 수많은 강력 범죄 발생이 사회적 문제로 대두되면서 이러한 사건 사고의 신속 해결 및 예방을 위해 CCTV의 역할이 갈수록 중요해지고 있다. 시민의 안전을 최우선으로 하는 서산시는 2016년 3월 구 석남동청사를 리모델링한 도시안전통합센터 구축 계획을 수립했고, 18억 1,900만 원의 사업비를 투입해 시 전체 6개 부서에서 분산 운영되고 있던 CCTV 788대의 관제를 일원화한 24시간 도시안전통합센터를 2016년 말 준공했다.

서산시는 또 쾌적한 생활환경 조성을 위해 기후 변화, 원자재 및 에너지 고갈에 따른 자원 순환 사회 구축으로 변화하는 폐기물 패러다임에 선제적으로 대응할 수 있는 우수 환경 시책들을 시민들과 함께 발굴해오고 있다.

2015년 10월부터 어린이집유치원, 초중학교, 경로당, 일반 주민 등을 대상으로 '찾아가는 자원 순환 학교'를 운영하여 시민들에게 폐자원 재활용 및 재사용 인식 제고를 위한 기본적인 환경 교

서산시 도시안전통합센터 내부 모습

육과 자원 재활용 교육을 실시했다.

아울러 농촌 지역을 중심으로 영농 폐기물, 고철, 폐지, 병류 등 재활용품을 마을별로 수집하는 숨은자원찾기 경진대회를 분기별로 개최해 최근 7년간 1만 2,969톤의 영농 폐기물_{농촌 폐비닐}을 수거했다.

또한 아이가 있는 가정에 방치되어 있는 중고 장난감을 모아 재사용할 수 있도록 하는 차별화된 시책으로 서산시에서는 장난감 수거 및 행정적 지원을 맡고 기업은 사업비를 지원하며 환경단체에서는 재활용 장난감 이용을 위한 행사 개최 및 매장을 운영하는 등 민관 협업 방식으로 장난감 재활용 활성화 캠페인을

서산버드랜드 철새기행전 개막

추진하고 있다.

세계적 철새 도래지인 서산천수만에는 다양한 철새들을 관찰할 수 있는 서산버드랜드가 있어 다양한 현장 체험 및 살아있는 생태 교육 등을 할 수 있는 생태 관광의 새로운 메카로 자리매김하고 있다. 시가 직접 운영하고 있는 서산버드랜드는 200여 종에 가까운 다양한 철새에 대한 표본 및 전시 자료가 있는 철새박물관과 전망대, 정원 등이 있어 아이들의 자연 학습장으로 많은 인기를 얻고 있다.

최근에는 서산버드랜드 내 4.0헥타르에 17억 원의 사업비를 투자해 초화원, 약초원, 덩굴원, 습지원, 무궁화원, 계류, 생태

학습장, 숲 속 산책로 등을 갖춘 자생 식물원을 조성했다.

천혜의 해양 자원 보고인 가로림만 해역_{9만 1,237제곱킬로미터}은 충남 서산시와 태안군 사이에 있는 반폐쇄성 내만으로 점박이 물범 등 보호 대상 해양 생물의 서식처이자 다양한 수산 생물의 산란 장으로 널리 알려져 있는 곳이다. 지역 어업인들의 삶의 터전으로 가로림만 지역은 보전 가치가 매우 높아 2016년 7월 해양수산부 해양보호구역 제12호로 지정됐다.

과거 가로림만 지역은 조력 발전 사업 추진과 관련해 개발과 보존의 문제가 항상 첨예하게 대립되던 지역이었다. 하지만 최근에는 가로림만의 보존과 주변 지역 발전에 대한 가치 판단과 의견을 제시할 수 있는 주민 협의회와 자문단이 효율적으로 운영되고 있으며 지역민과 함께 가로림만권역의 지속 가능한 발전 전략을 수립하기 위한 시 차원의 노력이 시도되고 있다.

시장

—

황명선

논산시

학력

2003   국민대학교 대학원 행정학 박사

경력

2002   서울특별시의회 의원(6대)

2003   한국외국어대학교 정책과학대학원 겸임교수

2005   건양대학교 사회복지학과 겸임교수

2006   대통령정책기획위원회 위원

2007   국민대학교 행정대학원 초빙교수

2008   공공경영연구원 원장

현재   전국사회경제지방정부협의회 부회장

       전국평생학습도시협의회 사무총장

       더불어민주당 전국기초단체협의회 사무총장

       한국지방자치학회 부회장

       논산시장(37 · 38대)

상훈

2012   대한민국 경제리더 대상(중앙일보)

2013   지역농업발전선도인상(농업협동조합중앙회)

2014   대한민국 기업하기 좋은 환경도시 1위(대한상공회의소)

       전국 지방자치단체 공약 대상(법률소비자연맹)

       대한민국 지방자치경영대전 최우수상(한국일보)

2015   고충민원처리 옴부즈만 평가 대통령 표창 (국민권익위원회)

       대한민국 서비스만족 대상(한국일보)

       CSV(창조 공유 가치)포터상(산업통상자원부)

       대한민국 CEO리더십 대상(중앙일보)

       대한민국 경영대상(동아일보, 3년 연속)

2016   한국의 미래를 빛낼 CEO 선정(월간조선)

       한국정책학회 정책 대상(한국정책학회)

       소비자평가 국가브랜드 대상(매일경제)

논산시 미래 비전은 따뜻한 공동체 복원, '동고동락'

"시민 한사람 한 사람 모두가 행복을 추구할 권리를 지닌 존엄한 주체이고 가치 있는 인간입니다. 대한민국 최고 규범인 헌법이 그렇게 보장하고 있습니다."

논산시는 '시민 참여 소통 행정'이라는 슬로건을 바탕으로 시정의 연속성을 유지하면서 2016년 한 해 동안 행정 전반에 걸쳐 시민 중심 행정을 실현해 시민이 행복한 복지 도시로 발돋움을 하고 있다.

특히 황명선 논산시장이 취임 후부터 '사람에 대한 투자가 값진 투자', '사람 중심 행정'이라는 시정 철학을 변함없이 추진, 시민과의 약속을 지키며 '따뜻한 행복 공동체' 논산시 도약의 기반을 마련하고 있다.

실제로 논산시는 2016년 '따뜻한 공동체 동고동락_{同苦同樂}' 운영에 따른 시범경로당 19개소를 선정하고 독거노인 공동생활제, 마을로 찾아가는 한글학교, 마을주민건강증진센터_{보건소} 사업을 추진했으며, 2017년 올해 143개 경로당으로 확대해 '예산'만이 중심이 된 수혜적 복지가 아닌 '관계' 중심의 공동체 복지로 변화시키고 있다.

훈련소 영외면회제로 면회 중인 훈련병을 격려하는 황명선 논산시장

　논산시는 KTX 훈련소역 신설에 부단한 노력을 기울여 온 결과 2016년 12월 3일 KTX 훈련소역 설계비 3억 원이 정부 예산에 반영되었다. 따라서 연간 130만 명에 이르는 훈련병과 가족들의 편의 도모와 교통 체증 해소는 물론 지역 발전의 새로운 전기를 만들 것이다. 육군훈련소 영외면회제는 장병들의 사기를 진작해 강병육성의 기틀을 마련하고 군 시설이 지역 발전을 저해한다는 인식을 불식시키고 오히려 지역 발전을 위한 성장 동력으로 전환하는 성과로 이끌었다.

　2010년도에 4,116억 원이었던 본예산을 2017년에는 6,039억 원까지 증가시켰으며, 지난 2016년 살림의 세입 세출 결산 결과 총세입은 8,323억 원, 총세출은 6,540억 원으로 논산시 살림 살이 8,000억 시대를 열었다. 아울러 2017년도는 KTX 훈련소 역 설계비 3억 원, 논산 근대 역사 문화촌 조성 15억 원, 공공 도 서관 건립 지원 27억 원, 하수관로 정비 사업 92억 원 등 국·도 비 2,270억 원과 지방교부세 2,205억 원을 포함하여 총 4,475억 원의 정부 예산을 확보해, 서민 생활 안정, 사회 기반 시설 확충, 시민들의 삶의 질 향상을 위한 사업 지역 발전 동력 구축을 위한 재원을 마련했다.

황명선 시장을 정점으로 전 직원이 행정 혁신에 주력해 2014 년 기업하기 좋은 도시 1위 선정에 이은 2016년에는 전국지방자 치단체 일자리 대상 2년 연속 수상을 비롯해 위임사무 시·군 평 가 1위, 대한민국 동반성장 대상공공 부문, 한국정책학회 정책상, 국 가브랜드지방정부교육혁신 대상, CSV포터상, 지역경제혁신 대 상 등 40개 부문에서 수상하는 결실을 거두는 등 논산시의 브랜 드를 드높였다.

또 다양한 분야의 괄목할 만한 성과에 힘입어 황명선 시장은 2년 연속 대한민국 서비스만족 대상을 비롯해, 2016년 한국을 빛낼 CEO 대상리더십 부문, 대한민국 소비자 대상, 대한민국 혁신기 업인 대상을 수상하면서 선도적인 세일즈 시장으로 인정받았다.

논산시는 '참여와 소통하는 정부가 일 잘하는 정부입니다'라는 모토 아래, 민선 5기부터 타운 홀 미팅을 도입, 시는 정책 단계부터 다양한 계층의 시민과 대화를 통한 의견 수렴으로 시민들의 다양한 목소리를 듣고 이를 2017년 정책의 과정에 반영했다. 청년과 여성, 청장년을 대상으로 세 번의 타운 홀 미팅을 개최했으며 이는 직접 민주주의 체험 기회와 성숙한 토론 문화를 통한 진정한 참여 민주주의 실현으로 평가받고 있다.

활력 있는 경제 도시

황명선 논산시장은 시민 일자리 창출이 근본적인 시민 복지이고 민생의 기본이라고 말한다. 기업하기 좋고 일자리가 넘치면 사람들이 자연스럽게 몰려든다. 일자리가 모든 경제 정책의 주 목적이다. 분명한 점은 최고의 복지는 시민들에게 지속 가능한 양질의 일자리를 제공하는 것이다. 행정의 역할은 기업하기 좋은 플랫폼을 만드는 데 충실해야 한다.

민선 5기 출범과 함께 '활력 있는 경제 도시 조성'을 핵심 시정 방침으로 정하고 차별화된 기업 지원 시스템을 운영하면서 기업 활동을 저해하는 각종 조례와 규제, 불합리한 자치 법규 등을 과

방탄소년단, EXID 등이 열정 넘치는 무대를 선보인 2016 청소년 송년 콘서트

감히 철폐하고 보완해 기업의 경쟁력 강화에 일조하는 한편, 대한민국 최고의 중견 기업, 중소기업을 유치하는 데 부단히 노력했다.

특히, 서울 등 대도시권의 중견 기업 유치를 위해 열정과 끈기로 전력해온 결과, 산업 농공단지 조성 면적이 2010년 약 92만 제곱미터에서 현재 약 289만 제곱미터로 증가하였고, 대한상공회의소가 선정한 기업하기 좋은 도시 전국 1위에 이어서 2년 연속 중소기업 대상을 수상하는 쾌거를 이뤘다.

대표적으로 민선 5기에는 한미식품, 알루코그룹 4개사, 모나리자, 마스코 등 주요 중견 기업을 비롯한 덕산식품, 후레쉬코,

미젠, 고향식품, 남천F&B, 화인푸드, 상지F&I, 선봉 산업 등을 유치했다. 민선 6기에는 길산파이프, 코캄, 디와이메탁웍스 등을 유치하는 성과를 이끌어냈다. 결국 물은 낮은 곳으로 흐르고 기업은 불합리한 규제가 낮은 곳으로 모인다.

문화가 풍성하고 한류를 선도할 문화 관광 도시 논산

문화 관광 도시를 만들어가는 것은 경제 도시를 건설하는 것만큼이나 시민들의 삶에 중요한 부분이다.

2017년은 성장 동력으로 이끌어내야 하는 중요한 시기로 시정 연속성을 가지고 새롭게 도약하는 논산시의 미래를 열어갈 발전 전략 사업을 발굴하고 당면한 주요 현안 사업들을 궤도에 올려, 13만의 작은 도시에서 중견 도시로 대도약할 수 있는 기틀을 마련해야 하는 시기다.

논산시의 문화 관광 자산은 무궁무진한 잠재력을 갖고 있다. VR 서바이벌 체험장을 갖춘 밀리터리파크 오픈을 눈앞에 두고 있고, 근대 건축물을 고스란히 간직하고 있는 강경근대 역사 문화 공간은 역사 문화적 가치를 복원하고 촬영 세트장으로 나날이 거듭나고 있다. 또한 중부권 최고 호수인 탑정호에 고품격 복합 문화 휴양 단지를 조성하고 있다. 논산시는 사계 김장생으로 대표되는 기호유학의 수도이기도 하다. 충청유교문화원 건립 등 기호유학 문화 콘텐츠 개발에도 정성을 다하고 있다.

영외면회와 더불어 KTX 훈련소역 신설과 국방대 이전 등이 계획대로 추진되면 논산시는 국방 혁신 도시로서 위상을 더욱 굳건히 하게 될 것이며 강경근대 역사 문화 도시 관광 자원 개발 사업과 탑정호 수변데크 둘레길, 딸기향 농촌 테마 공원 등 탑정호와 연계한 논산시만의 독특한 관광 자원을 활용한 다양한 관광 코스와 상품을 개발한다면 드라마, 영화 촬영 장소는 물론 대한민국 최고의 관광 명소로 거듭날 것이다.

덧붙여 양질의 문화생활을 즐길 수 있어야 시민이 행복하다. 황명선 논산시장은 2010년 민선 5기 취임 당시 논산시민들이 인근 대전, 익산, 전주 등으로 문화생활을 위해 움직이는 것을 보고 강한 문제의식을 느꼈다. 따라서 인근 대도시에 가지 않더라도 논산시에서 최고의 문화 예술 공연을 즐길 수 있는 토대를 마련했다. 민선 5·6기 동안 조지 윈스턴 피아노 솔로 콘서트, 조수미 콘서트, 시민의 날 이승철 콘서트, 이문세 콘서트, 이은미 송년 콘서트, KBS 열린음악회, 뮤지컬 〈레미제라블〉, 청소년 콘서트와 청소년 문화제를 개최했다.

시민이 행복한 명품 교육 도시, 따뜻한 공동체 복지 도시

헌법 제10조는 "모든 국민은 인간으로서의 존엄과 가치를 가지며, 행복을 추구할 권리를 가진다"라고 엄격하게 명하고 있다. 시민 행복이 행정의 본질이고 정부의 존재 이유다. 다시 말해 논산시민의 행복은 논산시장의 사명인 것이다. 얼마 전 화제였던 드라마 〈응답하라 1998〉을 보고, 잘 만든 드라마 한 편이 시민들에게는 어떻게 사는 것이 진정 행복한 것인지를, 시장으로서는 시정에 임하는 책임 윤리와 논산시의 미래 구상을 깊어지게 했다.

황명선 논산시장은 구체적으로 사회 양극화와 개인주의로 무너져가는 마을 공동체를 재건하기 위해 '따뜻한 공동체 동고동락'을 추진하고 있다. 시민 행복은 건강한 공동체에서 싹이 튼다는 믿음을 갖고 있다. 고통을 함께 나누면 반으로 줄고 기쁨은 배가 된다. 지방자치가 시작되면서 가장 중요한 가치는 '자치'와 '분권'이라고 생각한다. 이러한 자치와 분권의 실현을 위해서는 주민들의 자치 역량을 강화하는 것이 중요한데 이 과정이 바로 공동체의 복원이며 공동체 복원을 위한 사업이 바로 '동고동락' 프로그램이다.

따뜻한 공동체 동고동락 프로그램, 한글대학 수료식

　황명선 논산시장은 2016년 12월 30일 조직 개편 시 100세행
복과를 신설했다. '따뜻한 공동체 동고동락' 휴머니티 조성 사업
은 단순하게 운영하던 경로당을 마을 주민들의 공동생활 공간으
로 활용해 복합 다기능으로 운영, 이웃 간 따뜻한 정을 나누는
행복 공동체 공간으로의 새로운 변화에 목적을 두고 있다. 100
세행복과는 홀몸 어르신 공동생활제, 마을로 찾아가는 한글학
교, 마을 주민 건강관리 사업을 추진하고 있다. 2016년 운영했
던 시범 경로당을 19개소에서 2017년에는 128개소를 선정, 대
한민국 최고의 복지 서비스 동고동락 사업을 확대 추진한다.
　황명선 논산시장은 명품 교육 도시 실천을 목표로 민선 6기

공약이었던 '학부모가 참여하는 공교육 혁신과 지원', '시민의 다양한 교육 수요에 부응할 수 있는 평생 학습 도시 체계 구축' 사항을 적극 추진했다. 그리고 이를 가속화하기 위해 2015년 조직 개편 시 평생교육과를 신설해 기틀을 마련했다. 2016년에는 '사람에 대한 투자가 가장 값진 투자', '사람 중심 행정'이라는 시정 철학 아래 대한민국 최초로 관내 13개 고등학교 총 1,800여 명의 학생들을 글로벌 인재 육성 프로그램에 참여시켜 창의성과 인성, 국제적 감각을 갖출 수 있는 글로벌 인재로 성장시키기 위한 발판을 전국 최초로 만들었다.

'떠나는 농촌'에서 '돌아오는 농촌'으로 탈바꿈하는 선진 농촌 논산

황명선 논산시장은 열악한 재정 여건에서도 지역 농업 활성화 지원에 박차를 가해 농업 발전 5개년 계획 수립, 농업 6차 산업화, 친환경 농업 지원 등 부가가치를 높여 지속 가능한 발전을 도모하고자 융복합형 농업 육성에 주력했다. 다양한 경험과 새로운 시각으로 창조적인 내일의 삶을 설계하기 위해, '떠나는 농촌'에서 '돌아오는 농촌'으로 탈바꿈하기 위해, 작은 정책이라

충청남도, 논산시, 대전MBC 광역직거래센터 건립 협약 체결(왼쪽부터 허승욱 충청남도 정무부지사, 이진숙 대전MBC 사장, 황명선 논산시장)

도 농민들이 피부로 느낄 수 있도록 소농·고령 농가 육성을 적극 지원했다. 그리고 모두가 잘사는 평등 행정 구현으로 희망을 주는 행정, 다 함께 행복할 수 있는 농촌을 만드는 데 심혈을 기울였다. 2016년 7월 충청남도, 대전 MBC와 광역직거래센터 건립 협약 체결을 이끌어내며 민관 협업 방식의 유기적 시스템을 구축했다. 이를 통해 바른 먹거리로 농촌과 도시, 농업의 가치를 공유하는 장을 마련해 농업인들에게 큰 희망을 주었다.

시민이 주인되는 자치 역량 강화 도시

헌법 제1조 2항은 "대한민국의 주권은 국민에게 있고, 모든 권력은 국민으로부터 나온다"고 명시하고 있다. 국가의 주인은 국민이고, 논산시의 주인은 시민이다. 지방자치는 이러한 준엄한 헌법의 명령에 충실하자는 취지에서 마련됐다. 황명선 논산시장은 민선 5기 취임 후부터 '시민참여 소통 행정'이라는 슬로건을 내세우고, 사람 중심, 원칙과 기본을 반드시 지키는 기조 아래 시대가 요구하고 시민이 원하는 정책을 펼치겠다고 시민들에게 약속했다.

허준의 《동의보감》에는 우리 몸이 소통, 순환되지 않을 때 병이 생긴다고 했다. 공동체도 이와 비슷하다. 시민과 시민, 시민과 공직자, 경제 주체, 사회 문화가 제대로 소통, 순환되지 않을 때 공동체의 분열과 침체는 앞당겨진다. 황명선 논산시장이 논산시 공동체를 건강하게 발전시키기 위해 시민과의 소통을 중시하는 이유다. 단순한 일회성 소통에 그치는 것이 아니라 제대로 된 의사 결정을 위해 시민들이 자유롭고 평등한 지위 속에서 자신의 합리적인 견해를 가지고 정치에 참여하는 숙의 민주주의의 모델을 바탕으로 의사 결정 구조를 만들어야 한다.

논산시는 중요한 정책 결정 과정에 시민들을 참여시키고 있다. 가장 대표적인 것이 2013년부터 실시 중인 '주민 참여 예산제'다. 황명선 논산시장은 '주민 참여 예산제'를 운영하며 시민들이 제안한 사업을 가용 재원 범위 내에서 전문적 심의 및 의결을 통해 반영하고 있다. 시민행복위원회 500명을 공개 모집해 소통과 토론을 이어갔다. 2012년 시민 원탁회의, 2013년 100인 토론회, 2014년 보건 의료 정책 타운 홀 미팅, 2015년 미래 100년 구상 타운 홀 미팅에 이어 2016년에는 청소년, 여성, 중장년과 세 번의 타운 홀 미팅을 열었다. 이를 통해 주요 시정 현안 사업의 우선순위와 정책 방향을 시민들과 활발하게 소통하고 경청한 뒤에 결정했다.

세계를 품다 2017

초판 1쇄 발행 2017년 5월 10일

지은이 글로벌 리더 선정자 33인
출판 기획 및 엮은이 서희철
펴낸이 전호림
책임편집 고원상

펴낸곳 매경출판㈜
등 록 2003년 4월 24일(No. 2-3759)
주 소 (04557) 서울시 중구 충무로 2 (필동1가) 매일경제 별관 2층 매경출판㈜
홈페이지 www.mkbook.co.kr **페이스북** facebook.com/maekyung1
전 화 02)2000-2610(기획편집) 02)2000-2636(마케팅) 02)2000-2606(구입 문의)
팩 스 02)2000-2609 **이메일** publish@mk.co.kr
인쇄·제본 ㈜M-print 031)8071-0961
ISBN 979-11-5542-657-9 (03320)